INTUITIVE TAROT
直感のタロット ～意識のためのツール～

私の道に光を投げかけてくれた多くの人々に、
感謝とともに本書を捧げます。
とりわけ、私の愛する師(マスター)OSHOに。
彼の人間心理に対する計り知れない理解は、
尽きることのないインスピレーションを
与えてくれています。

Intuitive Tarot
A Tool for Consciousness
by Mangala Billson
Copyright ⓒ Mangala Billson 2007

目次

序　章　この本の使い方　7

第一部　予備知識

■第一章　タロット　〜意識のためのツール〜　16
どのように作用するのか
自分と他人を理解する
判断を脇に置く
占い

■第二章　カードについて　22
簡単な歴史について
アレイスター・クロウリーのトートタロット

■第三章　直感のタロット　24
直感のマインド／超意識からの声
タロットで直感をトレーニングする

第二部　直感を通して学ぶための鍵

■第一章　関係を作る　30
くつろいだ関係／正しいアプローチ／
場所を整える／結びつきをつくる／
マインドの鏡／夜の瞑想／第一印象

■第二章　カードの引き方　36
引き方のテクニック／目的を明確にする／
エクストラ・カードを引く

■第三章　根気と統合　39

第三部　カードの並べ方(レイアウト)

■第一章　カレントライフ・リーディング　42
カードの並べ方／リーディングの仕方／
カレントライフ・リーディングの例

3

■第三章 「質問」の並べ方　59
二種類の並べ方／質問を用意する／
シンプル・フォーム／
三枚のカード・リーディングの例／
フル・フォーム／
フル・フォームのリーディングの例

■第三章 「関係性」の並べ方　74
カードの並べ方／関係性のリーディングの例

■第四章 チャクラの並べ方　82
七つのチャクラの働き／カードを引く／
リーディングの仕方／
チャクラ・リーディングの例

第四部　**カードの意味**

この章の利用の仕方　90

■第一章　大アルカナ　91

0. 愚者　——The Fool　94
1. 魔術師　——The Magus I　98
2. 女教皇　——The Priestess II　102
3. 女帝　——The Empress III　106
4. 皇帝　——The Emperor IV　110
5. 教皇　——The Hierophant V　114
6. 恋人たち　——The Lovers VI　118
7. 戦車　——The Chariot VII　122
8. 調停　——Adjustment VIII　126
9. 隠者　——The Hermit IX　130
10. 運命の輪　——Fortune X　134
11. 熱望　——Lust XI　138
12. 吊るされた人　——The Hanged Man XII　142
13. 死　——Death XIII　146
14. アート　——Art XIV　150
15. 悪魔　——The Devil XV　154
16. 塔　——The Tower XVI　158
17. 星　——The Star XVII　162
18. 月　——The Moon XVIII　166
19. 太陽　——The Sun XIX　170
20. 永劫　——The Aeon XX　174
21. 宇宙　——The Universe XXI　178

目次

■第二章 小アルカナ 183

コート・カード 184

ワンド 187

ナイト —— Knight of Wands 188
プリンセス —— Princess of Wands 197
プリンス —— Prince of Wands 194
クィーン —— Queen of Wands 191
エース —— Ace of Wands 200
2-支配 —— Dominion 203
3-美徳 —— Virtue 206
4-完結 —— Completion 209
5-闘争 —— Strife 212
6-勝利 —— Victory 215
7-勇敢 —— Valour 218
8-迅速 —— Swiftness 221
9-強さ —— Strength 224
10-圧迫 —— Oppression 227

スウォード 231

ナイト —— Knight of Swords 232
クィーン —— Queen of Swords 235
プリンス —— Prince of Swords 238
プリンセス —— Princess of Swords 241
エース —— Ace of Swords 244
2-平和 —— Peace 247
3-悲しみ —— Sorrow 250
4-休戦 —— Truce 253
5-敗北 —— Defeat 256
6-科学 —— Science 259
7-無益 —— Futility 262
8-妨害 —— Interference 265
9-残酷 —— Cruelty 268
10-崩壊 —— Ruin 271

カップ 275

ナイト —— Knight of Cups 276
クィーン —— Queen of Cups 279
プリンス —— Prince of Cups 282
プリンセス —— Princess of Cups 285
エース —— Ace of Cups 288
2-愛 —— Love 291
3-豊かさ —— Abundance 294
4-贅沢 —— Luxury 297
5-失望 —— Disappointment 300

5

ディスク 319

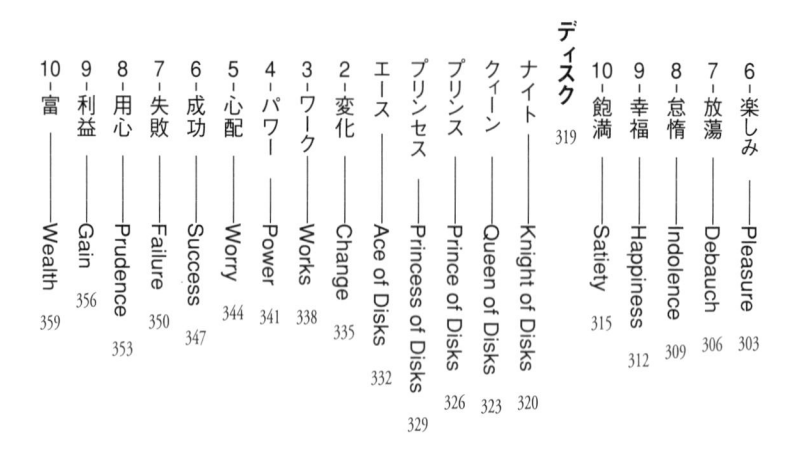

- ナイト —— Knight of Disks 320
- クィーン —— Queen of Disks 323
- プリンス —— Prince of Disks 326
- プリンセス —— Princess of Disks 329
- エース —— Ace of Disks 332
- 2 — 変化 —— Change 335
- 3 — ワーク —— Works 338
- 4 — パワー —— Power 341
- 5 — 心配 —— Worry 344
- 6 — 成功 —— Success 347
- 7 — 失敗 —— Failure 350
- 8 — 用心 —— Prudence 353
- 9 — 利益 —— Gain 356
- 10 — 富 —— Wealth 359
- 6 — 楽しみ —— Pleasure 303
- 7 — 放蕩 —— Debauch 306
- 8 — 怠惰 —— Indolence 309
- 9 — 幸福 —— Happiness 312
- 10 — 飽満 —— Satiety 315

カードの並べ方（レイアウト）　■並べ方／□リーディングの具体例

- ■3-1-1：カレントライフ・リーディングの並べ方 …… 43
- □3-1-2：カレントライフ・リーディングの例 …… 55
- ■3-2-1：シンプル・フォームのリーディングの並べ方 …… 62
- □3-2-2：シンプル・フォーム・リーディングの例1 …… 64
- □3-2-3：シンプル・フォーム・リーディングの例2 …… 66
- ■3-2-4：フル・フォームの並べ方 …… 67
- □3-2-5：フル・フォームのリーディングの例 …… 70
- ■3-3-1：関係性の並べ方 …… 75
- □3-3-2：関係性のリーディングの例 …… 77
- □3-4-1：チャクラ・リーディングの例 …… 86

6

序章

十代のころ、大学で履修課程を選ぶ必要に直面したとき、初めて私は人間の心に興味があることに気づきました。ですから心理学を専攻し、数年の間、科学的な理論に基づく退屈な講義をえんえんと座って聞き、実験室では、白ネズミでの実験に何時間も耐え続けたのです。そのあげく、私は幻滅し、あきらめざるをえなくなりました。こうしたすべてが、人間の心の働き方を理解しようとする私の意欲を、すっかり殺いでしまったのです。それはあまりにも人間味がなく、あまりにも客観的で味気なくて、私とは何の関係もないことでした。大学でどんなことがあろうと、アルバイトでウエイトレスをしているほうがはるかに興味深かったのです。

それでもこうして大学に通い、その結果得た学位が明らかに役立ったのは、かなり知的な女性雑誌の特集記者という仕事に就くことができたことでしょう。この仕事は、私にすばらしい口実を与えてくれました。興味があればどんな人や物でも、探ってみることのできる許可証を手にし、私の好奇心旺盛な心は、あらゆる外の世界への好奇心が醒めるまでに、それほど長くはかかりませんでした。そして私は理解したのです。外側を見ても、私が求めている内なる理解は得られないことを。それから私は、さまざまな変性意識誘発剤に手を出すようになり、それがかいま見せてくれる内面世界に魅せられ、興奮しました。そして初めて、心は途方もない潜在能力を持っていて、内的な体験がどれほど深いものになりうるか、気づくことになったのです。

数年間は、こうしたことが、私が暮らしている世界やそれ以外のライフスタイルを探りたいという思いや、そして何よりも大事だった、他の人の心を探求したいという欲求を満たしてくれましたが、裕福な有名人の生活から、老人と知的障害者の置かれた厳しい状況といった社会現象、当時怪しいと思われた、ありとあらゆる超常現象さえ、のぞいて回ることができたのです。こうしてウィジャ板（コックリさんのように、心霊術で使われる占い板）や読心術に隠された真実について、大学の教授や他の「専門家」たちにインタビューしたり、催眠術師、占星術師、茶葉占い師（カップに残った紅茶などでできる模様を見て占う人）など、その当時見つけることのできたあらゆる本物と偽物の心霊術家を訪ねたのでした。

私が求めていた主観的体験の、最初の味わいでした。けれどもそれは、真の理解

三か月の間、至福の中で漂っていた私に、瞑想の師、仏教徒の僧は、もう動く時が来たと告げました。私の瞑想への耽溺は、何かから逃げようとしてのことだと、彼は明らかに見抜いたようです。そこで私は、こうした形の瞑想による至福に酔いしれながらも、地に足がつかないまま、漂うようにヒマラヤの山々の魔法の世界から降りることになりました。数か月にわたるインドの冒険の旅ののち、気がつくとプーナのオショー（当時はバグワン・シュリ・ラジニーシとして知られていた）のアシュラム修行場にたどり着いていたのです。そのとき、私はまもなく二十八歳になろうとしていて、何に対してかは分からないまま、何かに対する強烈な飢えを感じていました。しかし、私の内側に何気ない絵が描かれたカードが、私の内側に何気なく起こっていることを教えてくれました。以前もカードを目にしたことはありましたが、その時にはジャーナリストという立場上、公平で客観的な目でそれを見ていました。けれども今回、私たちは本当に出会ったのです。それは一目惚れならぬ、二目惚れでした。

がないまま来たもので、大きな犠牲を伴いました。私はつねにそうした薬剤を欲しがるようになり、ほどなくして私の繊細な体は苦しみ、そうしたものを拒絶するようになったのです。

けれども扉は開かれ、私の人生は急激に、底の底から変わってしまいました。それからは、何としてでも内なる一瞥を取り戻したいという燃えるような欲望が、私の人生での最優先事項となったのです。ほどなく私はインドで、瞑想と呼ばれるものを探求している自分を見出すことになりました。ヒマラヤの奥地で初めて座るまで、それが何かさえ分かってなかったのに、すぐに、家にたどり着いたように感じ、目を閉じて長い時間座っている至福が、薬剤に取って代わるまでに長くはかかりませんでした。そして私は気づいたのです。私が知りたかったのは、実際は心でなく、心を超える方法だったのだと。

二目惚れ

サニヤスをとってほんの数日後、ホテルの隣人が、私とタロットカードを出会わせてくれました。以前もカードを目にしたことはありましたが、その時にはジャーナリストという立場上、公平で客観的な目でそれを見ていました。けれども今回、私たちは本当に出会ったのです。それは一目惚れならぬ、二目惚れでした。見たところ何気ない絵が描かれたカードが、私の内側に何気なく起こっていることを教える能力を持っている。いったいどうやって、こんな不思議が起こるのでしょうか。ただそこには魔法がある、それは確かでした。私はもう無性にカードが欲しくなり、それを使ってみたいという思いを抑えることができず、恋焦がれ、

霊性の道へのコミットメント）を受け、プレム・マンガラという名前を与えられたのです。

か月後に私はサニヤス（弟子、あるいは大量の肝炎の薬が必要でした。そして数ったのだと気づくまで、しばしの時間と、

序章

取りつかれたように隣人の扉の前をうろつきました。自分のカードをどうやって手に入れたか、今ではもう思い出せませんが、それはかなりすぐだったことは覚えています。このこと自体、一九七五年のインドでは、めったにない奇跡でした。というのも、その当時インドでは、タロットカードなど誰も知らなかったし、西洋人も本当に一握りの人たちしかいなかったのですから。

それが、もう三十年以上にもわたる関係性の始まりでした。そして、それが終わることなど想像できません。「関係性」という言葉を、私は軽く使ってはいません。私のタロットのある生徒が、タロットを学ぶことは、何でも相談できる親しくて賢い友人を持つようなものだと言っていましたが、まさにその通りです。私が自分のためにカードを引かない日は、ほとんどありません。それはちょうど、洗面所の鏡を見て髪を梳かすのと同じようなもので、私の心を映す鏡をのぞき込

むことが、習慣のようなものになったのです。信頼する友人のところへ行って、客観的な意見を求めるように、私はカードへと向かい、自分自身の中の最も深い真実からのフィードバックを受け取ります。ときにはたんなる現実確認、ときには疑い、ひどく不確かな課題をクリアにするために。これはまた、自分の直感を信頼すること、そして自分自身の内なる自分の一部、つまり自分自身を知っているガイドやマスターを認識するという学びでもあると気づくまでに、長くはかかりませんでした。

オショー・コミューンでの最初の数年間は、非常に強烈なものでした。アシュラムが提供するセラピーは日増しに増え、私はそれに身を投じたのです。西洋の心理療法の主なムーブメントがどんどんオショーへと向かってきていました。同時に長時間の瞑想をし、少し後には、光明を得たマスターを囲む共同体の中で、精力的に生活し、働きもしました。

そしてその結果はまさに、強力な光線が内側へと向けられ、私の心の隠れたレベルを探り、それを超えていくような感じでした。実に多くのことがおのずとあらわになりました。美しい、うっとりとさえさせられるものだけでなく、たくさんのぞっとする、痛ましいものまで。毎朝オショーは、「ブッダの心理学」と呼ばれるものについて講話をしていました。それは、東洋で何千年も研究されてきた、人間の心に対する主観的な理解です。外側から入ってくるものや、内側からあふれ出てくるものがあまりにも多くて、ときには意識の海に溺れていくように感じることもありました。私は懸命に理解を得ようとし、私にとってはそのためのツールがタロットだったのです。

タロットの使い方と、私自身の存在を理解するという学びは、並行して起こっていました。それらはまったく同じ、一つのものでしたし、ずっとそう

9

さらなる発展

カードを通して自分自身を見るコツが、他の人たちを見るためにも使えることが分かったのは、ほんの始めのころでした。自分自身の心の仕組みに対する理解が深まれば深まるほど、他人の心も理解できることも分かってきたし、自分自身を理解する助けにもなったのです。私たちはみなユニークな存在ですが、驚くほど複雑な人間の心は、無限に多様な形にアレンジされた、限られた数のプログラムから成り立っているのです。

友人にセッションをすることは、ごく自然に始まった出来事でした。そうしようと強く願ったわけでもなければ、こちらからしてあげようと思ったこともありませんが、頼まれて断ることはほとんどありませんでした。始めはおずおずという感じで、自分が伝えていることに確信

であり続けています。内なる洞察はつねに、カードのシンボルに対応したつながりを持って現れてきました。その間、どうやら私は、少なくとも一冊はタロットの本を読んだにちがいないようですが、何年も後になって何かを理解するにしろ内なる探求で何かだと思います。むれ、「ああ、そうか!」という驚きの連続とともに、この古代に描かれたシンボルがその理解につながったのです。

ときには感情や思考のパターンに我を忘れたとき、突如としてあるカードが脳裏にひらめき、しばらく止まって、そのシンボルに映し出された自分の現状を見つめざるをえないこともありました。ときには自分にリーディングをし、心の洞察とカードの意味が一体となる洞察もありました。その理解はたんなる知性を超えた、はるかに深遠なもので、まるでこうしたシンボルが、自分自身の無意識の一部になったかのようでした。というよ

うな旅ではなかったし、数々の驚異の一つでした。イメージで表現された知恵と結びつくことで認識を得るという方法は非常に古いもので、その創始者はほとんど知られてはいないのです。

何年もの間、そうしたプロセスは、私の人生のさまざまな段階を通して続いていきました。私はいくつかの恋愛をし、多くの異なった国々に暮らし、過去二十年間につくられた新しい心理療法のグループのほとんどを体験しました。それは異なる霊的な道を味わうこと、多彩な霊的・心理学的なリーディングを経ることで、継続されていきました。そして人間の心理に対する私の理解が深まるにつれ、その深みはカードの理解へと翻訳され、私へと映し返されたのです。

10

が持てませんでしたが、徐々にもっと自分を信頼できるようになっていきました。

それから数年後に起きた出来事は、振り返ってみると、人にリーディングをするための必要不可欠な学習段階だったように感じられます。私は、その当時一緒に生活し、働いていた人たちの信念に相反するような個人的な決断をしたのです。その決断は、まさに私の内なる真実から来たもので、それが私にとって正しいことは疑う余地はありませんでした。しかし多くの友人や仕事仲間たちはなぜ私が間違っているのか、伝えに来たのです。それまで私は、「投影」というものを十分には理解していませんでしたが、彼らの話に耳を傾けるうちに彼らが語っているのは、私にとっては正しくなく、彼らにとって正しいことだと、とてもはっきり分かったのです。そして、私たちが他人に与える助言の多くは、相手にとってよりも、むしろ自分自身の必要

に基づいているということも見させられることになりました。それ以来、私はこのことを忘れたことはないし、これによって私は、自分自身の中にある二つの声をはっきりと区別できるようになったようです。投影は違った「感じ」がし、脳の別の部分からやってくるようです。そして別のリーディングをしているとき、自分の言っていることが、クリアな直感なのかあるいは自分の投影を含んでいるのかいたのですが、自ら率先して、私が同じようにセッションができるよう、オーガナイザーのテスト・セッションをする手はずを整えてくれたのです。思い返してみれば、そのとき思ったのはこんなことでした。「よし、やってみようじゃない！」

プロへの転向

プロのリーダー（リーディングをする人）としてのデビューは、まったく自然な形で起こりました。私は友人にたくさん来た旅行者たちにショックを与えることがよくあったようです。私は、彼らの予

の趣味を職業にしようとは思ってもみませんでした。自分ではいまだに雑誌記者だと思っていましたが、住む所によってさまざまな仕事をしていました。そのころ、住んでいたアメリカ合衆国へ戻る途中でハワイに呼ばれ、友人を訪ねたことがありました。彼女はワイキキのマーケットでタロット・リーダーとして働間違いなく自分の投影を含んでいるのがようになったのです。

それは一つの技術で、何年もの間、親密な友人にリーディングをする際にとても私を助けてくれました。私自身がその状況に関わっている場合には特に、です。

それから数か月の間、私は週のほとんどをマーケットにある菩提樹の下に座ってリーディングをするようになっていました。そしてどうやら、何の気なしに「タロット占い」をしてもらおうとして

想像よりもずっと強烈な真実に直面させることになったからです。それでも彼らは、ふたたび私のところへと足を運んで来ました。そしてたいていの人は自分についての真実を聞くのが大好きだということが分かったのです。たとえそれが、必ずしも心地良いものとは限らないとしても。

それ以来、リーディングをすることはシンプルに最も容易なものになりました。前もってオーガナイズしたことはありません。いつもあちこちを動き回りながら生きてきましたし、どこにいようとも、人々はいつも私のリーディングを受けたがりました。成長のためのセンター、ニューエイジ・フェア、デパート、マーケットなどから、次第に自分の場所がメインになっていきました。それは、まったく自然で無理のない形で起こったのです。そしていつも私が提供しようとする量と同じだけ、人々の需要もあるかのようでした。私はあまりキャリア志向の人

ではなかったし、もしもそうだとしたら、サイキック・リーディングを仕事にしようとはしなかったでしょう。こんなことが数年続いたあと、一見偶然のような出来事が重なって、私の仕事の仕方が変わり始めました。人々がオーガナイズをしてくれるようになったのです。そして私はいろいろな国を旅しながらのワークを行うようになりました。セッションを受けたいという際限がないと思われる要求とはまた別に、自分でタロットをリーディングする方法を知りたがる人が増えてきました。これによってトレーニング・グループも始まったのです。

教えること

私は本当には学んだことがないので、どうやって自分がこれをしているのかを見るために、方向転換をしなくてはなりませんでした。私自身のタロットとの出会いは、論理的思考とはほとんど無関係

だったのですが、今、それを人に伝えるに当たって、自分が知っていることを、理性の領域へ連れ出す必要がありました。なぜこのカードが私にとってこういう意味なのか、なぜこうカードを並べるのか、どのように明確な理解を得るに至ったか。こうしたことは、まったく新しい旅でした。論理的な側面と直感的な側面との関係性を、見つめ直す必要があったのです。たいていの人は、新しいことを学ぶ場合、論理から直感へと移っていきます。まずはある程度の知的な学習が必要で、この知識という土台があってこそ、直感が飛び立てるのです。そのとき私の場合には、カードを通して、逆の方向へと物事が起きているということでした。今や私は自分がどうやってきたのかを理解するために、後ろを振り向いていました。論理と直感の間にかかる同じ橋を探しているのだと感じましたが、言ってみれば、河の向こう岸からそれを渡ろうとしていたのです。

二十年近くにわたって教えているタロットのグループが生まれたのは、こうした研究の成果であり、このタロットのテキストの内容は、こうした理解がまとめ上げられたものなのです。

始めに——この本の使い方

　この本は、初心者と経験を積んだリーダーの両者を対象とした、タロット・リーディングの完全なガイドです。とくに強調されている点は、意識と気づきを高めるために、直感を通してカードを学び、使うということです。

　これは、特定の箇所を参照することで、ほんの初歩のうちから正確で洞察に満ちたリーディングができるようにデザインされています。そのためには、カードの並べ方を学ぶために、第3部カレントライフ・リーディングへとすぐに向かってください。それから第4部で個々のカードが特定の位置に来たときの意味をチェックしてください。

　このテキストは、4部に分かれています。

　第1部は、この本に用いられているアプローチのための予備知識です。

　第2部には、直感によるタロット・リーディングに必要とされる本質的な鍵が述べてあります。

　第3部では、この本でのみ使われている、カードのユニークな並べ方を詳細に説明しています。こうした方法を用いる際の助けとガイドとなるよう、リーディングの実例もあげてあります。

　第4部には、カードの意味が述べてあります。大アルカナのカードには、4つの項目があります。最初の項目の「本質」には、カードの意味を要約したキーワードがあり、多くの場合、ここだけ読めば、カードが何を象徴しているか、さっと感じ取ることができるでしょう。必ず記憶する必要があるのは、この部分だけです。「描かれている意味」では、カードの意味のさらなる深みと理解へと入っていきます。
「シンボル」の項では、そのカードに独自の意味をもたらしている主なシンボルについての解説があります。最後の「カレントライフ・リーディングのバリエーション」では、それぞれのカードが持ちうる意味のさまざまなニュアンスを試し、遊ぶ方法が与えられています。またこれによって、この並べ方ですぐに正確なリーディングを行うことができるようになっています。

　小アルカナのカードでは、「描かれている意味」と「シンボル」が1つにまとめられていますが、それ以外は同じです。

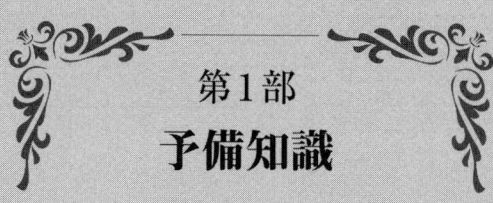

第1部
予備知識

第一章 タロット——意識のためのツール

タロットはツール（道具）です。どのツールもそうであるように、あなたが、特定の機能があり、それをどう使うかは、あなた次第です。ナイフを使えば、ジャガイモの皮をむくことも、家を建てたり、人を刺したり、あるいは美しい彫刻をつくることもできる。その用途は、凡庸にも、有用にも、破壊的にも、最高に創造的にもなりえます。タロットも同様で、カードを使って、自分のことを決めたり、未来を予知したり、他の人たちについて知ったりもできれば、たんにおもちゃ、娯楽として使うこともできるのです。

この本の要点はまず、タロットを意識のためのツールとして使うということです。自分自身にさらなる気づきをもたらす助けとなるよう、タロットを使う方法を学んでいきます。タロットは本質的に自己探求の道であり、あなた自身の思考や感情の作用を探っていくためのツールです。それを通して、自分自身の深みを超えた霊的な次元の作用も探っていきます。あなたは自然に、他の人たちの深みにも知るにつれ、

っと気づき、理解するようになるのです。これは抽象的なことではありません。基本となる原理を学べば、タロットは実用的で役立つツールとなり、日常のあらゆる領域で、繰り返し使っていけるのです。

意識的になるということは、ある日には、関係性についての自分の思考のプログラムをよく見て、なぜそれほどパートナーに頭に来るのか、あるいは、なぜいつも自分が悪いと感じ、罪の意識を持つのかについて知ることかもしれません。また翌日には、バリでの休暇について、あるいは、新しい仕事の誘いを受けるかどうかについて見てみることかもしれないのです。

どのように作用するのか

タロットは、イメージで表された古代の知恵の体系です。イメージは無意識の言語であり、私たちは言葉を覚える以前には、イメージで考え、眠るときには、イメージで夢を見ます。こうしたイメージは、言葉と文化という枠を超えた普遍的な言語であるシンボルを含んでいます。それぞれのカードには数々のシンボルが描かれ、それらのシンボルには、人間の心理におけるある状態や体験を表すエネルギーが含まれています。

す。このエネルギーが、心の非論理的・直感的な部分を通して、カードを読む人へと映し返され、伝えられます。つまりシンボルは論理的な思考を迂回し、内なる意識にその体験をダイレクトに語りかけるのです。カードの言語に波長を合わせるやり方を学んでいる間は、知的な知識もとても助けになりますが、必ずしもシンボルの意味を意識的に知る必要はありません。

どんな時でも、心で意識されているあらゆる物事の奥に、つねにそれ以上のものが存在しています。これこそが、心の本質であり、その活動のほとんどは無意識です。つまり、私たちはそれに気づいていないのです。ある調査によれば、およそ九十パーセントの心の活動は、意識的な気づきがない状態で起きていると言います。意識的な気づきをもたらすことを意味します。これがタロットの役割であり、カードは、心の隠れた部分を見るためのツールで、それなしでは見ることができないことを表面化し、映し出してくれるのです。これは、目覚めた意識状態において、睡眠中に夢が描き出す情報につながることだと見ることもできるでしょう。

私自身の経験によれば、どんな時でも、カードに映し出されるものは、無意識のもっとも表面に近い層にあるもので、ほとんど意識されようとはしているけれども、まだしっかりと意識されてはいないものです。だからこそ、そうだと認めることができ、「もちろんそのことは分かっていたけど、分かっているとは意識してなかった」という感じがあるのです。カードはあなた（あるいはあなたがリーディングしている人）に聞く準備ができていないものを映し出すことは決してありません。それは見たいものではないかもしれませんが、見る準備ができているものです。

ですからタロットは、あなた自身を、カードを用いない場合よりもさらに深く見つめることを可能にしてくれるツールにもなるのです。そしてあなたの生において、このことがもたらすポジティブな成果はとても大きいでしょう。それはちょうど、パワフルなサーチライトを内面へと向けるようなもので、無意識の暗い領域に、気づきの光が投げかけられ、この意識、理解を通して、必要な変化が起こるのです。それが、まさに真実の本質なのですから。意識の光が心のポジティブな側面を探り、あらわにするとき、それはさらに強固になりますが、破壊的な側面に意識的になれば、それは溶け去っていくのです。

そのプロセスは、皮をむくように働きます。実際の

例として、あなたが誰かの行為に腹を立てているとしましょう。意識的なマインドには、ありとあらゆる理由と、その人が悪いというありとあらゆる理由と、その人はそんなことをすべきではなかったという思いが一杯で、その人のところへ行ってその思いを全部吐き出し、非難したい気分だとしましょう。けれどもそこで立ち止まってリーディングをしてみると、最初にあなたが受け取るメッセージは、自分を抑えて、内側を見つめなさいということかもしれないのです。しばらくすると、その問題をもうこれは私に関することなのね」、と何かピンとくるものがあるでしょう。しばらくすると、その問題をもう一度この視点から見つめ、さらに深く入っていくことができ、今、正義感と怒りで我を忘れていたことに気がつきます。それが、あなたの古いパターンの一つだということも分かってきます。人がどうふるまうべきだという判断に飛びついたがっている心の一部を認めるのです。このスペースから、あなたは内面の反応を超え、状況をもっとクリアに見ていきます。また、相手を表すカードを引いて、その人の状態を見てみると、それがあなたの投影とはほとんど無関係だということに気づくかもしれません。

このように、あなたはこうした状況を利用して、自分の行動に気づきをもたらすだけではなく、友人との不必要なケンカをしないですんだのです。ですから、相手と再会するとき、あなたはその人を責めることなしに、自分に起こったことを伝えられます。結果として、快く気持ちを伝え合うことができ、あなた方の仲はさらに親密になることでしょう。

カードを通して、私が自分の破壊的なマインドのパターンにはまらずにすんだ機会を数え出したらきりがありません。そうするたびに心の暗い部分に光が投げかけられ、暗闇が次々とあらわになり、理解とともに消え去っていくのです。

自分と他人を理解する

定期的に自分自身をチェックしたり、見つめるための道具としてカードを使う場合には、それは人生におけるリアリティ・チェック（現実確認）の役割を果たしてくれます。現実にこういうことが起こっていると思っていたのに、それは表面の層に過ぎず、その奥にはまったく違ったシナリオがあると知るのは、最初はかなりショックなことかもしれません。そしてそこで

18

はつねに、何かのプロセスが起こっていることも分かってくるでしょう。内側の世界も、外側と同じように、決して静止しておらず、変化と動きの中にあります。物事の本質において、その変化は程度の差こそあれ、ポジティブとネガティブの両極の間を動いていきますが、これをたんに事実として認めるとき、そこにくつろぎが生まれます。そのくつろぎは、何が起こるべきで、何が起こるべきではないかを分かろうとする意識的なマインドに邪魔されず、生が自然に流れ、明らかになっていくにまかせることからやって来るのです。

これによって、思考と感情の働きを認識する、内なる理解のためのスペースが生まれます。あなたが本当の自分だと思い込んでいる姿と、大人としてのあなたの生活を、心を条件づけている幼児期の体験がどのように支配しているのかが分かってくるのです。そしてという理由の、さらに深い層に気づくようになります。こうした自分への理解とともに、他の人たちへの理解も育っていくと、私たちはみな同じ船に乗っていて、その時にできることをしているにすぎないことが分かってくるのです。

私は実際に、この条件づけのプロセスの影響がどれほど大きいものかを個人的に理解した時を覚えています。と同時に、大学の心理学の実験室で何時間も見守っていた白いネズミたちの姿がよみがえってきました。当時は、ネズミの行動は自分や他人を理解することとまったく関係がないと感じられましたが、十年、十五年経って、とうとう分かったのです。私たちは実際のところ、まったく同じなのだと。スキナーのネズミが、餌が出なくなったレバーをずっといつまでも押し続けて餌を得ようとするように、私たちも、子ども時代に学んだ行動ではもう欲しいものが手に入らなくなっても、ずっとその行動を続けてしまっている。私が理解したのは、実際に私たちが自分だと思っているほとんどすべてが、体験と呼ぶ条件づけの結果にすぎないということでした。それは今生のものでなければ、過去生のものかもしれません。その理解は、とても謙虚なものでしたし、今でも変わりありません。

判断(ジャッジ)を脇に置く

こうした方法でタロットを使う副産物が、判断が落ちるということです。判断や意見が邪魔をしていると、判断(ジャッジ)が自分や他人にリーディングできないと分かってくるで

19　第1部　予備知識

しょう。判断は本質的に、状況を客観的に見たり、読み取る能力を鈍らせるものです。そして変容を促すのは、客観的な気づきだけです。

リーディングをする際に、私が映し返したものが良いのか悪いのか心配し始める人がよくいます。あなたの内側に何らかの恐怖や怒りがある、と指摘したとしましょう。すると、その人はとたんに不安な顔つきになって、それでいいのかときいてくるのです。けれども高次の現実においては、良いも悪いもありません。物事はただ、そうなのです。こうした観念を持っているのは、心の中の条件づけされたプログラムだけです。ある人の正邪、善悪の観念は、別の人とは全然違うかもしれません。それは、どこでどのように育てられたかによるのです。

この本で使われているリーディングの仕方に親しむにつれて、そこに映し出される、想像しうるあらゆる状態は、その時点において、あなたの高次の部分によって体験するよう勧められている存在だと分かってくるでしょう。恐怖、怒り、嫉妬、欲求不満、疑い、不安——いわゆるネガティブな状態と呼ばれるもののすべてを敬う必要があります。そうすることで、それは別のものへと至る扉になってくれるのですから。

「悪い」カードなどありませんし、本来的に「悪い」精神的、感情的な状態など存在しません。

だからといって、いつも内側で起きていることを好きにならなくてはいけないと言っているのではありません。たとえば、誰も痛みや欲求不満を感じたくはありませんが、その状態について意見を持つことと、悪いとか間違っていると考えることはまったく別です。何かを悪いと判断すると、私たちは自動的にそれを追い払おうとして、無意識へと抑圧することになってしまいます。そうなると、それはもう意識からは体験されないでしょう。つかのまの体験として出てきては去っていく、異なった状態をただあるがままに見ることができるようになるでしょう。そしていわゆる「ポジティブ」な状態や快楽に病みつきになったり、その裏返しとして恐怖を感じたり、「ネガティブ」な状態や痛みを抑圧したり、拒絶することを超えていくにつれ、実は状態そのものよりも、その状態を受け入れたり、

体験することを拒絶することこそが苦しみを生み出しているのだと分かってくるのです。これが、意識的になることの奇跡です。

占い

前にお話したように、タロットはツールであり、ツールの役目を決めるのは、それを使う人です。タロットカードは、占い、つまり未来の予知にも使えます。多くのみなさんが体験しているように、それは事実、未来を予知できるのです。というより、予知できることもあると言ったほうがいいでしょう。それは、何か神秘的な力のせいではなく、たんに心の性質によるのです。すでにお分かりのように、私たちの大半はほとんどの場合、幼い頃の条件づけのプログラムや、過去の体験に従って生きていて、この範囲では、私たちは機械的な、予測可能な人生を生きていることになります。タロットや、いわゆる未来予知をするツールは、私たちの人生を支配している無意識のパターンを読み取り、それに波長を合わせる、つまり、過去を読むのです。そして未来は過去によってつくられるので、未来はこうしたパターンから予測できます。こうしたパ

ターンが非常に深く、避けられないものであるとき、それは運命、カルマ（業）と呼ぶことができるでしょう。けれどもこの「カルマ的な」出来事でさえ、状況に対して意識的になり、気づきを持てば、起こることの結果を変えることが可能なのです。

たとえば、ある女性の関係性のパターンに、男は本当のところ信頼できないという思い込みがあるとしょう。するとその女性は相手を信頼しても、結果的に信頼を裏切るようなことをされることになり、そうなるとその信念は強化され、彼女はもう男性を信頼しなくなってしまうでしょう。こうしたパターンは、彼女が子供のころ、父親との間で起こったことの結果かもしれません。あるいは、さらにそれ以前の過去生での出来事から来ているかもしれません。そのパターンがどのようにつくられたかという詳細は、それほど重要ではありませんが、彼女がこのパターンに無意識である限り、それは必ず繰り返されるでしょう。こうした関係性を人生で引きつけることになるため、不誠実な男性と一緒になるのは、彼女の「運命」だと言えます。あらかじめ予測できるように、彼女の信頼を裏切り、相手の男性は間違いなく彼女の信頼を裏切り、関係性は終わってしま

でしょう。そしておそらく、彼女がまた別の男性とつき合っても、その男性はまた同じことをするというように、同じシナリオがそのまま繰り返されることでしょう。けれどももしも彼女がこのパターンに気づきをもたらせば、この状況の悪循環を断ち切り、相手を許し、状況を信頼するという学びのためにその機会を使うことができるのです。そうすれば、その関係は、さらに深い愛とともに続いていくかもしれないし、あるいは将来的に、こうしたパターンを繰り返すことなく、新しい関係性へと進んでいくことができるでしょう。

もし彼女が占い師のところに行けば、相手の男性が彼女を裏切り、関係は終わるでしょうと言われ、もちろんその通りになるでしょう。そして、予期していたから、そうなったのではないかという、かすかな疑いがつねにつきまとうかもしれません。けれども、彼女の行った先が、パターンを意識化するツールとしてカードを使う人であれば、その状況で別の選択が可能になるのです。

ですから、基本的に占いは、良くても助けにはならないし、悪ければ破壊的で、人を混乱させるものなのです。

第二章 カードについて

簡単な歴史について

タロットの起源は、中国、韓国、インド、エジプトといった非常に広範囲にわたる国々だという説は存在していますが、明らかなことは分かっていません。それらの場所で発見されたという実例は、少なくとも十一世紀まで遡ることができ、タロットが初めてヨーロッパに伝わったのが十四世紀だというのは確かなようです。当時、シンボルは中世のミステリー・スクールでの教えを伝える暗号として使われていました。

十八世紀になると、タロットはジプシーたちが生まれ故郷エジプトを離れる際に遺物として理論づけられ、古代エジプトの魔術的な知恵の書の遺物として、古代エジプトの魔術的な知恵の書の遺物として理論づけられ、オカルティスト神秘主義者たちに尊重されるようになりました。十九世紀の終わりには、タロットへの関心は再び高まり、現在最も人気がある二種類のカードがデザインされました。この本が扱うアレイスター・クロウリー版と、ライダー・ウエイト版です。

22

一九六〇年代七十年代以降は、ニューエイジの意識が西洋で広がり始め、タロットカードは、占い師や秘教の研究家たちの手を離れて、フラワー・パワーのヒッピーたちの共同体へと伝わっていきました。そしてそこから徐々に、カードは普通の人々の生活や家庭へと入っていったのです。

今や何百種類ものタロットがあふれるように店頭に並び、タロットを使うのはもはや怪しくも奇妙だとも思われなくなりました。おそらく長い歴史の中でも、これほどタロットが普及したのは初めてでしょう。それはますます、意識を高めるツールとしての本来の役割へと戻りつつあります。

アレイスター・クロウリーのトート・タロット

アレイスター・クロウリーは、有名な神秘主義者で、多くの違ったタイプの伝統的な知恵や霊性の道を統合するために、研究や試みを重ねていました。

十九世紀の終わりにはさまざまな古代の魔法や価値を紹介することで、西洋社会に影響を与えることを目的としたゴールデン・ドーンと呼ばれる錬金術的秘密結社、英国薔薇十字団のメンバーとなります。ライダ

ー・ウェイト版も、この会で考案されました。

当初彼は、ほんの数か月で古典的な中世のタロットのデザインを修正し、それから彼の仲間のフリーダ・ハリス女史に絵を描いてもらうつもりでいました。しかしこのプロジェクトは、完成するまでにずっと長い年月がかかったのです。おそらくフリーダ女史の影響によって、象徴学の数多くの教えや体系が深みで統合され、革命的なものとなっていったのでしょう。そこには占星術、錬金術、数秘学、カバラ（ユダヤ教神秘学）と並んで、エジプト、東洋、ギリシャ、キリスト教、中世のシンボルが込められています。

クロウリーが天才的な人物であることは間違いないし、カードには秘められた霊感がありますが、これほど純粋に、解釈をはずさずシンボルを描写するという責任を果たしたハリス（彼女もエジプト学者でした）の力を忘れることはできないでしょう。この純粋さゆえに、このカードは集合的無意識に直接つながることができるようになり、クロウリー版にこれほどの深みと精妙な魔法を与えることになったのです。このために、タロットカードの多くが人々の直感の代用品であるのに対して、クロウリーのタロットは、自分自身で直感につながるためのすばらしいツールとなっている

のです。

ハリスは満足できる絵が描けるまで何度も繰り返し描き続け、このプロジェクトは完成までに五年の歳月を費やしました。クロウリー（一九四七年死去）も、ハリス（一九六二年死去）も、生前にはこのカードを世に出すことはできませんでした。一九六九年になってやっと、クロウリーの友人の手によって出版されたのです。そしてそれ以来、おそらくこのカードは販売されているものの中で、最も有名で尊重されているものになっています。とくに真剣なプロのリーダーたちの間ではそうです。

第三章 直感のタロット

直感のマインド

直感とは、論理的な思考回路を使わずに知る能力です。どのように知るのか分からないままに何かが分かる、非論理的に知るのです。ときにはこれを洞察と呼んだりしますが、虫の知らせとか予感と呼ぶものとても似たものです。それはある程度は、人間の精神の自然な一部ですが、私たちの多くは、ほとんど完全にその結びつきを失ってしまっています。

その理由を理解するには、マインドと社会の性質を見てみる必要があります。

肉体的な脳は、二つの部分、左脳と右脳に分けられます。左脳は、右半身とつながりを持ち、マインドの論理的・理性的な部分です。それは男性側として見ることができ、計算し、物事の善し悪しを計る部分で、順序通りに合理的に働きます。右脳は、左半身とつながり、マインドの女性的、創造的、感情的、非論理的な部分です。こちらの側のマインドは、本能と直感へ

24

の扉となります。ここではすべてを少し単純化していますが、今の私たちの目的には十分でしょう。

生まれたばかりの子どもは、純粋に非論理的な本能で生きています。体験しているものに対し、リアルで真正でいる以外に選択の余地はありません。「成長する」とは、実は左側のマインドを発育させるプロセスであり、何が正しく、何が間違っているのかを発見することで、「文明化させられていく」プロセスです。私たちは何を期待されているのか、肉体的・感情的滋養を得るという根本的な欲求を満たすために、つまり基本的に欲しいものを得るためにはどんな行動が役に立つのかを学び、周りの家族や社会の規範に適合するように訓練されていきます。そして必然的に、こうした過程の中で、内側にある、多くのリアルで自然なものとの接触を失ってしまうのです。そして私たちの「教育」が終わるころには、マインドの論理的な部分が優勢となって、行動をコントロールするようになります。右脳の才能に対しては、ポジティブなフィードバックをほとんど受け取ることはなく、多くの場合、右脳は非理性的で、愚かで、非生産的だと判断されてしまいます。「分別」を持ち、正しいことをし、世の中でがんばるという欠くべからざる努力をするうちに、自分が感じていることや本当の自分の多くの部分が、無意識の地下室へと押し込まれていくようになるのです。

そしてこの左脳の支配に対して支払われるべき多くの代償の一つが、直感を失うということです。

超意識からの声

人間のマインドを円形で示すと、中央の薄っぺらな層にだけ、「意識的」というラベルを貼ることができます。ここが、心の中で私たちが知っている唯一の部分です。私たちが自分を「知っている」と言う場合、通常は自分になじみのある、マインドの中のかなり小さな部分について述べていることになりますが、その下には、広大な無意識、つまり自動的に働くマインドの部分が存在しています。本能は、無意識からの声と言うことができ、私たちが動物界と共有している、根源的な衝動でもあります。本能とつながると、予感や虫の知らせを感じます。このため素朴で洗練されていない人たち、大地や自然と親しい人たちの方が、高い教育を受けた人たちにはない根源的な知恵を持っていることがよくあるのです。

これらの本能が、意識的なマインドの理性的な部分に抑圧されると、膨大な量のエネルギーが押し込められ、身体を通って自然に流れることができなくなります。その結果、身体のエネルギーと感情とのつながりが切れてしまったり、滞ったりすることもあれば、また、思考が過度に発達した人によくある、単純な気づきを欠いた、一種の愚かさになることもあります。抑圧されているものを意識化するプロセスによってこのエネルギーが解き放たれると、超意識へ動いていくために使えるようになります。

無意識が意識下の部分であるように、超意識は、意識の上にある、それを超えた部分で、私たちを全体なるもの、個人の自我より大きなものと結びつけているものの一部なのです。

つまり直感とは、宇宙的なマインド、存在、神――どんな言葉を使うにしても、それとつながりを持っている個人のマインドの一部なのです。直感に波長を合わせるとき、私たちは記憶や理性とはまったく関係のない物事を知っている心の部分に波長を合わせることになります。それは、すべてを知ることのできる能力を持っているマインドの一部です。あるいはこの部分を、高次の意識と呼ぶこともできるでしょう。

タロットで直感をトレーニングする

私たちはみな、直感に親しみ、それを育てていくことができます。それはまさに練習次第で、使わないで衰えてしまった筋肉を鍛えるようなものです。直感は使えば使うほど、鋭くなり、鋭くなればなるほど、それを信頼できるようになります。とはいえ、いきなり日常の活動や関係性の中で直感を使うのはとても危険なことでしょう。私たちはミスをしたり、笑い者になるのを恐れていますから。間違っているかもしれないのです――証拠もないのに、どうして本物の直感だと、確信できるでしょうか。ですから私たちはたいてい、そうした洞察やひらめきを無視したり、抑圧してしまい、体験から知覚したり、行動することになります。しかしタロットのようなツールを使えば、不必要な危険を冒すことなく、安全に直感に慣れ親しみ、それを発達させることができるのです。

タロットのシンボルは、論理的ではないマインドの部分に語りかけ、働きかけます。カードと関わるとき、

26

マインドのこの部分となじみになるまで、文字通り訓練していくことができます。単純な例をあげれば、原始人が自動車のエンジンをのぞき込めば、すべてが神秘に見えますが、自動車の整備士にとっては、何が起こっているかはただたんに明らかです。しかし見方を学べば、その原始人にもそれは明らかになります。直感によって人生を見つめる方法を学ぶことで、見ることや在ることのまったく新しい次元が開かれていくのです。

そのカードは、私たちにある種の感覚や体験を与えます。内側にあるこの感覚の源へ入っていけば、そのカードの意味を手にできるのです。これは、必ずしもすぐには起こらないかもしれませんが、カードを使っているうちに、自然に育っていくことでしょう。リーディングでカードの組み合わせを見るのも同じで、そこには論理的な意味があります。もちろん、合理的な思考を使って、かなりの程度のリーディングを理解することも可能だし、私たちの大半はカードを使い始める時にはそうしますが、そこにはつねに限界があるでしょう。直感的な次元でのカード・リーディングは、それを超えたところにあるのです。

私たちはカードを見るときに、論理的にではなく体験し、知ったことを信頼していくことで直感を鍛えているのです。直感に慣れ親しんでいないうちは、それは何か魔法のようにも見えますが、いったんただ受け入れ、理解しようとしなくなれば、それは物を見るためのごく普通の、クリアな方法になっていきます。論理的な思考にとって秘められた、神秘的なことの多くが、直感には明らかなのです。カードを使うことで、

27　第1部　予備知識

第2部
直感を通して学ぶための鍵

第一章 関係を作る

くつろいだ関係

他の人よりも、生まれつき右脳志向の人たちもいます。そういう人たちは楽に自然に直感の脳でカードを学ぶことができるでしょう。トレーニング・グループを行うと、たいてい一人か二人は、最初からカードを難なく扱える人がいます。まるで水場へ連れて来たアヒルのように、すぐにカードが語っていることを見て取るのです。ほとんどの人は、まず少し論理的な学習から入っていく必要があります。とはいえ、カードを学ぶのが早い遅いは、その人が最終的にタロット・リーダーになる能力とは無関係です。学ぶのは遅いように見えても、今では立派にプロのリーダーになっている生徒たちもいますから。

この本は、カードを直感的に学ぶことを強調し、勧めています。それが実際に意味するところは、それほど一生懸命に情報を理解し、記憶しようとする必要はないということです。直感的なマインドは、理性的なマインドが邪魔をしないとき、手に入るものです。くつろげばくつろぐほど、何かを「得よう」とがんばることがなくなり、理性的なマインドは支配の手をゆるめます。どうか自分に、くつろいで楽しみながらこの本の情報に入っていく機会を与えてあげてください。そうすることで、書かれている内容をつかもう、論理的に理解しようと努力するよりもはるかに多くのものが学べるでしょう。これはとくに、カードの意味を見ていく際に言えることです。

あなたの目標は、それぞれのカードとの「関係」をつくることです。カード「について」学ぶのではなく、カードになじみ、カードを感じ、カードと一つになり、体験していくのです。これらの七十八枚のカードは、あなたが出会い、知り合いになる必要のある七十八人の人のようなもので、どんな関係性にも言えるように、結びつきが即座に起こる場合もあれば、時間がかかる場合もあります。ですから、瞬時につながるカードもあるし、しばらくは、知的な概念にとどまるカードもあるでしょう。けれども年月を経るにつれ、個々のカードとなじみになり、あなたにとってカードが何を意味するのか、親密な体験に基づいて理解できるようになっていきます。基本的に、この関係性を発展させる

方法は二つあります。一つはカードを使いながら、あなた自身に起きていることを映し出すこと、もう一つは、一枚のカードについて夜、瞑想することです。こうしたテクニックは、直感のタロットの土台ですが、詳細は後で説明します。

正しいアプローチ

カードは何であれ、あなたが与えるものを返してきます。もしタロットに対して上っ面だけを読み取るようなぞんざいな扱い方をするなら、それだけのものしか返ってはこないでしょう。けれども、知恵と気づきのためのツールとして、敬意を持って扱えば、それにふさわしい深みが映し出され、あなたの内面が照らし出されるでしょう。遊び心に満ちた軽やかな姿勢でタロットに向かう必要はありません。とはいえ、深刻になる必要はありません。いつも、敬意を忘れずに、深みのあるメッセージを受け取ることにオープンでいてください。タロットを恋人や、尊敬する人物、賢明な友人のように大切に扱うならば、とても親密で率直なコミュニケーションが育っていくでしょう。

こうした気持ちの表現として、タロットを特別な箱やバッグに入れたり、シルクの布（エネルギーを保つと言われている）にくるんだりする人もいます。これはまったく個人的な選択ですが、大切なのは、尊敬の気持ちを表すような何かをすることです。それがカードに影響を与えることはないかもしれませんが、あなたの姿勢には影響するでしょう。

場所を整える

カードと向き合う前には、気分を整えることが大切です。つまり、カードのメッセージを受け取るオープンな状態になるために、準備する必要があるのです。これをしないで、急ぎの用事に取りかかる前に、思いつきでカードを数枚引いてみても、役には立たないでしょう。引くカードは同じかもしれませんが、あなたがそれを吸収し、理解できるスペースにいませんから。そうなると、おそらくカードから何も受け取れない感じがして、やる気がなくなってしまうでしょう。そして、自分はタロットに向いていないし、リーディングなんかできないと感じるようになって、あきらめてしまうことでしょう。

私も数えきれないほど、心の中で騒いでいるものが

何なのかすぐにでも知りたくて、カードに向かったことがありました。カードと本当に一緒にいる時間を取ろうとしないで、あせって数枚のカードを引いたのです。そうすると引いたカードは理解できず、元に戻すことになりました。しばらくして、その問題をもう一度考えてみたとき、どのカードを引いたのか、全然覚えていないことに気がついたのです。その時に意識的ではなく、しっかりとその瞬間にいなかったからです。

ですから、しっかりと時間を取って、その時間はリーディング（この時点では、解釈しようとせずに学ぶこと）に丸ごと注ぐようにするといいでしょう。気が散ってしまうと、与えられているものを理解したり、吸収することがとても難しくなってしまいます。

覚えておいてほしいのは、学校の授業で学ぶようにむしろ、これは、マインドの直感的な側面を通して、吸収し、映し出していくプロセスなのです。あなたが全面的に今にいて、オープンで、くつろいで、何かを得ようとしていない状態のとき、それは起こります。ですから、時間を取って、このフィーリングへ向かいやすい雰囲気をつくるようにしましょう。ただ目を閉じて座ることによって、マインドの騒々しさが落ち着くのを待つ

人もいます。あるいは、あなた独自の瞑想の形があるかもしれないし、ダンスをしたり、身体を動かすことで身体に戻り、心が明晰になる人もいます。香をたいたりキャンドルを灯したり、あるいはソフトな音楽をかけたりして、外側の環境を整えるのも一つの方法です。内側、外側両方のスペースで、あなたがくつろぎ、オープンで、受容的になるために、何が役に立つか、いろいろなことを試してみましょう。そして、カードと対するときにはいつも、こうしたことを基本的な習慣にしましょう。ほんの数分間の準備にすぎなくても、ただ漠然とカードを眺めることになるか、洞察を得ることになるか、違いが生まれます。

結びつきをつくる

カードをオープンで受容的なスペースから見つめて、その意味をあなた自身が受け取るにはコツがいります。とくに、新しいカードに出会っている間は、知的なスペースから集中して見るよりはむしろ、柔らかくし、焦点を少しぼかして、視線を細部にとらわれずに、そこにある絵を全体として見るようにしましょう。カードを見ながら、まるでそのカードのフィーリング

を吸い込むように、意識的に深呼吸をしてみるといいでしょう。その色、形、絵柄は、あなたにどんな感じを与えるでしょうか。この絵を見たとき、心には何が思い浮かぶでしょうか。自分にスペースを与えてください。急ぐ必要はありません。いつでも一定の時間を使ってカードを見つめ、自分の内側で感じてみてから、テキストを参照するようにしてください。こうすることで、知識という心の論理的側面が入り込む前に、カードと直感的に結びつく機会が与えられるのです。カードの意味は、根拠なしに与えられたものではないということを覚えておきましょう。事実、クリスタルにそれぞれ独自のエネルギーがあるのと同じように、カードにもそれぞれ独自の意味が「ある」のです。もしあなたが許せば、カードに使われているシンボルが、集合的無意識と言われる、夢がやってくる心の深い領域を刺激します。カードの意味を体験するのは、マインドのこの部分です。この部分がカードと結びつくと、それは知的な理解ではなく、あなたの個人的な体験の一部となります。単純な例をあげれば、車の運転を習うようなものです。ある程度練習すれば、ギアを変えることや、ペダルをいつ踏むのか、考える必要はなくなり、本能的、自動的になります。カードを使

いながら成長させていくのは、このような本能的な認識です。カードとこうした結びつきができればできるほど、直感的なリーディングができるようになります。

マインドの鏡

こうしたことを学ぶ重要な手段として、このテキストに紹介されているカードの並べ方があります。カレントライフ・リーディングのほとんどのカードと、特定の問題と関係性を見るリーディングの一枚目のカードは、ある特定の時期において、人生のさまざまな側面でのあなたを直接映し出しています。あなたはすでに自分の状態、今の自分の体験が分かっています。ですから、その状態を表しているカードを見るとき、それを通して、カードとその体験が直接つながることでしょう。あなたはカードを使い、内側で起こっているある側面を、まさしく自分に映し返すのです。あなたの中でなじみのある、意識されているプロセスや状態なので、瞬時にこれだと分かって、カードが「ピン」と来る場合もあります。そうなると、そのカードは、知的な努力なしに、あなたの深い記憶の一部となり、そのまま無意識へ入っていきます。カードを

知的に理解したとは言えなくても、内側での体験を通して、それを認識したのです。その瞬間から、あなたには論理的な思考とは何の関係もないところで、そのカードが分かるようになるのです。

このように全部のカードとつながっていくプロセスは、たいてい時間がかかります。あなたはカードを理解すると同時に、自分自身のことについても知っていくのです。タロットカードに映し出されている状態やプロセスには、内側で完全には許してはいない、意識されていない体験もあります。つまりは、無意識の暗闇の中で活発に息づいているということです。また、自分の存在の中でそれほど支配的でないものは、他人の中に認める方が簡単なこともあります。とはいえすべてのカードが表しているものは、程度の差こそあれ、何らかの形で私たちすべてに共通するもので、人間であるというプロセスをつくり上げているカードにすぎません。そしてこれらの状態が、カードという鏡に映し出され、認識されると、「ああ、そうか！」という感じになるのです。水面下に沈んでいた体験が、しっかりと意識に浮かび上がってきたのです。

夜の瞑想

カードとつながるプロセスを助けるもう一つのテクニックとして、カードを夜の瞑想にする方法があります。しばらくの間、ほとんどのカードとつながったと感じるまで、これを習慣にしてみてください。

少し時間を取って心を鎮めてから、一枚カードを引きましょう。それは、あなたの今の人生の状態を最もよく表しているカードです。しばらくこのカードと一緒に座り、今、自分の内面の状態が映し出されている鏡を見つめているのだと理解し、それとつながるのを許しましょう。急がないで、カードを本当に感じる時間を取ってください。その後でテキストを開き、カードのシンボルや意味のバリエーションやニュアンスなど、カードについて書かれていることを、全部読んでみてください。そして最後の数分間で、このカードやプロセスが、この時期のあなたの人生にどのような形として現れているのかを見てみましょう。

このカードはそのままにしておき、次の日の夜、あるいは、次の瞑想用のカードを引く時まで、繰り返しカードに戻るか、思い起こしてみるようにしてください。その時までに、これがあなたの内側の状態を最も

34

第一印象

この本では、直感的で、柔軟なスタイルのリーディングを勧めているので、時としてカードに見えることに疑いや疑問を感じることがあるかもしれません。

タロット・リーダーの初心者は誰でも、自分が見ているものが投影なのか直感なのか、あまり確信が持てません。投影は、マインドが希望や恐怖によって生み出す雲のようなものです。特に自分自身や、親密な個人的関係がある人をリーディングする場合には、気をつける必要があります。少し時間を取って心を静め、ふさわしいスペースに自分を置くことは、自分の考えや意見や投影を脇に置き、明晰な直感への扉を開く、大きな助けとなってくれます。自分のためにリーディングをする時には、始める前に、内側で本当に起こっていることを見たいという真摯な願いを意識的に感じることも役に立つでしょう。

時が経つうちに、直感からやってくる感じは、投影されたマインドからやってくる感じとはまったく違ったものだと分かってくるでしょう。それは、聴くことと嗅ぐことぐらいはっきりと違うもので、マインドの中の違う部分からやってきます。この能力を成

よく表しているカードになることでしょう。何らかのイメージやシンボルが夢に登場してくるかもしれませんし、突然、思いがけない時にイメージが心に浮かんできて、感じていることや経験していることと結びつくかもしれません。これは、カードが無意識のマインドの層に根づいていくプロセスです。また、こうしたことがあなたに起こらなくても、がっかりしないように。あなた独自のプロセスとカードとの出会いを信頼し、吸収していってください。

繰り返し同じカードが出てくるのに、それでもあまり「ピン」と来ないこともあるでしょう。おそらくそこに映し出されているものは、あなたにあまりに深く染みついているので、認めることさえできないのでしょう。そんな時には、時が来れば分かるだろうと信頼してください。そしてそうすることによって、以前は隠れていた心のプロセスが意識化されるのだということも。

第二章 カードの引き方

引き方のテクニック

長させているうちは、カードからの第一印象、最初のフィーリングを信頼するようにしてみるといいでしょう。

直感はたいてい、心に「ポン」と飛び込んできます。その後で合理的な思考がやってきて、それが正しいかどうか問い始めるのです。特に人にリーディングをする場合には、カードを見たとき、あるいはリーディングをまとめるときの第一印象を、どんなものでも口にして表現するようにしてください。ときには間違うこともあるでしょうが、いつも立ち止まって考えてからということになると、危険を冒し、表現するという貴重な学習の機会を逃してしまうでしょう。

カードをどう引くかは、とても個人的なことですが、いくつかの基本的原則に従うと役に立つでしょう。まず、すべてのカードが見えるように、目の前にカードを伏せて広げます。きちんと並べても、乱雑に置いても、あなたにとっていい感じなら、どんなやり方でもかまいません。

カードは左手で引くようにしましょう。解剖学的に左手は右脳、直感とつながっていて、無意識からであれ、超意識からであれ、すべての知恵はここを通ってやってきます。とはいえ、右手で引いても、カードに違いはないかもしれません。それは確かめようがありませんが、左手を使うと、無意識にカードを引くことはなくなるし、自然に直感の脳が活性化されていきます。

他の人のリーディングになじんでいくにつれて、カードの引き方を見れば、その人がどう行動しがちか、ときにはたくさんのことが発見できるでしょう。カードを見つめて、ある一枚が視線をとらえると、それを引くというように、目でカードを選んで引く人もいれば、全然カードを見ないで、手で選ぶ人もいます。延々と時間をかけて、儀式のように手を振ってエネルギーを払い、次のカードを探す人もいます。適当に重なったカードをわしづかみにする人もいれば、一枚引いてから戻し、別のカードを引く人もいるし、数枚のカードの

36

上に手をかざし、どれを選ぶか迷う人もいます。

何よりも驚くのは、どうやってカードを引いてもかまわないということです。私の経験から、この二十五年間に行ってきた何万回ものリーディングにおいて、間違ったカードを引いた人はいません。どうやらそれは、まったく不可能なことらしいのです。

目的を明確にする

とても大切なのは、あなた（実際にリーディングを行う人）がなぜカードを引くのか、分かっていることです。目的を持たないで、あるいは目的をはっきりさせないままでカードを引いても、あまり意味がありません。カードを引く前には必ず、目的をはっきりさせましょう。カード・リーディングが難しくなってしまう主な理由の一つは、何を映し返してもらおうとしているのかクリアでないということなのです。

例をあげましょう。あなたはある友人との関係性を見たいとします。その人を心に思い浮かべてカードを引くと、『皇帝』が出てきたとしましょう。これは責任という質を表すカードです。質問をはっきり形にしていないと、このカードが何を伝えようとしているか

分からないでしょう。あなたは彼に責任を感じているのか、それとも責任を感じるべきなのでしょうか。あるいは、関係性の中であなたは自分の責任を取っていくべきなのか、あるいは、彼があなたに責任を感じているのでしょうか。こうした不確かさが混乱を生み出し、メッセージを受け取ることができなくなります。

けれどもたとえば、「彼との関係性の中で、自分は何を見る必要があるのか」というように目的をクリアにしていれば、カードは即座に明晰なメッセージを与えてくれるでしょう。

リーディングに入っていく時に覚えておくべきもう一つの大切な点は、どんなリーディングでも、一度に一つの質問に絞ってカードを引くようにすること。理解できなかったり、同意できなかったり、「間違った」カードを引いたようだと思ったら、カードをしばらくそのままにしておき、繰り返しそれに戻って、クリアになったかみてください。あるいは、すでに引いたカードをさらにクリアにするために、もう一枚カードを引くようにしましょう（次の項を参照のこと）。自分が聞きたいことを告げるカードが出るまで繰り返しカードを引こうとはしないように。それでは、リーディングの意味がありません。

一枚のカードを引こうとしたのに、思いがけず別のカードがついてきてしまった。二枚ともその位置に置いてかまいません。その状況を映し返すのに、無意識が両方のカードを必要としたのだと信頼していいのです。その場合には、両方のエネルギーを組み合わせて読めばいいでしょう。

エクストラ・カードを引く

意味をさらにクリアにするためにエクストラ・カード（付加のカード）を引くというテクニックは、貴重なリーディングのツールです。これは、レイアウトのどの位置にあるカードにも使えます。キーポイントは、付け加えたカードはすでにあるカードの意味を補うもので、元のカードの意味と置き換わるわけではないということです。

たとえば、アドバイスの位置に、『支配―ワンドの2』のカードを引いたとしましょう。これは、新しい方向性を意味します。そのときあなたは、この方向性の変化はどういうものなんだろうと思ったとしましょう。この問いをはっきりさせてから、最初のカードに付け加える2番目のカードを引きます。すると引いたカー

ドは、自立と全体性を表す『強さ―ワンドの9』でした。これによって、その新しい方向性は、自分自身へ戻ること、自分自身のやり方で進むこと、他人の考えや感情からもっと自立することだと分かるのです。

もう一つの例として、アドバイスの位置に『女帝』のカードを引いたとしましょう。これは、慈しみと滋養を与えることを意味します。けれどもそうする必要があるのは、他の人に対してなのか、自分自身に対してなのか、あなたにはよく分かりません。この課題を心の中ではっきりさせて、最初のカードを説明するために二枚目のカードを引いてみると、『カップのエース』でした。このアドバイスは明らかに、自分自身に慈悲深くあるということです。

このようにカードとワークするときには、あなたは自分の高次の認識に直接情報を求めているのです。ここでのコツは、自分が何をきいているのかをとてもクリアに的確にすることです。そうしなければ、こうしたエクストラ・カードは混乱を招くでしょう。

第三章 根気と統合

あなたは今、タロットカードを自分でマスターしていくのに必要なツールをすべて手にしています。タロットカードと育んでいくのは、一つの関係性で、あらゆる関係に言えるように、深みへと達するのには時間がかかります。しかしその深みは、十分な愛と深いコミットメントがあれば、成長し続けていくものです。タロットを意識のためのツールとして使うなら、あなたはタロットの使い方だけではなく、同時に、自身の存在を探求する方法も学んでいるのです。それを通して、他の人たちを理解する方法も自然に身についていくことでしょう。

タロットをマスターすることは、終わりのない発見の旅のようなものだと言えるでしょう。もしも、あなたがオープンならばの話ですが。もしもある時点にきて行き詰まってしまい、こんなことをしていても何にもならない、続けても意味がないと思ったとしても、あせらないでください。こんな時は、意識的にカードから離れて休んでみたらいいのです。しばらくカードを脇に置いておきましょう。でも、あきらめたりがっかりしたりしないように。何日か、あるいは何週間か待ってみて、新鮮でオープンだと感じたときに、もう一度カードに戻ってみてください。たぶん、以前よりもさらに深いレベルでカードに関わっている自分に気づくことでしょう。

すでに説明したように、数か月の間、夜（あるいは昼でも）の習慣として、一定の時間をかけて一枚のカードに瞑想することを強く勧めます。一枚のカードがピンときて、「ああ、なるほど」と感じるたびに、カードがより深い層の無意識の心に根づいていきます。そのときあなたは、カードを深く理解しただけでなく、自分自身の中のプロセスも深く理解したのです。旅を続けるには、時間と忍耐が必要です。このようにしてカードのシンボルはゆっくりと、内側の状態に対する体験的な気づきと一つになっていきます。それは、とても啓発的な道のりです。

このプロセスを続けていくと、カードの中に「生きた」ものと「死んだ」ものがあることに気づくでしょう。カードが生きているときには、自分の体験を通してその意味が分かります。そのカードと、エネルギーでつながっているのです。カードが死んでいると、あ

なたはその意味を頭で理解しているだけで、体験レベルでは認識していません。とはいえこのプロセスで、あせったり急いだりしないように。あなたにとって生きたものとなった新しいカードはすべて、自分の存在の一部が意識化されたものだと、ただ気づいてください。

第3部
カードの並べ方(レイアウト)

　この章で述べるカードの並べ方は、他のどの本にも載っていないユニークなものです。これは特に、意識を促し、直感が働くための自由でオープンなスペースをもたらすようにデザインされています。この並べ方とカードになじむにつれて、こうしてカードを使うことで、どんなリーディングでも多くの層にわたる理解が可能だと分かってくるでしょう。最初、自分のリーディングがちょっと平板だと感じても、忍耐を持ってください。あなたはカードの読み方を学ぶと同時に、直感と自分への理解を育てることも学んでいるのですから。時がたつにつれ、こうした並べ方から、さらに深い意味を汲み取れるようになっていくでしょう。

第一章 カレントライフ・リーディング

これは、自分や人を見つめ、何が起こっているのかを広い視野で見つめるためにベストの並べ方(レイアウト)で、体験的に感じるスペースからカードを学ぶ、最適な方法です。人生の異なる側面を映し出す鏡の役割を果たし、特定の領域で何が起こっているかだけではなく、それらがどのようにお互いに影響を与え合い、あなたが今いるプロセスや状況を生み出しているのかも示してくれるのです。基本的にはあなたをより深く気づかせ、意識的にするもので、特定の質問に答えるものではありません。このリーディングを使って自分を毎日、毎週、またはあなたなりの間隔で定期的に自分を見つめることで、人生により深いレベルの気づきや意識が自然にもたらされるのです。これは、意識のためのツールとしてタロットを使っていく純粋な方法です。

もしもあなたがタロットの初心者だとしても、初日から、このカレントライフ・リーディングで、正確なリーディングができることが分かるでしょう。第四部にはカードの意味が記されていて、その中の「カレントライフ・リーディングのバリエーション」という項目で、この十三枚の並べ方の異なる位置のカードの解釈を見ることができます。これから述べる並べ方のリーディングの仕方を理解し、個々のカードを見ていけば、リーディングの練習をしながら、それが身についていくのが分かるでしょう。

ここで読み取ったことがどれぐらい有効かは、どれぐらいの頻度でリーディングをするかによって違ってきます。もしも定期的にリーディングをしていれば、次にリーディングをする時までになりますが、もし自分の状態をたまにチェックするだけだったら、その期間はもっとずっと長くなるでしょう。その場合には、ほとんどのカードはやはりその時点の状態を映し出していますが、アドバイスのカードや、リーディング全体の香りは、もっと長い期間にわたるプロセスを反映することになるでしょう。もし定期的にリーディングをしていて、ときどき、もっと長い期間にわたる状況を見たくなったら、それを見せてくれるよう、カードに意識的にたずねたらいいのです。

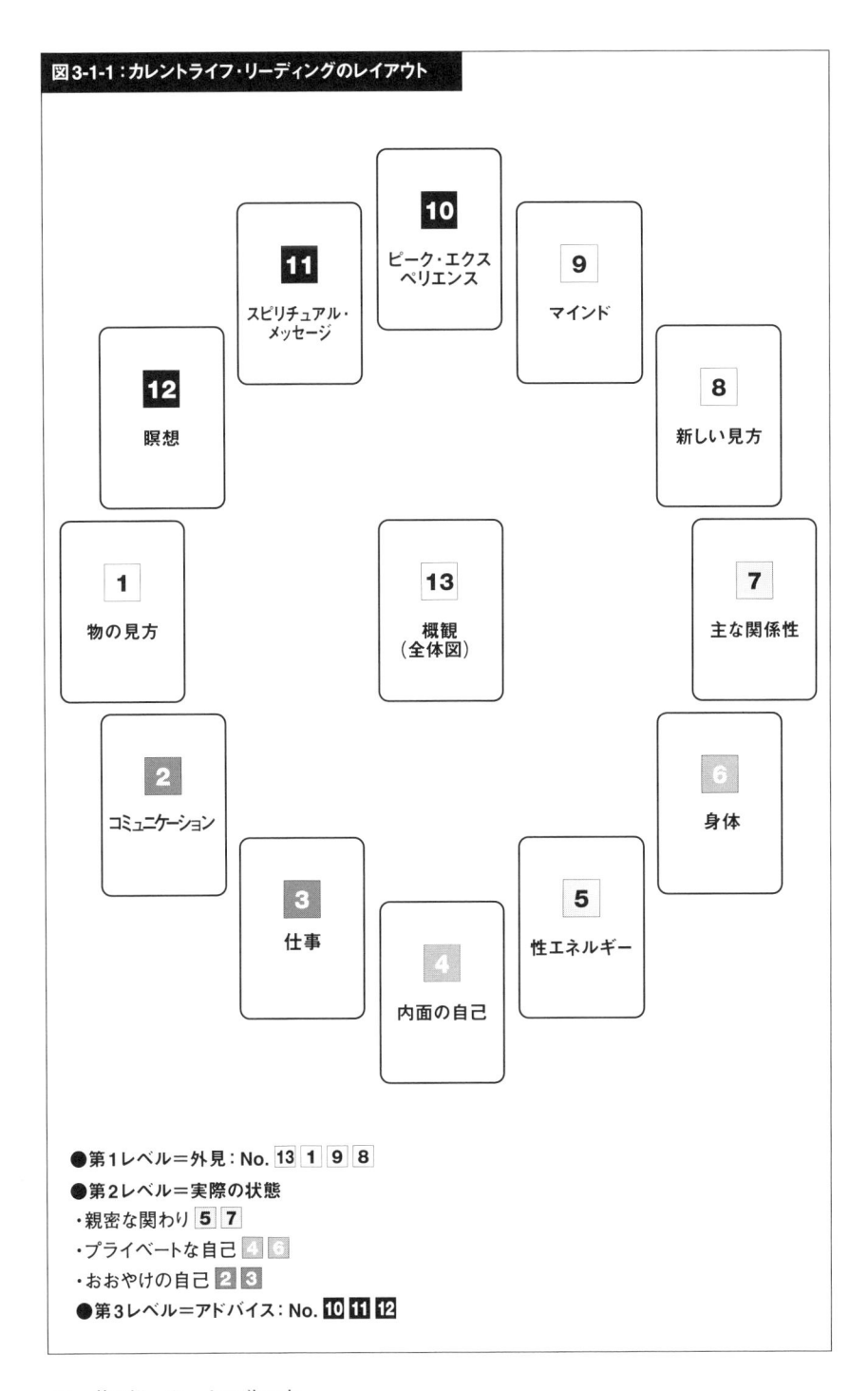

図3-1-1：カレントライフ・リーディングのレイアウト

```
                    10
              11   ピーク・エクス     9
           スピリチュアル・ ペリエンス   マインド
            メッセージ

     12                                      8
    瞑想                                   新しい見方

     1              13                       7
   物の見方          概観                   主な関係性
                  （全体図）

     2                                       6
 コミュニケーション                           身体

            3                        5
           仕事           4        性エネルギー
                       内面の自己
```

- ●第1レベル＝外見：No. 13 1 9 8
- ●第2レベル＝実際の状態
  - ・親密な関わり 5 7
  - ・プライベートな自己 4 6
  - ・おおやけの自己 2 3
- ●第3レベル＝アドバイス：No. 10 11 12

カードの並べ方 ── カレントライフ・リーディング

① **物の見方** 自分の人生を今、どのように見ているのか。毎朝起きるたびに、世間を見るためにかける、その人なりの色眼鏡のようなものです。これは、実際のその人の状況や現実というよりは、起こっていることに対する姿勢です。

② **コミュニケーション** 人に対し、自分をどう表現しているのか、つまりどんな話し方をし、どのように周りの人と関わっているのか。これは、人格レベルでの関わりと言えます。

③ **仕事、行為のエネルギー** 仕事を持っていれば、それについて何が起こっているのか。仕事をしていなければ、実際的な意味で自分のエネルギーをどう使っているのか、何をしているのか、あるいはどのようにやっているのか。あるいは、もし仕事を得ようとしているならば、それに関してどういう状態なのかが示されます。

④ **内面の自己** 内的存在とのつながり。外側のことは関係なく、内側で何が起こっているのか、ということです。これは、あなたの内面のプロセスです。自分をどう感じているのか、自分と内面とどう関わっているのか、ということも示されます。

⑤ **性エネルギー** 基本的な性エネルギー、性的な条件づけが、どう作用しているのか。性的な関係性があれば、その状況のエネルギー的なダイナミクス（力学）が映し出されます。それがなければ、あなたの内側で、このエネルギーに何が起こっているかを表します。

これは、いわゆるセックスの行為にとどまらず、自分の性に関する感性や、エネルギー的に異性とどう関わっているかに関することです。性エネルギーは私たちの基本的な生命力なので、それが滞ったりブロックされたりすると、生命のエネルギーが滞ったり抑えられることになります。セックスの際には、このエネルギーは外に流れます。他人への欲求なしにこのエネルギーが流れるときには、それは上昇する生命力となり、存在全体に活気を与えます。

44

⑥ **身体、肉体のエネルギー** 肉体レベルで何が起こっているのか。健康の問題もここに現れますが、ここで示されるのは医学的な診断ではなく、その状態の背後にある、精神的、感情的、エネルギー的な根拠です。心と身体は深く結びついているので、ここではあなたがくぐり抜けているプロセスの身体的な側面がよく反映されます。

⑦ **主な関係性** あなたの人生の中での主な関係性で起こっているダイナミクス。夫や妻、恋人がいれば、その関係、そういった相手がいなければ、最も親しい関係でのあなたのエネルギーが反映されるでしょう。あるいは、親密な関係を持つことに関して、どんな状態にあるのかが示されることもあります。

⑧ **新しい見方** これは、ゲシュタルト（位相）を転換させるカードで、起こっていることに対する新しい見方を示しています。多くの場合、あなたが意識のレベルである状況を特定の見方で見ているときに、このカードはその状況を特定の見方で見ているときに、このカードはその状況に対し、もっと別の、より良い見方もできるんだよ、と教えているのです。それは新しい見方に対するコメントとなっています。⑨ **意識的なマインド** マインドの主な関心事、つまりマインドを占領していることや何を考えているか。これは実際に起こっていることと関係あるかもしれないし、ないかもしれないということが分かってくるでしょう。

⑩ **ピーク・エクスペリエンス** 現状においてあなたにできる、あるいは見ることのできる最高のこと。今、あなたにとって可能な、最高の体験です。これはたいてい、一般的なアドバイスというよりは、あなたの人生を支配しているある状況について、特に言及しているものです。この位置にいわゆる「ネガティブ」なカードが来ることも分かってくるでしょう。そんな時には、こうした状態は、いわゆる「ポジティブ」な状態と同じぐらい価値があり、必要だということを示しています。

方の勧め、あるいは、あなた次第で可能になる何かを示しています。このリーディングを理解するための、重要な鍵と見ることができます。

⑪ **スピリチュアル・メッセージ** あなたが今、受け取ることのできる最高のメッセージ。あなたに師や教師がいれば、その人がその時点であなたに言いたいこととして、体験されるもの。もしもそういった人がいなければ、存在があなたに伝えたがっているメッセージと受け取ることができるでしょう。⑩ **ピーク・エクスペリエンス** はたいてい、特定の状況に対してのアドバイスですが、この **スピリチュアル・メッセージ** は、より大まかで一般的な方向性を与えています。

⑫ **瞑想** その時点において、あなたの瞑想となること。瞑想といっても、必ずしも目を閉じて、正しい姿勢で座ったり、それについてじっくり考え、黙想する必要があるということではなく、人生に起こっている何かにくり返し気づきを向けて、それを通して学ぶ必要があるということです。それはおそらくあなたがあまり得意ではないか、好きではないことでしょう。もしそうでなければ、それを瞑想にする必要はないでしょうから。

⑬ **概観** この位置は、あたかもあなたが高い丘の上から人生を見降ろすことで、旅の道のりを大きな見通し

で眺めることができるような働きをします。この高みから、自分がどこから来て、どこに行こうとしているのかを見ることが可能となります。この **概観** は、あなたがその時期に扱っている主な課題やプロセスのまとめ、あるいは、あなたの現在の人生の方向性における主な香りや色合いととらえることができるでしょう。

リーディングの仕方

存在の三つのレベル（ビーイング）

このリーディングになじむにつれ、最大の深みにたどり着くための、あなたなりの入り方を見つけることでしょう。以下に述べたガイドラインはあくまでガイドラインであり、固定した規則ではありません。とはいえ、このように始めるのがベストでしょう。大ざっぱに言って、この十三の部分は、存在の三つのレベルを表していると見ることができます。

第一レベルは「外見」で、今の人生の状況に関する、最も表面的な見解です。これらのカードが情報として与えているのは、道で知り合いに会って、調子は

46

どう、ときかれた時の答えのようなもので、あなたは自然に自分に関連づけられるでしょう。

第二レベルは、「実際の状態」で、その時点での、あなたの人生の異なる領域での現実を直接映し返している部分です。

そして第三レベルは「アドバイス」です。リーディングの中で、起こっていることにコメントし、あなたにどうしたらいいかを告げている部分です。このレベルを、存在の高次の意識、超意識的な気づきによる認識が映し返されたものと見ることもできるでしょう。

実際には、私たちは個々の部分に別れてはいません。から、存在の個々の部分は他の部分とつながって、互いに影響を与え合っています。この並べ方がとてもパワフルで、洞察に満ちた鏡である理由の一つは、こうしたつながりを見て理解できるスペースがここに生み出されているから。もしあなたの人生に大きな課題が生じていれば、明らかに重要な物事としてここに映し出されるでしょう。この孤立した「部分」のあなただけで、その課題を気にかけている、

はなく、あなたの全体像にその物事がどう影響しているかが示されます。たとえば、関係性の問題が、どのように身体に、あるいは自己の感覚に影響を与えているのかということです。

このリーディングで見ているのは、すべてあなた（あるいは、人のためにリーディングしているなら、その人）だということを忘れないように。外からの影響について述べているわけではありません。

見る準備をする

エネルギーを注ぎ込むようにカードをよく切って、それを目の前に広げます。そして目を閉じて、本当に自分を見る準備がある、見たいと思っているスペースが内側に見出せるか、見てみましょう。

このリーディングは、今の人生において、自分が誰で、何をしているのかという現実をよく見るためのものです。起こっていることに関する古い観念を手放し、新鮮な見方で自分を見ることにオープンで準備ができているときに感じられなければ、リーディングはできません。あらゆるタロット・リーディングで、判断しない（ジャッジ）アプローチはとても重要です。もしもある状態は良いが、ある状態は悪いという自分の観念をリーディング

〈第一レベル〉外見：①⑧⑨⑬のカード

まず⑬概観からリーディングを始め、今、何が起こっているのか、全体像をつかんでみましょう。どんな方向へと動いているのか、人生の状況全体と、あなたが扱っている主な課題の、色合いや香りが得られるでしょう。

次に、①物の見方に注目し、この時点であなたがどのように人生を見ているのか、起こっていることにどんな態度を取りがちなのか、見てみましょう。たとえば、起こっていることを軽く受け取るか、ネガティブに見るか、物事をうまくいかせよう、正しいことをしようとするというフィルターを通して見がちなのかといったようなことです。

次に⑨意識的なマインドに注意を向けます。どんなことが起こっていると思っているのか、何が意識的なマインドを占めているのか、見てみましょう。前に述べたように、これらの三枚のカードは、誰かに最近どう、ときかれたときに、あなたがシェアするようなレベルの情報を提供しています。何が起こっているかに

に持ち込めば、ありのままの現実を見る能力はブロックされてしまうでしょうから。とはいえ、私たちはみな判断を持っています。カードを読むに当たって、そのすべてを超越するように求められているわけではありませんが、ただ脇に置いておく必要があるのです。人生の内と外両面に起こっていることは、ただそうなのであり、善悪、正誤という観念は、マインドの中の浅薄な概念にすぎません。

一歩一歩、鏡を確認する

まず全体の色や形を見て、大体の「感じ」をつかんでみましょう。並べ方全体を一枚の絵として見てみると、どんな感じがするでしょうか。第一印象はどうですか。ちょっと時間をかけて、これを体験してみましょう。あなたは今、クリアな鏡の中の自分という存在（あるいはリーディングしている相手）を見つめているということを覚えておきましょう。

特定のスート（小アルカナの組）が目につきますか。大アルカナがたくさんあるでしょうか。いわゆる「問題」のカードはたくさんありますか。あなたのエネルギーは、どこか特定の箇所に引きつけられていますか。分析しないで、ただ気づいていましょう。

48

関する、もっとも明らかで、明白なレベルです。

このレベルの最後のカード⑧ **新しい見方** は、あなたがたった今シェアしたことに対する相手の洞察と見ることができます。すでに⑨で自分がどう思っているか、⑧は、①で自分の取っている態度を理解しましたが、それとは別の、もっとクリアな物の見方を与えているのです。つまり、「ところで、こんな見方もできるんだけどね」という感じです。それはゲシュタルト（起こっていることに対するあなたの知覚の仕方）を転換させ、多くの場合、「なるほどね」という応答を引き出します。これは実際には、リーディングでのアドバイス・カードの一枚で、他のカードに比べれば知的で表面的なレベルに関することかもしれませんが、この時点で読むことで、何が起こっているのかというあなたの見方全般への鍵の役目を果たすことができるものです。

〈第二レベル〉**実際の状態**：②から⑦のカード

さて、現在の状況のさらに深いレベルへと移っていく準備ができました。これらのカードは、あなたという存在の異なる領域での、実際のエネルギー的な現実を映し出しています。大アルカナがこれらの位置のどこかに出ていたら、人生のその領域にはたいてい、よ り多くのエネルギーがあります。『心配』、『残酷』、『闘争』などの、いわゆる『問題』のカードがあれば、その領域に困難やプロセスが起こっているということです。

便宜のために、このレベルを大きく三つに分けて見ることができます。親密な関わり、主なパートナーシップ（⑤と⑦）、プライベートな自己、他の人とは関係のないあなた自身（④と⑥）、おおやけの自己、一般的な人々との関わり（②と③）です。

まず、大きな問題のある場所を探しましょう。つまり、困難や葛藤を表すカード、大きな変化を示唆するカードが現れている領域です。もしも親密な関わりに困難があれば、それが何かを突き止め、この層を超えていけるように、ここから始めるのがいいでしょう。私たちの多くは、親密な関係という鏡を通して多くの深い学びを手にしますし、自分の内側で実際に起こっていることを、何よりも見失いがちなのはここですから。それが男女関係であれば、なおさらです。ですから今は、この部分から始めましょう。

◆親密な関わり：⑤と⑦のカード

⑤は**性エネルギー**を映し出しています。パートナーシップがあれば、パートナーとのエネルギー的なつながりの根底にある、基本的な男女（あるいは、どんな性的な組み合わせでも）のダイナミクスが示され、パートナーがいなければ、あなたの内面でこのエネルギーに起こっていること、あるいは多くの場合、無意識的に異性に対して発しているエネルギーが示されます。たとえば、あなたはオープンでしょうか。あるいは依存したり、思考にとらわれたり、ブロックがあったり、執着したりしているでしょうか。これはパートナーがいようといまいと、あなたの性的な条件づけを示しています。

⑦**主な関係性**は、あなたと相手の間に起こっている全般的な状況、より明らかに起こっていることを明らかにしています。あなたは頭にいますか、ハートにいますか。安全を気にしていますか。繊細な感じだったり、与えたり、コントロールしたりしていますか。もし相手がいなければ、あなたのエネルギーは開いているでしょうか。あるいは守ろうとしていたり、混乱していたり、不安だったり、自分に満足したりしているでしょ

うか。

◆プライベートな自己：④と⑥のカード

④**内面の自己**は他人とは関係なく、内側で何が起こっているのかを示しています。内なる存在は今、どんなプロセスを経ているでしょうか。自分自身とどう関わっているでしょうか。恐れに向き合っていますか。あるいは楽しんでいたり、感情的になったりしているでしょうか。それは、あなたの関係性の状況や物の見方と結びついているでしょうか。

⑥**身体**が示しているのは、あなたの肉体のエネルギー、身体に起こっていることです。あなたの身体はそれ自身のプロセスを通り抜けているでしょうか。あるいは関係性や内面に起こっていることに関係していますか。エネルギーがブロックされたり、思考に影響されたり、激しかったり、瞬間にいたりしていますか。開いていますか。閉じていますか。

この位置は、あなたが意識的に気づいていないプロセスを表すこともあるでしょう。体験したくない感情や不安のエネルギーは抑圧されてしまい、そうなると、身体を通して処理せざるをえなくなり、多くの身体の

50

不調の原因となります。ですから、ここに大きなエネルギーのある感情のカードや、ネガティブな思考のカードが出てきたら、このエネルギーを意識的に体験してみるといいでしょう。でなければ、実際に肉体的な問題を生み出しかねません。けれどもすでに肉体的困難を体験していて、変化や変容のカードを引いたのであれば、身体にどんなことが起こっていても、内面での深い調整の一部だということです。

◆おおやけの自己：②と③のカード

それでは③**仕事、行為のエネルギー**をチェックしましょう。あなたは退屈しているでしょうか。あるいは遊んでいる、未来を見ている、問題を抱えているでしょうか。これが、今の主なプロセスが起こっている領域かもしれません。その場合には、⑥**肉体のエネルギー**、または④**内面の自己**と強く関係しているかもしれません。

このレベルで残っているのは、②**コミュニケーション**です。これは一般的に、人々とどう関わり、どう自分を表現しているかを表しています。あなたは話しすぎているでしょうか。あるいは感じていることを表現

していない、真正でいる、正しくあろうとしているでしょうか。

今まで見てきたカード（①から⑨と⑬）は、⑧を除いて、すべてあなたの現状をただ映し出しています。どうあるべきとか、正しいとか間違っていると言ってはいません。意見も判断もなく、たんに事実を示しているだけなのです。この鏡が何を映しているか、すぐに分かることもあれば、難しいこともあるでしょう。

それは、あなたがどれほど状況に対して「意識的」であるか次第です。まったく思い当たらない時には、多くの場合、映し出されていることが気に入らないからで、間違ったカードを引いたとか、全然「理解」できないと思うかもしれません。けれども間違いはないし、理解する必要もないのです。ただ、その鏡を見つめ、体験してみましょう。自分の人生のその領域に起こっている状態を体験するとき、少なくともあるレベルにおいては、あなたはカードのシンボルの中に映し返されている状態を見ることになります。それによって、その状態に意識をもたらし、形と理解を与える助けとなり、同時に、マインドによる解説を超えて、体験的なレベルでカードとつながる助けにもなります。

51　第3部　カードの並べ方

〈第三レベル〉アドバイス：⑩から⑫のカード

リーディングのこの部分は、あなたの意識の最大の高みからのガイダンスと方向性を与えています。まず自分の現実の状況についてクリアになっていないと、このアドバイスを十分に理解することはできないでしょう。ですから、もっと早い段階でカードを眺めることがあるにしても、この三つの場所はつねに最後に残しておいてください。

⑩ ピーク・エクスペリエンスは、あなたの人生の最も支配的な状況において、あなたがいることのできる最高のスペース、あるいはあなたがしたり、見たりできる最高のことを告げています。たとえば慎重になるように、恐怖を感じるように、遊びに満ちているように、あるいは問題と直面するように、といったことに。それは、あなたが動いていくにふさわしい方向性、現状において持つことのできる最高の体験を示しています。

⑪ スピリチュアル・メッセージは、存在から、あるいはもしあなたに師や先生がいれば、そうした存在からのメッセージです。だからといって、このメッセージはリーディングのいわゆる「スピリチュアル」な部分にだけ関係しているわけではありません。霊性とは日常から分離したものではなく、ただシンプルに日常生活における、深い気づきなのです。とはいえこのカードは、今あなたが受け取ることのできる、最も高次の純粋なガイダンスを表しています。あなたが体験し、学ぶことを自分に許すことができる、最も貴重なギフトです。これは、⑩の特定のアドバイスよりも、もっと広範囲なメッセージを持つ傾向があります。完結のプロセスを認めるように、物事の流れにまかせるように、あるいは、責任を取るようにといったアドバイスです。これは、あなたの霊性の道の方向性全般を指し示しています。

⑫ 瞑想のカードが象徴しているのは、何であるにせよ、今のあなたにとっての瞑想です。目を閉じて座り、このカードが表している状態を熟考すべきだという意味ではありません。瞑想という意味は、この状態にいながら、それを体験することが、今のあなたを最も大きく成長させるということ、そして学びのために、の状態にくり返し注意を向ける必要があるということです。それは、物事が崩れ落ちるにまかせるように、待つよ

52

カレントライフ・リーディングの例

うに、表現をする必要がある、あるいは何かを理解するように、といったことです。こうしたことはおそらく、あなたの側の努力や、絶えざる気づきを必要とするでしょう。だからこそ、あなたはそのカードを瞑想として引いたのです。

ときにはこうした三つの位置は独立して作用することもありますが、たいていは一体となって、まとまったアドバイスのメッセージとなっています。この部分はポジティブなアドバイスを表しているので、絶対にポジティブではないし、感謝して歓迎できる体験ではないと感じるような状態に関して、あなたが持っている判断に触れていくように促すことになるでしょう。

たとえば、私たちのほとんどは、『妨害』や『失敗』、『敗北』や『吊るされた男』のカードを見たら、あまりうれしくは感じません。けれどもこうした内面の状態を認め、そういった状態を許してもいいんだと知ることで、人間の体験というスペクトル全体を、虹の七色のように、ただ多様な現実として受け入れる可能性が生まれるのです。〈『判断を脇に置く』十九ページを参照のこと〉。

このサンプル・リーディングから最もよく学ぶためには、実際にカードを並べてみて、自分でリーディングをし、あなたの理解と次に書かれていることを比べてみるといいでしょう。

必ずしも必要ではありませんが、人にリーディングする際には、何か大きな問題があるかどうか、きいてみると助けになります。リーディングで明らかになることは、その人が大事だと思っていることではないかもしれませんが、そうすることで、たくさんの不必要な推測をしなくてもすみますから。また、関係性の状況がどうかをきくのもいい考えです。つまり、結婚しているかとか、親密な関係性があるか、ということです。

シーラ（三十四才・女性）は、短いけれども熱烈な関係性を最近終えたばかりです。これによって彼女は、その相手とだけでなく、一般的な異性関係に何が起こっているのかを見直してみたくなりました。それではこれから、今まで見てきた「リーディングの仕方」の並べ方に従って、一歩一歩進んでいきましょう。

全般的な感じ

最初の印象は、比較的ポジティブな感じです。四枚の大アルカナが出ているところですが、そのうちの三枚は、実際の状態を映し出しています。これは、この状況で、アドバイスの位置にあります。これは、この状況で、彼女がまだ分かっていない、意味深い学びがあるという暗示です。すでに彼女について分かっていることから、カードの中で最も意味深いのは⑪の『太陽』です。これは関係性の学びのシンボルでもあるので、彼女のケースではこれは適切だったということが裏づけられています。

問題のカードも四枚あって、(『圧迫』、『心配』、『無益』、『失望』)、現在の困難な領域を示しています。これらのカードは、関係性の位置には一枚も現れていませんが、一枚が④内面の自己、もう一枚が⑥身体にあることから、この関係性の課題は、他人よりもむしろ彼女の内面で対処されていることが示唆されています。

〈第一レベル〉外見

⑬『カップのナイト』が示しているのは、今の彼女の人生の概観と主な課題が、ハート・レベルからどのように自分を分かち合い、何を人に与えるのかということです。これは陽の（男性的な）外向的な感情エネルギーなので、彼女は今、外に出す、与えるという状態だと分かります。

①『成功-ディスクの6』によって、彼女の物の見方や人生への姿勢が、正しい行いをしたい、物事をうまくいかせたい、成功したいということだと分かります。

⑨『心配-ディスクの5』は、意識の上で、状況についてあれこれ考え、心配しているということを示しています。これは、つじつまが合うことです。というのも、もしも正しい、物事がうまくいくようなやり方で(①のナイト)、シンプルに自分自身でいることはできず、どうあるべきか、何をすべきかという心配を生み出してしまうでしょうから。ですから私たちはすでに、彼女の状態をかなりつかむことができました。

では⑧を見てみましょう。新しい見方として、シーラが現状に持ち込めるものは、学びや理解（『教皇』）です。これは、心配があるにしても⑨の『心配』)、ある理解を得られること、知性と経験を結びつければ、つまりここでは、頭で分かろうとを意味しています。

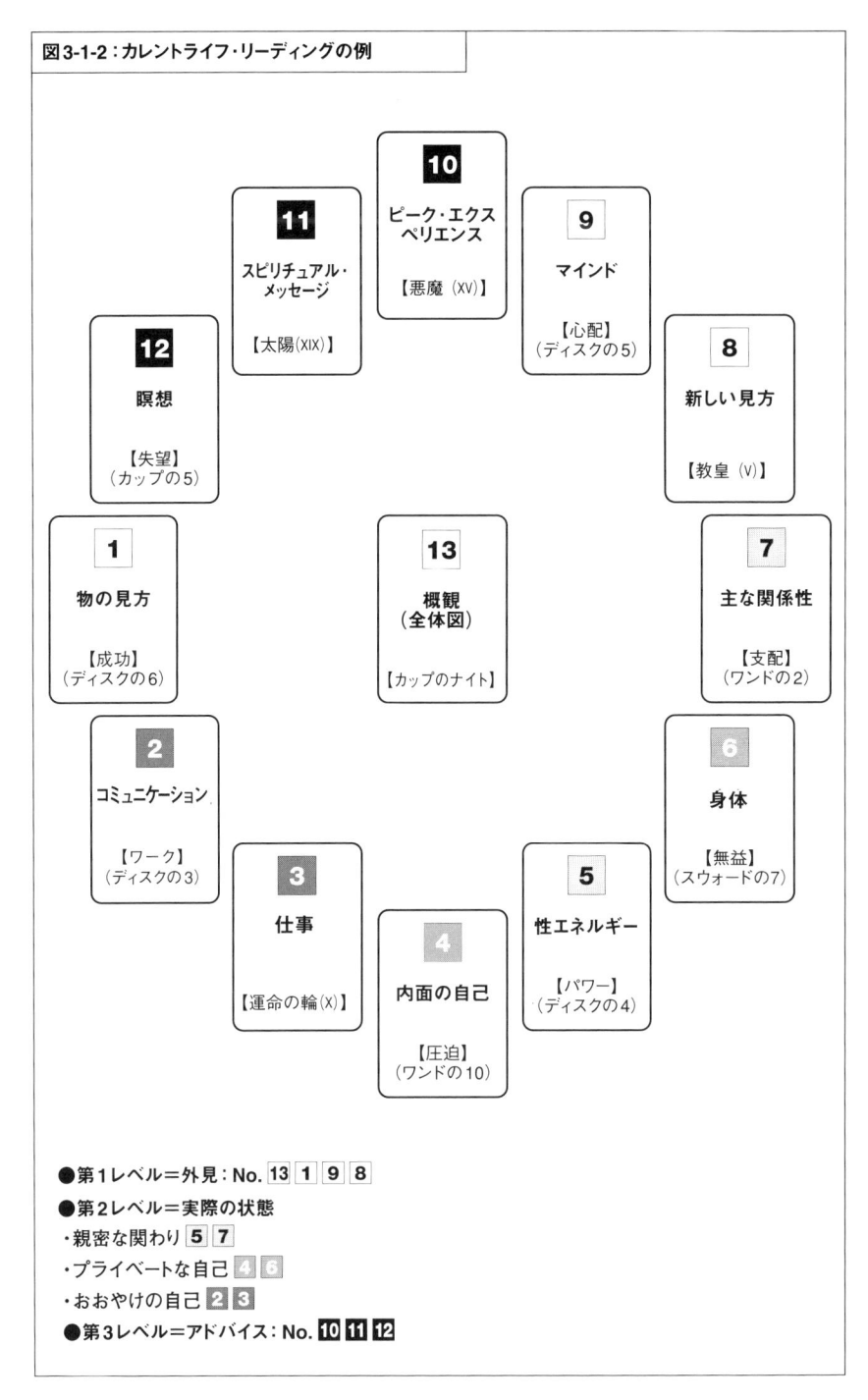

図3-1-2：カレントライフ・リーディングの例

No.	位置	カード
1	物の見方	【成功】（ディスクの6）
2	コミュニケーション	【ワーク】（ディスクの3）
3	仕事	【運命の輪(X)】
4	内面の自己	【圧迫】（ワンドの10）
5	性エネルギー	【パワー】（ディスクの4）
6	身体	【無益】（スウォードの7）
7	主な関係性	【支配】（ワンドの2）
8	新しい見方	【教皇(V)】
9	マインド	【心配】（ディスクの5）
10	ピーク・エクスペリエンス	【悪魔(XV)】
11	スピリチュアル・メッセージ	【太陽(XIX)】
12	瞑想	【失望】（カップの5）
13	概観（全体図）	【カップのナイト】

- 第1レベル＝外見：No. 13 1 9 8
- 第2レベル＝実際の状態
  ・親密な関わり 5 7
  ・プライベートな自己 4 6
  ・おおやけの自己 2 3
- 第3レベル＝アドバイス：No. 10 11 12

55　第3部　カードの並べ方

するのではなく、今までに述べてきた状況を体験することで理解し、学ぶべきものをまだ手にしていないことを知る必要がある、というメッセージを受け取っているのです。

〈第二レベル〉 実際の状態

◆ 親密な関わり

シーラは、パートナーと別れたばかりだと分かっていますので、まず⑤と⑦を見て、元彼や一般的な異性との性的・エネルギー的なつながりをチェックすることにしましょう。⑤**性エネルギー**は『パワーディスクの4』で、執着を意味します。これによって、おそらく彼女は根本的なエネルギー・レベルでその彼にまだしがみついている、または男性との古い関わり方にしがみついていることが察せられます。そしてその執着ゆえに、他の関係を望んでいても、実際のエネルギーはそれに開いていないのでしょう。

⑦**関係性**のカードは『支配ーワンドの2』、新しい方向性です。新しい関係性が始まったばかりではないことは私たちに分かっているので、これはこのレベルで、古いパートナー、あるいはおそらく一般的なパー

トナーに対するエネルギーが、新しい方向へ動いていくということを教えています。これは、今までとは違った形で人と親しく関わろうという彼女の意欲を反映していますが、⑤から何か古いものが彼女を引きとめていることが分かっています。

◆ プライベートな自己

次に、④**内なるプロセス**を見てみましょう。『圧迫ーワンドの10』は、内側に見たくないことがあると告げています。自分自身のある質を抑圧したり、抑制していて、あるレベルで、自分とつながっていないのです。これよって、なぜ彼女の主な課題が関係性で与えたり、分かち合ったりすることなのか、知ることができます。彼女は自分の内面を見たくないのです。そして、なぜ何かを理解する必要があるのか（⑧の『教皇』）、分かるでしょう。すでに今まで見てきたように、自分の外を見て、正しいことをしようとするのではなく、外にではなくこの課題に対処する必要があるということが、ここで強調されているのです。

⑥に移って、身体に何が起こっているか、見てみましょう。『無益ースウォードの7』は、おそら

56

くあるエネルギー・パターンと関係のある肉体のエネルギーにおいて、何かが無駄だと感じていることを示しています。彼女は実は、エネルギーを分かち合うのに、関係性がうまく運ぶよう、正しいやり方で努力しているのに、①、外に向かおうとしている⑬ことが分かっていますから、彼女のエネルギーはすでにこうしたパターンが無駄だと感じていると推測できます。つまり、もし身体の声に耳を傾けないで、こうしてエネルギーを無理強いし続ければ、彼女はたぶん身体の不調か、少なくとも疲労を体験するようになるでしょう。

◆おおやけの自己

②**コミュニケーション**は、『ワーク－ディスクの3』で、人との関わりに、彼女がたくさんのクリエイティブなエネルギーを注いでいることを表しています。これは必ずしも悪いことではありませんが、おそらく関わりをうまく行かせるためだということが示唆されています。つまり彼女は、他の人々とくつろいで、ただ自分自身でいることが、他の人々とのつながりですでに見てきたことと一致しています。

③**仕事、行為のエネルギー**は『運命の輪』です。これはポジティブで、エネルギーの高いカードで、今、人生のこの領域では、物事は平穏無事に流れていることを示唆しています。この部分は課題ではないようなので、これについてはさらに深く見ることはしません。

さて、ここに、今のシーラの人生を映し出した鏡があります。関係性のエネルギーは主に、自分自身とのつながりを犠牲にして、外に向かい、行為に向かっています。彼女は他人との関係をうまくいかせることに夢中で、自分を見失っているのです。当然のことながら、これによって、何をすべきか、どう行動すべきか、という不安や心配がマインドに生まれます。エネルギー的には、こういうことを続けても仕方がないと分かっていますが、彼女はまだその気づきを意識のマインドにもたらしてはおらず、そこから学んではいません。元のボーイフレンド、あるいは別の男性と、新しい形で関わっていきたいけれども、性エネルギーはおそらくその彼に執着しているのでしょう。自分の内面を見て、自分のエネルギーの声を聞く必要がありますが、それを彼女は理解しておらず、この状況から学んではいません。

〈第三レベル〉アドバイス

ここに来て、シーラが今の人生において入っていくべき方向性、注意を向けるべきことを示しているアドバイスのメッセージをざっと見てきましたが、これ以前にもこの方向性、彼女がどういう状態なのか、すでに分かっているからこそ、ここに示されていることが本当に理解できるのです。

⑩ **ピーク・エクスペリエンス**は『悪魔』で、今の状況において、彼女ができる最高のことは、現実をありのままに見ることだと言われています。状態を変えるために、何をすべきなのか考えたり、心配する必要はなく、何かをしようとするのをやめて、ありのままを見ればいいのです。それによって、自分が抑圧しているものと、すでに身体で体験している無益さを感じるスペースが生まれ、そうすれば彼女はこの現実から学び、理解することができるでしょう。

こうしたすべては、関係性のパターンに関することだという事実は、⑪ **スピリチュアル・メッセージ**によって、間違いのないものになります。『太陽』は、関係性の中で自分の内なる合一や全体性を見出すこと

が、彼女にとって最も働きかけや行為を必要としている領域だと、とてもクリアに告げています。つまり、自分の真正さや自分とのつながりを制限してしまうような、人づき合いに関する条件づけのプログラムを見ることが、今の彼女にとって、最も高い成長をもたらすということです。これは明らかに親密な男性との関係についてでしょうが、それだけでなく、自分を犠牲にしても正しいことをしようとする、与えるパターンに陥りがちな、あらゆる関係性についても言えるでしょう。

⑫ **瞑想**の『失望―カップの5』は、内面にある失望や空しさ、不満に気づきを向ける必要があると告げています。瞑想としてこのカードを引いたということは、このことを彼女は感じたくないと思っていて、それを自分の内側で抑圧したり、避けている（④）ということです。この体験を自分に許さないかぎり、内面にある空しさに直面せずにすむように、どう「ふるまえば」関係を「うまく」運ぶことができるか、頭で分かろうとするばかりで、今の状況につかまったままでいることになるでしょう。こうしている間は、親しい関係がうまくいくために唯一必要な、自分の内なる欲求や真

58

正さに触れていくことはできません。彼女が人間関係(⑪)で見る必要があるのは、抑圧することではなく、この理解(⑧)なのです。

第二章 質問の並べ方(レイアウト)

この並べ方は、特定の質問や課題に光をもたらすようデザインされています。断っておきますが、タロットが何をすべきか教えてくれたり、答えを与えてくれて、あなたの責任を肩代わりしてくれると期待しないように。こうなると、タロットに依存することになり、意識や気づきのツールというよりは松葉杖になってしまいます。そうではなく、その状況の中で、実際に自分に何が起こっているのか、もっとクリアに見たいという気持ちでこのリーディングに入っていきましょう。無意識の扉を開けることで、自分で決断し、自分の決断に責任を持てるだけの明晰さを得ることが可能になるのです。あなたのマインドにこうした高次の目的があると、ときには、予期しない答えが返ってくることもあると分かってくるでしょう。単純な質問をしていると思っていたのに、カードが、あなたが気づいてさえいなかった課題の一部を拾い上げ、明らかにすることもあるのです。マインドを広く開いておきましょう。そうすれば、期待していたような直接的な答えでなかったとしても、いつでも見るべきものが与えられるということが分かるでしょう。

二種類の並べ方

質問の並べ方は二種類あります。最初の「シンプル・フォーム」は、カードになじみ、直感に自信が持てるようになるまでの、最善の方法です。また、深みに入るのではなく、さっと見てみるだけでいい、単純な課題にも使えるでしょう。

二番目は、同じ並べ方の拡大バージョンで、もっとずっと深く、細部にまで入っていく方法です。とても流動的で柔軟なリーディング法で、直感が作用するための大きなスペースを取ってデザインされています。こうした理由から、それぞれの位置の持つ意味は、「カレントライフ・リーディング」のようにははっきりと限定されていません。むしろ五枚のカードのエネルギーがまとまった一枚の絵を生み出す色彩のよう

に、お互いに流れ込んでいるという感じです。

どちらのリーディングでも、三枚、あるいは三組のカードが表す三種類の状態を比較し、気づきを得ることがベースになっています。基本的には、「状況はこうだと、あなたが考えていること」、「実際に起こっていること、あるいは、見る必要のあることを認めることで、起こりうること」です。

質問を用意する

この並べ方では、カードがあなたの状況をはっきりと映し返すことからくるのです。クリアで要を得た課題を提示することがとても大切です。何を見ているのかがよく分かっていなければ、それを読むことはできません。リーディングをする際に混乱したり、あいまいになったりするのは、多くの場合、たんにカードを引いたとき、何について見ているのか分かっていないことからくるのです。クリアで要を得た質問をしなければ、答えを理解することはできません。いつもカードを引く前に、カードが正確な答えをあなたに直接写し返してくれるように、入念に質問を形づくる時間を取るようにしましょう。カードを引いて

からでは遅すぎます。いったい何のために引いたのか、分からないままで取り残されてしまうことでしょう。

この「質問の並べ方」を使う場合には、この並べ方によって答えが反映されるように質問や課題を形づくる必要があります。最初のカードは、意識的なマインドの中のあなたの状態を映し出し、二番目のカードは、あなたがしたり、見たりする必要のあること、三番目はその結果、あるいはあなたがいられる最高の場所を示します。実際にはここで、あなたはこの質問が明らかにする課題を見つめることになり、これによって自分の答えを受け取ることになるのです。質問を形づくるのに、こういう文型を使うといいでしょう。「～であれか、これか」、という質問を形づくるについて、私はどういう状態にいるのでしょうか」、「～に関する私の課題は何でしょうか」。

あれか、これか、という質問はできません。たとえば、何かを決断するに当たって、明晰さが欲しいとしましょう。そのとき、「こうすべきか、それともああすべきか」という質問はよくありません。それでは、どちらの選択肢を見ようとしているのかが分からないからです。その代わり、「これ（一つのこと）をする

60

ことに対し、私はどんな状態にいるのでしょうか」、とたずねれば、カードはあなたにとってそれが本当に起こっていることかどうか、教えてくれるでしょう。もう一方の選択肢について見るために、二番目のリーディングをする必要もあるでしょう。

たとえば、こんな質問です。

「私のビジネスパートナーとの関係はどういう状態で、その人と一緒にビジネスを広げるべきかどうか」

この質問の前半と後半の答えがそこにあるかもしれません。そうなると、どちらの答えは違うかもしれません。

二つ以上の質問を一度にするのもやめましょう。からなくなってしまうからです。

イエスとノーを表すカードは存在しないということも覚えておきましょう。ですから、そうした答えを期待しないように。たとえば、「新しい家を買うべきでしょうか」といった質問です。質問はいつも、その課題を見ることのできるスペースを与える形にしてください。この例では、あなたは新しい家を買うという課題について見てみたいのですから、最初のカードは、あなたが意識のマインドの中で、新しい家を買うことに対してどういう状態でいるかを映し出し、二番目の

カードは、それに関して、あなたが見たり、する必要のあることを告げるでしょう。そして三番目は、このアドバイスに従うことによって得られる結果、あるいは今このことに関してあなたがいることのできる最高の場所です。こうして、あなたの外側にある何か神秘的なパワーがシンプルな答えを与えてくれて、あなたの責任を肩代わりしてくれると期待するのではなく、本当の課題にもっと意識的になることで、自分の答えを得るのです。

あなたは自分自身の無意識あるいは高次の意識の中ねに隠された知識へと質問を投げかけているのだと、つねに覚えておいてください。あなたの高次の意識とは、高次の源泉へとチューニングを合わせることのできるマインドの一部です。あなたは、すでに分かっている自分自身の一部に触れるために、カードを使っているのです。

61　第3部　カードの並べ方

シンプル・フォーム
三枚のカード・リーディング

1. 三枚のカードを引き、一列に並べます。

2. **一番目のカード＝意識的なマインド**

最初のカードは、課題へのあなたの意識的な理解を映し出しています。こういうことが起こっていると思っていることなので、あなたには思い当たったり、認めることができるでしょう。ここにはアドバイスはないし、何をすべき、すべきでないとも言っていません。どんな判断も意見もなく、今、意識のマインドの中で、この課題についてあなたがどんな状態でいるのかが映し出されているだけです。まずこのカードとつながることで次へと移り、さらに深い洞察やアドバイスを受け取る土台や背景が生み出されます。ときには最初のカードに示されたものが、あなたの分かっている状況の一つの側面ではあっても、必ずしも予期したものでなかったり、あまり重要だと思っていなかったものだということもあるでしょう。

※この位置に来たカードの意味について、どんな解

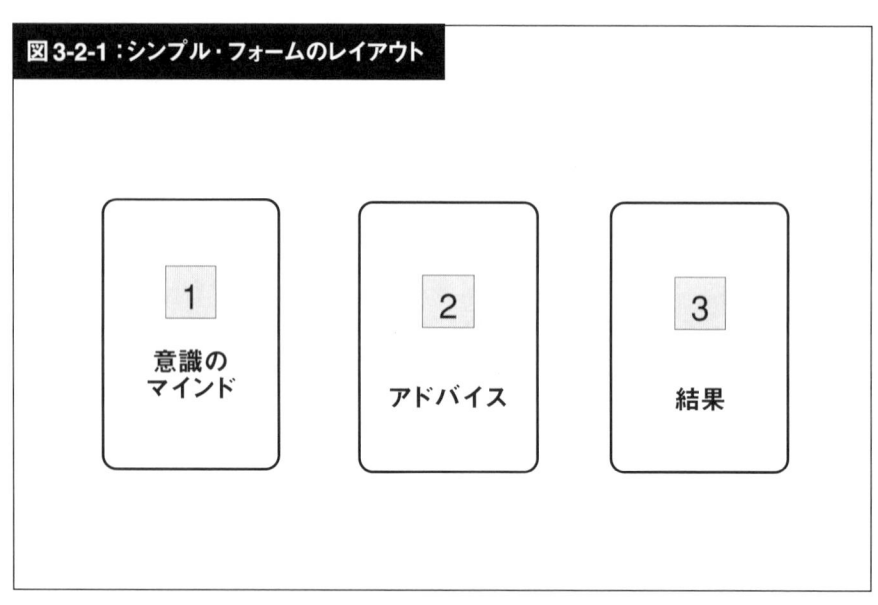

図3-2-1：シンプル・フォームのレイアウト

1	2	3
意識のマインド	アドバイス	結果

62

釈が可能かという洞察を得るためには、第四部のカレントライフ・リーディングのバリエーションの⑨**意識的なマインド**を参照したらいいでしょう。

3. 二番目のカード＝アドバイス

二番目のカードは、あなたの無意識や高次の意識のマインドが、状況について言う必要のあることを映し出しています。その状況の現実の、さらに深い、高次のレベルを示しているのです。ときにはこれは、あなたの内側にあって気づく必要のあるもの、ときには高次の源泉からのガイダンスと見た方がいいこともあります。基本的に、あなたが見たり、したりする必要のあるメッセージやアドバイスです。これは、あなたが引いた一番目のカードと無関係ではなく、それにコメントしています。一番目のカードは、ある意味で明らかなもの、そして二番目は、その状態のさらに深い真実、または、それについてあなたがすべきことです。一番目のカードとかなり似ていることもあれば、まったく違ったことを言っている場合もあるでしょう。それは、あなたが状況に対して、どれだけ意識的でいるかによります。

4. 三番目のカード＝結果

三番目のカードはその結果で、二番目に示されている事柄に気づいたり、それを認めたり、行為することによって何が可能になるかが示されています。この課題に関して、あなたがいることのできる最高の場所であり、二番目の向かっていくことのできる最高の場所であり、二番目のカードは、そこにたどり着くために必要な方法や理解です。

このカードが映し出しているものがあなたの気に入らないとしても、また、望ましいとは思えないとしても、それでもやはりそれは今、この課題に関して、あなたがいられる最高の場所なのです。あなたの意識的なマインドにとって起こってほしいこと」ではなくても、それは起こる必要があるのです。これを理解し、受け入れることで、あなた自身の真実のさらなる深みへと動いていけるのです。

※この位置に来たカードの意味について、どんな解釈が可能かという洞察を得るためには、第四部のカレントライフ・リーディングのバリエーションの⑪**スピリチュアル・メッセージ**と、⑫**瞑想**を参照したらいいでしょう。

63　第3部　カードの並べ方

三枚のカード・リーディングの例

例1：マンフレッドは、新しい仕事に応募することを考えていますが、迷っているので、三枚のカードを引いて状況を見ることにしました。質問はこうです。「この新しい仕事に応募するに当たって、何を見る必要があるのか、示してください」。

※この位置に来たカードの意味について、どんな解釈が可能かという洞察を得るためには、第四部のカレントライフ―リーディングのバリエーションの⑩ピーク・エクスペリエンスを参照したらいいでしょう。

5. この三枚は一つになって、まとまったメッセージをもたらしています。これらのカードはすべてつながっていることを忘れないように。一番目のカードがあなたの人生のある側面を映し出し、二番目はまったく別の側面を表しているわけではありません。それぞれの位置のカードは、他の位置のカードについて、何かを言っています。

まとめれば、一番目は「あなたがいるところ」、三番目は「あなたがいられる最高の場所」、そして二番目が「そこへたどり着くために必要な理解や方法」です。

図 3-2-2

| 1 意識のマインド 【妨害】(スウォードの8) | 2 アドバイス 【魔術師（Ⅰ）】 | 3 結果 【富】(ディスクの10) |

64

一番目のカード『妨害』は、この状況に対して、彼が意識していることを映し出しています。彼は混乱していて、どうしていいのか分かりません。これはすでに彼には分かっていることですが、さらに深く見ていく前に、それを映し返してもらうことが大切です。

二番目のカードはアドバイスで、『魔術師』は意図を持ったコミュニケーションや行為を表します。とてもはっきりと、応募してみるようにと言われています。

三番目のカードは、この応募における結果、あるいは彼がいられる最高の場所です。『富』は、現在に一度に一歩ずつ物事が明らかになるのにまかせるという意味です。ですから、二番目のアドバイスのカードに従ってこの仕事に応募することで、彼はこうした結果を得るでしょう。

つまりここでは、仕事に応募してみて、何が起こるか見てみるようにと言われています。その職に就けるかどうかの保証はありませんが、応募してみて、そこから状況が明らかになっていくのにまかせる必要があるのです。

例2：サラは、長続きのする関係性を望んでいますが、誰とつき合っても、数週間しか続きません。愛に満ち、慈悲を持って相手に接しようとしている、あるいは自立して自由でいようとしたり、望むものを力ずくで得ようとしたり、あるいは自分の欲望を脇に置いてみたり、思いつく限りのことをしてみましたが、どれもうまくいきません。そして、もう他にどうしていいのか分からない状態になっています。彼女の質問はこうです。「男性との関係で、私が見る必要があるのは、何でしょうか」。

一番目のカード『敗北』は、彼女がこの時点で男性との関係で意識していることを映し出しています。あらゆる試みがうまくいかなかったので、もう試みをあきらめてしまった、敗北の地点にいます。あらゆる努力をしたあげく、まさしく敗北を感じているのです。

二番目のカード『美徳』は、彼女ができるのはただ、自分の状態がどうだろうと、リアルでいることだとアドバイスしています。つまり、今やどうこうしようとするのをあきらめているのだから、男性に対して、真正で誠実であればいいと言われているのです。

三番目『失敗』は、リアルで本物の自分でいることから起きてくる結果です。『失敗』は恐怖を意味していますから、彼女が今、いることのできる最高の場所は、恐怖とともにいることです。男性といるときに、ただリアルで、自分でいるのが怖い、それこそが関係がうまくいかなかった理由だという理解が、ここで与えられているのです。

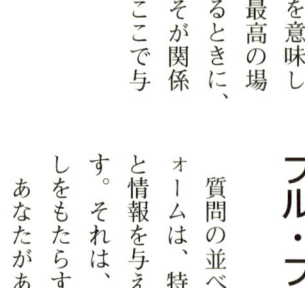

図 3-2-3

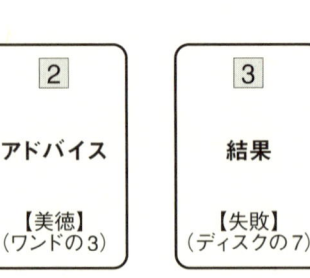

1	2	3
意識のマインド	アドバイス	結果
【敗北】(スウォードの5)	【美徳】(ワンドの3)	【失敗】(ディスクの7)

フル・フォーム

質問の並べ方の拡張バージョンであるこのフル・フォームは、特定の質問や課題に、広範囲にわたる理解と情報を与えるためのとても効果的なリーディングです。それは、状況に対するより幅の広い、大きな見通しをもたらす全体像を開いてくれます。

あなたがある程度カードになじんで、自信がついてから試してみることをお勧めします。そうでないと、混乱するでしょう。これはとくに、直感のための飛び込み台となるようデザインされていますので、まだカードを学んでいる間は、論理的なマインドからすれば、少しあいまいで複雑に見えるかもしれません。

1. 五枚のカードを三回引いて、五枚ずつの山を三組つくります。カードを引いた順番を間違えないように。

2. それぞれの組を、左のように並べます。

3. 三組のカードの意味するものは、「シンプル・フ

オーム」の三枚のカードと同じです。

一組目は、意識的なマインドにあることを映し出したもの、二組目は、現実の姿、無意識あるいは高次の意識からのアドバイスやメッセージ、三組目は、その結果、あるいは、あなたがいられる最高の場所です。（詳しくは「シンプル・フォーム」の項を参照してください）。

4. 五枚組のカードの中心にある①のカードは、「シンプル・フォーム」の一枚のカードに相当する、主要なエネルギー、中心となる課題です。他の四枚のカードは、メインのカードに詳細、深み、背景を加えています。

②と③は、中央のシンボルに影響を与えているエネルギーや状況です。

④は、その下にあるもの。それが現れてきた土台や状態です。

⑤は、その上にあるもの。それが何へと発展していくか、そこから何が現れるか、それが行くところ、他のカードが導いている方向性です。

これらの五枚のカードの位置は、固定したものではありません。お互いに流れ込み、まとまった全体を形

図3-2-4：フル・フォームのレイアウト

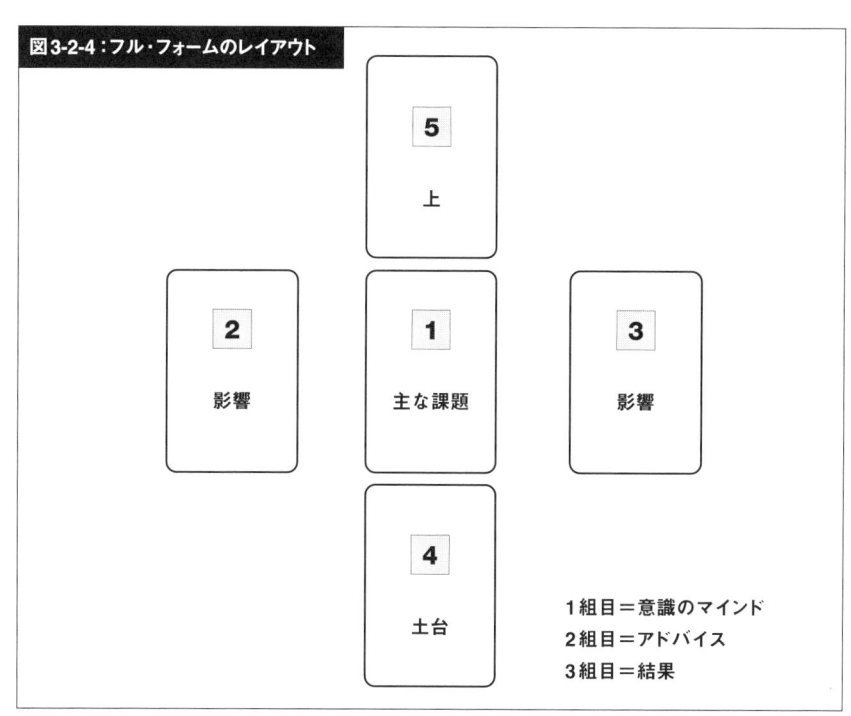

```
              ┌───┐
              │ 5 │
              │ 上 │
              └───┘

┌───┐       ┌───┐       ┌───┐
│ 2 │       │ 1 │       │ 3 │
│影響│      │主な課題│   │影響│
└───┘       └───┘       └───┘

              ┌───┐
              │ 4 │
              │ 土台│
              └───┘
```

1組目＝意識のマインド
2組目＝アドバイス
3組目＝結果

づくっています。五枚のカードで描かれた絵を見る際には、それらがお互いに結びつき、全体をつくり出している五つの異なった成分であるかのように見てください。最初のカードはその絵を補い、完成させるのに一役買っており、他の四枚はその絵と見てみると助けになるでしょう。そこに与えられているメッセージを受け取るために、しばらく目の焦点をぼかすようにしたらどうなるか、見てみてください。これは論理的で理性的な部分ではなく、直感の側のマインドを使って見る見方です。

5．カードの各位置（①〜⑤）のカードはたいてい、それぞれ三つの組において対応し合っています。たとえば、二組目のグループの②のカードに、一組目のグループの②のカードについて何かを言っています。三組目の同じ位置にあるカードは、そうした影響についての、最も良い結果を示しています。

二組目の④土台のカードは、一組目の④のカードについてコメントをし、また三組目の④のカードには、この課題についての、最高の土台が示されています。

各グループの①〜⑤それぞれの土台の位置のカードにつ

いて、同様のことが言えます。こうしたやり方でカードをリーディングすることで、非常な深みと柔軟さが可能だと分かってくるでしょう。各組の五枚のカードがお互いに流れ込んでいるだけでなく、それぞれの組がお互いコメントし合い、混じり合って、特定の課題に深遠な理解を得る可能性を与えているのです。

6．この並べ方を学んでいる間は、それぞれの組の最初のカードだけを表に向けて、残りのカードは裏にしたままで始めることをお勧めします。そうすれば、まず「シンプル・フォーム」としてリーディングができるでしょう。いったんこの三枚のカードに取り組んで、理解したら、他のカードをそれぞれの場所ごとに表に向けていくことで、その絵に深みを与え、ふくらませることができるのです。そうしたカードの中で分からないものがあっても心配はいりません。それはそのままにして、分かるカードを読むようにしましょう。イメージ全体のたくさんの要素や色のうちの一つが分からなくても、それほど多くを逃すわけではありません。

フル・フォームのリーディングの例

この例を見ていくのに最も良い方法は、カードを実際に並べてみることです。これから一歩一歩リーディングを見ていきますが、論理的な思考ではなく、主に直感を使うということを忘れないようにしましょう。ですからそれぞれの位置には「カレントライフ・リーディング」のように固定した意味はありません。論理的な形に従ってはいきますが、直感が働くためのたくさんのスペースを与えてください。

マーガレット（四十才・女性）は最近、ある心理療法を使った成長のためのグループに参加するようになりましたが、このグループやそこでのプロセスが、自分の人生にどう影響しているかをもっと知りたいと思っています。彼女の質問はこうです。「この心理療法のグループに関して、私にどんなことが起こっているのでしょうか」。

◆一組目＝意識的なマインド

これは、マーガレットの意識的なマインドの中で、そのグループについてどういう状態でいるかを表しています。

この五枚のカードからすぐに受ける印象は、非常にポジティブで強力です。大アルカナとコートカードが二枚ずつ、エースが一枚で、色彩は非常に明るく、金色に輝き、形もとても力強いです。明らかに、意識のレベルにおいて、そのグループは彼女にとって非常に大切なものです。

①のカード、『熱望』からすぐに、この活動にとても生き生きとしたエネルギーがあることが分かります。

このわくわくした状況に影響している二枚のカードの最初の一枚②は『ディスクのエース』で、彼女が自分の現実、この状況で起こっていることにしっかりといるということが示されています。

影響を与えているもう一枚のカード③は、『カップのナイト』で、彼女が自分のエネルギーを外に出し、感情を分かち合っているスペースにいることを示しています。たくさん与えているのです。

69　第3部　カードの並べ方

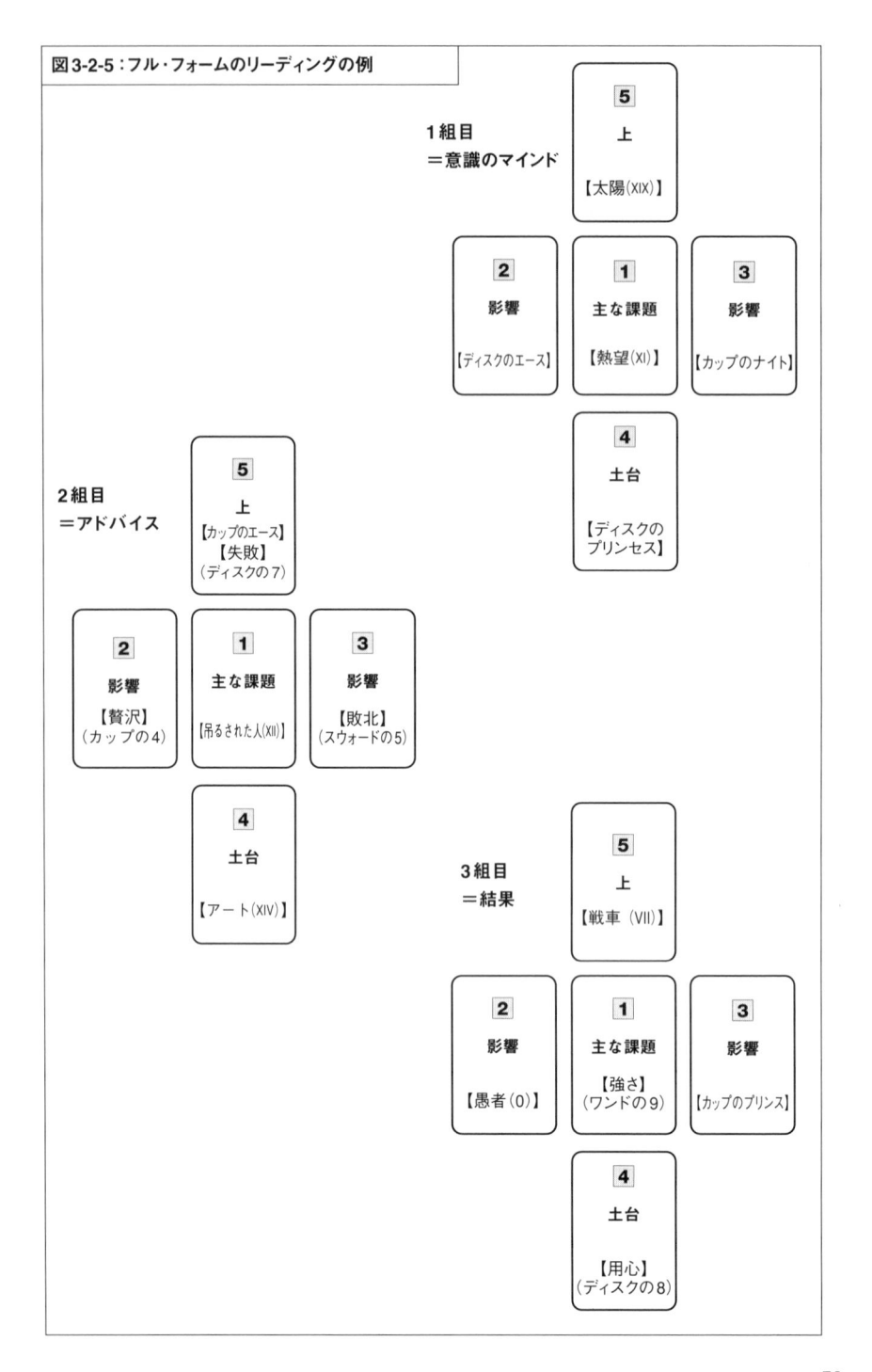

図3-2-5：フル・フォームのリーディングの例

1組目
＝意識のマインド

```
           [5]
           上
         【太陽(XIX)】

  [2]        [1]        [3]
  影響      主な課題     影響
【ディスクのエース】【熱望(XI)】【カップのナイト】

           [4]
           土台
       【ディスクの
         プリンセス】
```

2組目
＝アドバイス

```
           [5]
           上
       【カップのエース】
         【失敗】
       （ディスクの7）

  [2]        [1]        [3]
  影響      主な課題     影響
 【贅沢】  【吊るされた人(XII)】【敗北】
（カップの4）          （スウォードの5）

           [4]
           土台
        【アート(XIV)】
```

3組目
＝結果

```
           [5]
           上
        【戦車（VII）】

  [2]        [1]        [3]
  影響      主な課題     影響
 【愚者(0)】 【強さ】  【カップのプリンス】
         （ワンドの9）

           [4]
           土台
          【用心】
       （ディスクの8）
```

70

下の④にある『ディスクのプリンセス』が示しているのは、彼女の動機、あるいは起こっていることの土台には、物事が育つために忍耐強さ、開いて待つという態度があるということです。

上のカード⑤は向かっている方向です。これは、この活発なエネルギーが動いている方向や焦点は、グループの中での関係性だということです。

まとめてみると、彼女の見ているところでは、ワクワクしたポジティブな感じで、グループの中で人と関わることに、ハートから現実的に多くのエネルギーを注いでいて、ここから何が育ってくるのかを見守っています。私たちはここから彼女の質問が出てきたと見てとることができます。

これはこういうことが起こっているのだと覚えておきましょう。これは、意識のレベルで、彼女がどのようにこの状況を体験しているのかという鏡なのです。ですから、リーディングのこの部分は、本人も容易に納得できるでしょう。

◆二組目＝アドバイス

それでは、リーディングの第二レベル、無意識のマインドのさらに深い現実、あるいは存在の高次の部分からのメッセージに入っていきましょう。これは、彼女が気づきをもたらす必要のあるアドバイス、意識的になる必要のある、状況のさらに深い現実です。

一見して、これらが一組目のカードの印象ほど明るくないことが分かります。灰色と青が主で、二枚の大アルカナの一枚は困難を示すカードであり、二枚の小アルカナ（『敗北』と『失敗』）も、ネガティブな状態や困難な状態を象徴しています。今の状況のすべてがすばらしいと思っているマーガレットにとって、これはちょっとショックなことでしょう。

一番目のカード『吊るされた人』は、苦しみや困難を通しての変容のシンボルです。ここからすぐに彼女がこの状況、居心地の悪さや困難があることに気づいたり、体験したりする必要のある、このグループに彼女が注ぎ込んでいるあらゆるポジティブなエネルギーや熱意（『熱望』）には、変容の可能性のある困難な、深い次元が別に存在し、彼女はそれに注意をもたらす必要があるのです。

71　第3部　カードの並べ方

最初の影響のカード②『贅沢』が示しているのは、安全性の課題がある、あるいは自分を安全に居心地よくしているということで、それを彼女は認める必要があります。最初の組で、この位置に対応している影響のカードは『ディスクのエース』です。彼女は、グループで起こっていることに対して、地に足が着いていると思っていますが、内側のさらに深いレベルでは安全でいるために演技をしているというのです。

もう一枚の影響のカード③は『敗北』で、状況の何かがただうまくいっていなくて、それをあきらめる必要があるということです。最初の組の③のカードに戻って見てみると、彼女が与えたり、外に出しているやり方はうまくいっていないということが分かります。

下方④は『アート』ですが、今、彼女に必要な土台は、今までに述べた、統合や微妙な変化が起こるのを許すということです。これは、最初の組のこの位置に示されている待つことに対立してはいません。

⑤の位置に二枚のカードがあるのは、カードを引いたとき、この二枚が一緒に来てしまい、マーガレ

は両方とも必要だと信頼したからです。『カップのエース』は自己愛と、自分にイエスを言うカードです。ですから、これらが示しているのは、本当の自分を愛し、イエスを言うことへの恐れです。関係性ではなく（一組目の⑤）、これが、彼女の直面する必要のあること、彼女の高次の意識が示している方向なのです。

これまで私たちが見てきたのは、マーガレットがグループの状況で外に出し、他人に与えているエネルギーは、本当の自分にイエスを言い、自分を愛することへの恐怖からやってきているということでした。つまり彼女はリアルな自分でいるのが怖いので、その恐怖に直面するのを避けるために、他人に自分のエネルギーを与え、外側に焦点を向けているのです。彼女にとってのこの状況での本当の学び、そしておそらく、グループにいることの目的は、人に合わせないでいるという不安や居心地の悪さをくぐり抜けることで、それがこの恐怖に直面するのに必要とされているのです。

72

◆三組目＝結果

これらのカードは、マーガレットが状況に気づき、直面するとき、何がそこから育つかを示しています。それはこのグループに関して、彼女がいられる最高の場所です。

①『強さ』が示しているのは、彼女にとっての主な結果は、他の人とはまったく関係のない自立の感覚、全体性の質、内面の強さの感覚を見出すことです。彼女はそのグループに、他の誰かのためではなく、自分のために、自分でいるためにいるのです。

これに影響している最初のカード②は『愚者』で、これは、瞬間にあって、オープンで自在でいる勇気を持つシンボルです。この自立の状態から、彼女は二組目の影響のカードが示していたように、物事を安心安全に保つのではなく、もっと自由に自分のエネルギーに従うことができます。

もう一枚の影響のカード③は『カップのプリンス』です。感情的な願望と欲望を表す『カップのプリンス』です。与えること（一組目の③）によって人の印象を良くしようとするのをあきらめると、（二組目の③）、彼女は自分のハートの声に耳を傾け、本当に自分が欲しいものを見る自由を手にするのです。

この状況の土台にあるもの④は『用心』で、こうした自立や自在性、自分の望みを見ていくことはすべて、急ぐべきものではないと言われています。それには時間がかかるでしょうし、その間、自分自身やそのプロセスを慎重に見守っていく必要があります。これは他の二組の土台のカードとも合致しています。

このことから⑤『戦車』、つまり自分のパワーや権威を主張する能力がやってきます。これに対応するカードから、それは今まで彼女ができなかったことだと分かります。

◆まとめ

マーガレットは、このグループで人との関係に多大なエネルギーを費やしていて、意識レベルでは、彼女にとって、生き生きとしたポジティブな状況が生まれています。けれども少し深く見てみると、人と一緒にいるときに自分自身でいるのが怖いので、自分自身や

自分の真実を妥協していることが分かります。彼女はこれを意識してはいなかったにしても、深いレベルでは、分かっていたのでしょう。というのも、この状況を変えるのに必要なことをくぐり抜けていく準備がどこかでできているからです（二組目のカードは、あなたが扱う準備ができていないことをしたり、気づいたりするようにとは決して言いません。あなたがカードを引いたとすれば、それを見る用意があると信頼していいのです。）

この変化によって、彼女は徐々に自立し、自在になり、自分のために欲しいものを見つけるだけではなく、それを形にするパワーを認め、主張していくことでしょう。これこそ、彼女にとって、この心理療法グループの真の可能性と言えます。

第三章 関係性の並べ方 （リレーションシップ レイアウト）

この並べ方は、私たちの一対一の関係性に対する洞察を与えるよう、デザインされています。関係性は、私たちのほとんどにとって困難な領域です。ここでは客観性を失い、起こっていることに対する自分の投影に本当に簡単につかまってしまいますから、この並べ方は「質問の並べ方」と同じフォーマットですが、もう一つ、相手を表す位置がつけ加わります。

このリーディングでは、一度に一人の人との関係を見るようにしてください。そうでないと、答えがクリアでなくなるでしょう。このリーディングは、「シンプル・フォーム」（一枚ずつ引く方法）にも、「フル・フォーム」（五枚ずつ引く方法）にも使えます。

カードの並べ方

カードを切って、質問のリーディングで述べたように並べますが、この場合は四枚のカードを一列に、あるいは五枚ずつ四組並べます。

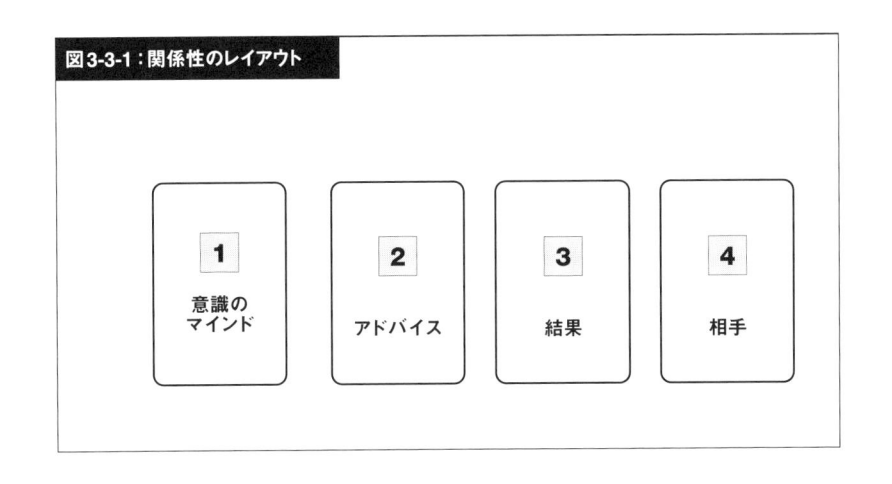

1. 意識的なマインド　最初のカードあるいは五枚の組は、あなたの意識から見た相手との状態を映し出しています。相手との関係の中で、あなたが何を考え、何を感じているかということです。これはやはり、あなたに分かることを映し出しています。こういうことが起こっていると、あなたが思っていることですから。

まず、その人とのつながりのどの側面が映し出されているのかを感じ、理解することが大切です。これが二番目以降のカードの背景になり、理解がより楽になるからです。

2. アドバイス　二番目のカード、または五枚の組は、あなたの無意識、あるいは、高次の意識からのメッセージです。存在のさらに深い部分で、この関係性で何があなたに本当に起こっているのか、何に気づき、何をすべきかということです。ときには、この状況であなたが何をすべきかというアドバイスのように読む場合もあれば、あなたが認識し、体験する必要のある、さらに深い現実の姿をただ映し出している場合もあります。

図3-3-1：関係性のレイアウト

1	2	3	4
意識のマインド	アドバイス	結果	相手

3．結果　三番目のカード、または五枚の組は、二番目の位置で示されたり、示唆されたことをあなたが見たり、したりしたら何が起こるかという結果です。今、その関係性において、あなたがいられる最高のスペースが示されます。

4．相手　四番目のカード、または五枚の組は、この関係性における相手の状態を表しています。タロットで他の人をあまりにも深く掘り下げて見るのはお勧めできません。それは個人的な侵害であるばかりでなく、他人のさらに深い動機を解釈しようとするのは危険なことにもなりかねないからです。親しい間柄で、それゆえ利害がからむ関係では、なおさらそうです。ですからこの位置のカードを読む際には、主に、あなたとの関係において、あなたが理解する必要のあることという観点から見るようにしてください。こうした見方から、とても貴重な客観性がもたらされますし、おそらくあなたのフィーリングがなぜそうなのかという理由を理解する助けとなるでしょう。

関係性のリーディングの例

ジャネット（四十二才・女性）は、弟との関係で混乱しています。二人はとても仲が良かったのですが、一年前にケンカをして以来、以前のようにはつき合えなくなったと彼女は感じています。彼女はこのように質問を形にしました。「私と弟との関係には、いったい何が起こっているのでしょうか」。

この質問をまずシンプル・フォームで見てから、フル・フォームでどう拡張されうるのかを見ることにしましょう。

シンプル・フォーム

1．意識的なマインド　これは意識のレベルでジャネットが弟とどんな状態でいるか、つまり、彼女の側で気づいていることです。『完結』は、ジャネットが何かを完結させたいと思っていることを示しています。これは明らかに、彼らのケンカに関することでしょ

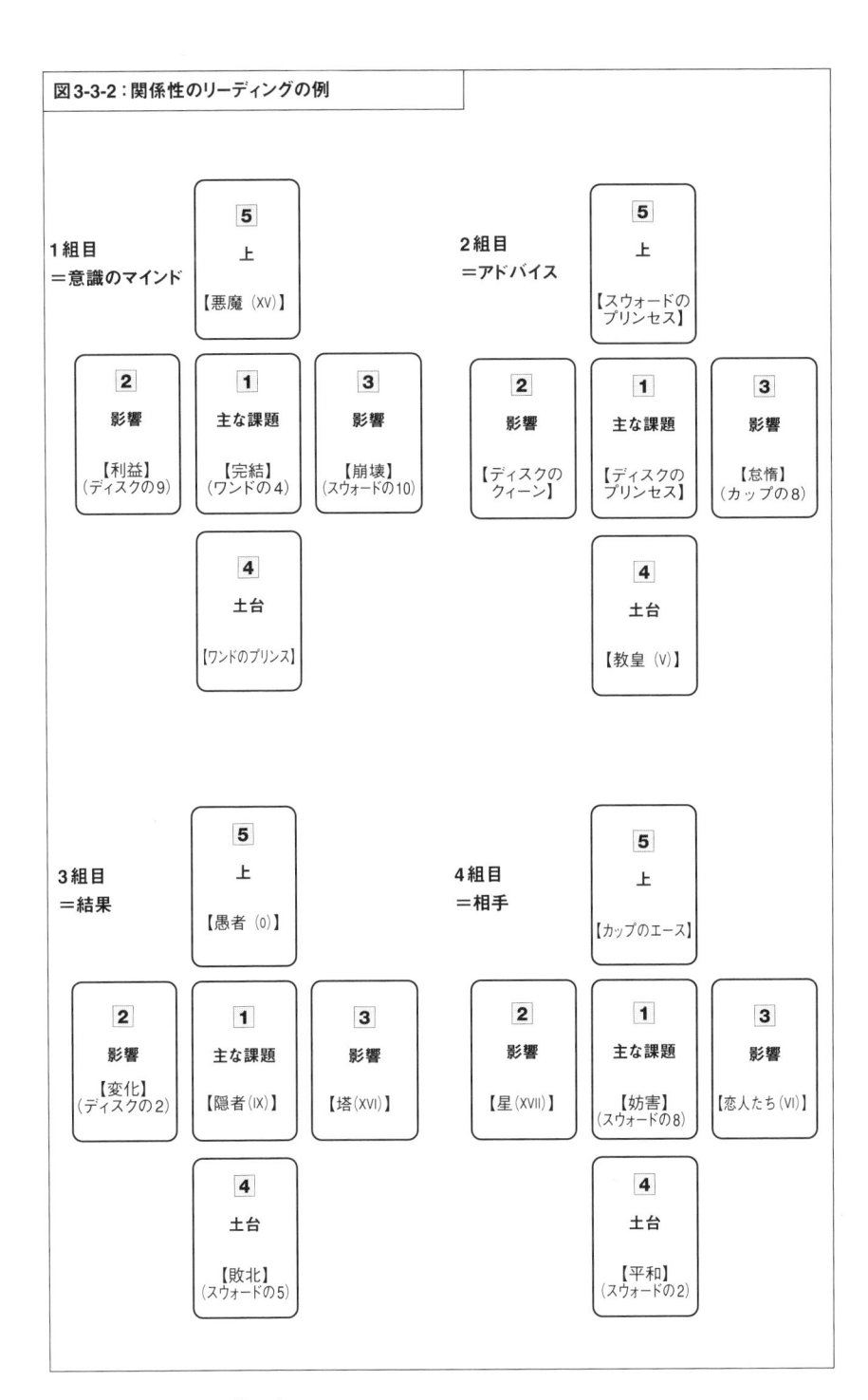

図3-3-2：関係性のリーディングの例

1組目
＝意識のマインド

- [5] 上 【悪魔(XV)】
- [2] 影響 【利益】(ディスクの9)
- [1] 主な課題 【完結】(ワンドの4)
- [3] 影響 【崩壊】(スウォードの10)
- [4] 土台 【ワンドのプリンス】

2組目
＝アドバイス

- [5] 上 【スウォードのプリンセス】
- [2] 影響 【ディスクのクィーン】
- [1] 主な課題 【ディスクのプリンセス】
- [3] 影響 【怠惰】(カップの8)
- [4] 土台 【教皇(V)】

3組目
＝結果

- [5] 上 【愚者(0)】
- [2] 影響 【変化】(ディスクの2)
- [1] 主な課題 【隠者(IX)】
- [3] 影響 【塔(XVI)】
- [4] 土台 【敗北】(スウォードの5)

4組目
＝相手

- [5] 上 【カップのエース】
- [2] 影響 【星(XVII)】
- [1] 主な課題 【妨害】(スウォードの8)
- [3] 影響 【恋人たち(VI)】
- [4] 土台 【平和】(スウォードの2)

フル・フォーム

この例では、明晰さを得るためにエクストラ・カードを引くというテクニックが使われています。もしあまりに混乱してしまうようなら、ただ無視してください。これがなくても、リーディングから多くのものを得ることができるでしょう。もしこのテクニックについてさらに情報が必要なら、第二章の「カードの引き方」を参照してください。

◆一組目

これは意識レベルでジャネットが弟とどんな状態でいるか、つまり、彼女の側で気づいていることです。最初のカードは『完結』で、ジャネットが何かを完結させたいと思っていることを示しています。それは明らかに、彼らのケンカによって起こったことについてでしょう。

2. アドバイス　これはジャネットの高次の存在が、この関係性について彼女にしたり、見たりしてほしいものです。『ディスクのプリンセス』は、彼女が今、この状況の中で、オープンで、忍耐を持つ必要があることを示しています。つまり、彼女はそれを完結させたいと思っている①としても、忍耐強く待ち、何かがそれなりのやり方で育つのを許し、何が起こるか見る必要があるのです。

3. 結果　この認識の結果、彼女は自分の内側に投げ返されます（『隠者』）。つまり、関係性で何か事を起こそうとする代わりに、彼女はこれに関して今、独りだということを知り、内側に答えを見つける必要があります。

4. 相手　ジャネットの弟が、彼女に対してどういう状態でいるのかということで、『妨害』は、彼が姉との関係性で混乱状態にあることを示しています。彼は自分がどういう状態なのか、何が起こっているのかあまり分かっていません。これを見ると、なぜ彼が今、忍耐を持ち、自分の内側で解決する必要があるかが理解できます。

これに影響を与えている最初のカード②は『利益』で、この状況から何が起こっても、過去を完結させるというのは正しく、ポジティブな行為だと感じていることを表しています。

78

もう一方の影響のカード③は『崩壊』で、何であれ彼女がしがみついてきたことを手放している（あるいは手放している）ということを示しています。

この下④は『ワンドのプリンス』で、彼女がこの古い状況を完結させることに、新鮮な熱意を持っていることを示しています。ここから、彼らの関係が実際にどうなっているのかという現実を本当に見る準備があると感じているのです⑤『悪魔』）。

これが彼女の側から見た状況です。基本的には、今、現実にあることを見るために、過去を完結させ、手放したいという姿勢です。

◆二組目

これはジャネットの高次の存在が、この関係性について彼女にしたり、見たりしてほしいことです。

最初のカード『ディスクのプリンセス』は、彼女が今、この状況の中で、オープンで、忍耐を持つ必要があることを示しています。つまり、彼女はそれを完結させたいと思っている（一組目の①）としても、忍耐

強く待つ必要があるのです。

最初の影響のカードは『ディスクのクィーン』で、起こっている必要にただくつろいで、起こっていることとともにある必要を示しています。もし彼女がこれを一組目の②『利益』が表している正しい感じと組み合わせることができれば、問題はありません。

もう一方の影響③は『怠惰』で、何もしない、エネルギーを与えないスペースを示唆しています。これは一番目の組の③を手放すことに対するコメントです。ここから、古いものを手放したい、あるいは手放す必要があると思っているにせよ、弟との状況に対して、何かをすることにさえ——手放すことにさえ、エネルギーを注ぐ時ではないということを、彼女は見る必要があるのです。

下方④にあるのは『教皇』で、土台として必要なのは、熱烈に前進しようとする（一組目の④）ことではなく、学び、理解すべき何かがあるということを示しています。それが何かを知るためにもう一枚引いてみると、『幸福—カップの9』でした。これは、彼女が弟

に対し、希望や期待をもって関わっていることを理解する必要があると教えています。これはたんに、彼女が古い状況を終わらせることができると期待しているということとか、あるいは何か別の期待があるということかもしれません。

最後のカード⑤の『スウォードのプリンセス』は、彼女が動いていくべき方向は、現実の姿を見ていると考えるのではなく（一組目の『悪魔』）、何かを片付けていくプロセスだということ、この場合には、④のカードが示している古い希望や期待を捨てるということを表しています。

このアドバイスをまとめると、彼女は弟との間で何かが完結したり、変化するのを期待しているけれども、実際は、今のこの状況において、できることは何もないと理解すべきだということです。古い観念や希望を捨てつつ、忍耐を持ち、オープンでいるようにと勧められているのです。

◆三組目
先の気づきによって、彼女は自分の内側に投げ返さ

れます（①『隠者』）。

これに影響を与えているのは『変化』と『塔』のカードで、彼女がこの状況を体験していく仕方に、大きな動きがあることを示しています。

②の影響のカードは、ポジティブさ（1組目の②『利益』）という基本的なフィーリングを、『変化』へと変容させていますが、この変化についてさらに見てみるためにカードを引いてみると、この関係性に関して彼女でした。このことからそれは、この関係性に関して彼女が内面的により自立していく方向へと向かう変化だと分かります。③の『塔』は、何かをしたい、捨てたいということにしばられている彼女の古い人格のパターンが捨て去られることを表しています。

そして土台④にあるのは『敗北』です。彼女は、弟に対して期待があるということを理解し（二組目の④）、それは満たされないと知るに至るのです。このことから、やってくるのは⑤の『愚者』で、瞬間にいて、自在に物事が起こるにまかせるということです。

ここから、今、この状況で彼女がいられる最高の場

80

所は、内側を見て、何か事を起こすことができるとか、弟から何かを得られるという期待をあきらめることで、強力な変化や浄化が起こるにまかせることです。そうすれば彼女は、二人の間で自然に自発的に何が起こるだろうとも、それとともにただ瞬間にいることができるのです。

◆四組目

最後に、ジャネットの弟が彼女に対してどんな状態でいるのかを見ましょう。というのも、明らかにこれは、彼女が状況を理解する助けになるからです。

最初のカードは『妨害』で、弟が彼女に対してどんな関係性に混乱していることが示されています。彼は自分がどんな状態なのか、何が起こっているのか、あまり分かっていません。これに対する影響は両方ともポジティブです。『星』と『恋人たち』は、起こっていることに対して彼のマインドは混乱しているとしても、状況をそのまま信頼していて（『星』）、彼女への愛を感じている（『恋人たち』）ことを示しています。

土台④にあるのは『平和』です。何が起こっているか分かっていないという事実は、彼にとっては問題ではなく、彼は分からないという状態に安らいでいます。

最後のカード⑤『カップのエース』は、彼が基本的にはハートに満ちたやり方で自分のことをしていて、自分の感じや欲求に従っていることを表しています。このことから、彼は深く物事を分析したり、分かろうとしたりする人ではないと推測できます。彼はこの関係性の中で自分の内側や彼女との間で何が起こっているか分かっていませんが、愛はまだあって③、起こるべきことは起こるだろうと信頼しています②。一方で、自分の面倒を見、自分の人生をちゃんと生きているのです⑤。

（この四組目のカードは、それ以前の三組のカードは対応していないということを覚えておきましょう。これは、別の人についてのものだからです。）

◆まとめ

つまり、弟の方では起こっていることに問題はなく、彼女とのことを解決する必要がありません。自分の中でこの状況に働きかける必要があるのはジャネットの方であり、こうした深い明晰さから、彼との間で自然に何が起こるか、待って見てみたらいいでしょう。

第四章 チャクラの並べ方(レイアウト)

このリーディングは、エネルギー・センター、つまりチャクラがどう働くのか、ある程度の理解がある人のためにデザインされました。これはとくに、心理的なレベルよりもエネルギー・レベルで自分自身を体験する人にとって助けになります。カードを使って七つのチャクラに何が起こっているのかという地図をつくることで、その人のエネルギー・センターの機能の仕方についての理解が得られると同時に、現在進行中のエネルギーのプロセスの質についても、深い洞察を得ることができます。

七つのチャクラの働き

1) 第1チャクラは基底部のチャクラとも呼ばれ、背骨のつけ根に位置します。これは私たちの大地と物質界とのつながり、世の中でどのように自分を安全に守っているかというサバイバル（生き残り）のプログラムに関わっています。

2) 第2チャクラ、ハラ（丹田）は、へそよりも五センチほど下にあります。これは感情とセクシュアリティのセンターです。

3) 第3チャクラ、太陽神経叢はへその上、肋骨のちょうど下にあります。これは、身体におけるパワー・センターで、世の中で欲しいものに対してどれほど自信を持っているかをコントロールしています。

4) 第4チャクラ、ハート・センターは胸の真ん中にあり、愛と信頼のセンターです。

5) 第5チャクラ、喉のセンターは、表現と創造性に関わります。

6) 第6チャクラ、サード・アイは眉間にあって、直感と高次の視覚のセンター、自分自身を見るセンターです。

7) 第7チャクラ、クラウンのセンターは、頭頂にあり、個人を高次の意識と生の目的へと結びつけています。

カードを引く

1. カードをいつものように、目の前に広げます。あなたの注意を（もしそうするといいと感じたら、右手を）背骨のつけ根の第1チャクラへと持っていき、最初のカードを引きます。もしこのカードが大アルカナでなければ、大アルカナが出るまで一枚づつカードを引き続け、表を向けて、すべてのカードが見えるように縦に並べてください。

2. 今度はあなたの注意を（もしそうするのがいいと感じたら、右手を）へそ下五センチほどにある第2チャクラ、ハラに持っていきます。カードを引き、大アルカナのカードが出るまで、それを続けていきます。これを、先ほどのカードの列の隣に並べます。これで、列は二列になりました。

3. それでは、あなたの注意を（もしそうするのがいいと感じたら、右手を）第3チャクラ、太陽神経叢、おへその上、肋骨のちょうど下に持っていきます。最初のカードを引き、大アルカナのカードが出るまで続け、それをまた隣に一列に並べます。

4. 今度は第4チャクラ、胸の真ん中にあるハート・チャクラの列のカードを引いていきます。もしそうするのがいいと感じたら、対応するチャクラに右手を置くことを続けてください。同じように、大アルカナが出るまで続けます。

5. 第5チャクラ、喉のセンターのカードを引き、大アルカナが出るまで続けます。

6. 同じように、第6チャクラのカードを引いていきます。

7. 第7チャクラ、頭頂のセンターのカードを引いたら、終わりです。これで、個々のチャクラを表す七つの列ができました。

リーディングの仕方

それぞれの列の一番下にある大アルカナは、この時点でのそのチャクラの働き、存在全体の中の特定の役割を表しています。このカードを見るだけで、このエネルギー・センターに何が起こっているか、見て取ることができます。

大アルカナの上にカードがあれば、それはこのチャクラの純粋な働きへと至るプロセスを表しています。カードがあればあるほど、この領域において複雑で込み入ったプロセスを経ていることになります。もしそう

全然カードがなければ、つまり、最初に引いたのが大アルカナならば、このセンターは開いていて、お互いに特にワークしているものがなく機能している領域だということです。ですから、今もっとも大きなプロセスがどこで起こっているか、すぐに見て取ることができます。

この小アルカナのカードの列をよく見てみることで、どんなプロセスが起こっているかが分かります。そうするために、最初のカードから始めて、それぞれのカードが語る物語を、一歩一歩見ていきましょう。それは本のページをめくることで、次の一歩が明らかになるようなものです。細かいところを読むのが難しいとしても、何が起こっているかという感じをつかむことは比較的簡単ですし、身体に何か呼応する感覚がある場合もよくあるでしょう。

カードがあればあるほど、その領域が閉じているか、ブロックされているということではありません。ただ、どれほどのプロセスがそこで起こっているかということにすぎないのです。内側であまり多くのことが起こっていない時には、大アルカナの上にあまりカードがなく、大きなプロセスが起こっている時には、多くのカードがあるでしょう。

こうしたセンターは、お互い別々に働いているわけではないと覚えておきましょう。これらはすべて、お互いに結びつき、影響を与えています。どこに長いカードの列があるかを見ることで、その時点でこうした結びつきがどう働いているのか、容易に見て取ることができます。たとえば、第1と第3チャクラのプロセスは、自分のパワーを認め、欲しいものに向かっていくというサバイバルの恐怖に直面していることを表していますし、第2と第4チャクラの活動は、性的な関係性の課題に関することでしょう。あなたが見ているのは存在全体の鏡だということを、つねに心に留めておいてください。そしてこのリーディングから、あなた（あるいは、リーディングを受けている人）が心理的に経ているプロセスが、どのように身体のエネルギーに反映しているかという感覚をつかむことができるのです。

84

チャクラ・リーディングの例

ヨーコ（五十才・女性）は、ポジティブな内面の変化が起きていると感じていますが、それが何なのか、頭では理解できていません。これが、彼女が引いたカードです。

一見して、ヨーコの主なプロセスは第2チャクラと第4チャクラ、感情のセンターと愛のセンターで起こっていることが分かります。このことから、関係性のカードが出ていなくても、彼女は人との親密な関わりやつながりに関しての限界にワークしていると見て取れます。そしてこのプロセスを、他の人との間というより、自分の中のプロセスとしてくぐり抜けているのだろうと推測できるでしょう。

第1チャクラの働きは、『塔』で、サバイバルの課題と大地とのつながりについての古い制限のパターンが浄化されてきていることを示しています。第2チャクラのワークのためのエネルギーはおそらく、この浄化によって解放されたのでしょう。詳しく見ると、このプロセスはエネルギー的にポジティブな解決と感じ

られています（『勝利』）。それがクリアな焦点（『スウォードのナイト』）を与え、古いパターンが崩れるにまかせています（『塔』）。

第2チャクラの働きは、『愚者』で、このセンターで起こっているプロセスは、感情的、性的なエネルギーの解放だということが示唆されています。最初のカード『ディスクのプリンス』は、これがクリアな目的を持った、比較的最近のプロセスだということを表しています。その目的とは、抑圧されているエネルギーを体験すること（『圧迫』）であり、それをリアルで真正に（『美徳』）体験すること、あるいは抑圧されてきたこのエネルギーの真正さを体験することです。これによって、ヨーコは自分自身の存在にもっとくつろぐことができるようになり（『ディスクのクィーン』）、傷つきやすくなるにまかせることができます（『カップのクィーン』）。これは、彼女に感情に入っていくスペースを与え（『耽溺』）ます。それも、喜びとともに（『楽しみ』）。このスペースから、彼女は恐怖（『失敗』）に直面することができますが、その恐怖とは、瞬間ごとに感情と性エネルギーにオープンで、自在でいることです（『愚者』）。

85　第3部　カードの並べ方

図3-4-1：チャクラ・リーディングの例　　　※ ─── 大アルカナ

第1チャクラ	第2チャクラ	第3チャクラ	第4チャクラ	第5チャクラ	第6チャクラ	第7チャクラ
【勝利】 (ワンドの6)	【ディスクの プリンス】	【ワーク】 (ディスクの3)	【飽満】 (カップの10)	**【運命の輪】** **(X)**	【ワンドの プリンセス】	【敗北】 (スウォードの5)
【スウォード のナイト】	【圧迫】 (ワンドの10)	【崩壊】 (スウォードの10)	【休戦】 (スウォードの4)		【妨害】 (スウォードの8)	**【吊るされた人】** **(XII)**
【塔(XVI)】	【美徳】 (ワンドの3)	**【熱望(XI)】**	【怠惰】 (カップの8)		【教皇(V)】	
	【ディスクの クィーン】		【スウォード のクィーン】			
	【カップの クィーン】		【ワンドの エース】			
	【耽溺】 (カップの7)		【ワンドの ナイト】			
	【楽しみ】 (カップの6)		【富】 (ディスクの10)		【無益】 (スウォードの7)	
	【失敗】 (ディスクの7)		【残酷】 (スウォードの9)		【ディスクの ナイト】	
	【愚者(0)】		【贅沢】 (カップの4)		**【調停(VIII)】**	

第3チャクラの働きは、『熱望』で、パワー・センターにある、たくさんの生き生きとしたポジティブなエネルギーを映し出しています。このプロセスは、創造的に働きかけて（『ワーク』）、手放していくこと（『崩壊』）です。この場合、パワー・センターであるところから、コントロールを手放すことを意味し、パワーに満ちたエネルギー（『熱望』）の生き生きとした情熱がオープンになるにまかせるということです。

第4チャクラの大アルカナは『調停』で、見守るという意味であり、ハートにしてはかなりクールでそよそよしい働きです。このことは、最初の三つのセンターにあった情熱や自在性といったものすべては、まだこの部分にはたどり着いていないということを示していて、なぜこのリーディングに関係性のカードがないのかという説明にもなっているでしょう。最初のカード『飽満』は、自分の感じていることがもう十分だ、退屈だと感じているということを示しています。けれども彼女はそれを受け入れること（『休戦』）以外、何もできません（『怠惰』）。このスペースから、オープンなマインドの客観性（『スウォードのクィーン』）が現れ、たくさんの純粋なエネルギーが解き放たれます

（『ワンドのエース』）。それを特定の方向へと向かわせ（『ワンドのナイト』）、一度に一歩プロセスが明らかになるにまかせる（『富』）ことから、自分のハートを感情的に安全に保っているやり方（『残酷』）、『贅沢』）に気づくようになり、こうしていても仕方ない（『無益』）と分かってきます。そこから、自分は十分自信があって強い存在だという認識がやってきて（『ディスクのナイト』）、自分のハートを見守ることができるようになります（『調停』）。

第5チャクラの働きには、プロセスや問題に関して起こっていることとともに、自然な流れがあるだけで、創造的で表現するエネルギーに関して起こっていることはありません。存在のこの部分は、最初の四つのチャクラに起こっているプロセスからはっきりとした影響は受けていません。

第6チャクラの働きは、『教皇』で、体験的な理解のプロセスに、直感や、高次の視覚が関わっていることを示しています。最初のカード『ワンドのプリンセス』は、知らないという状態と混乱（『妨害』）にまか

せ、それとともに流れていることを表しています。それによって、この体験的な学び（『教皇』）へと向かっているのです。これは彼女のマインドが、ハラやハートで起こっていることを理解しようとするプロセスの中にあることを示しています。

ヨーコの最も高次の目的は第7チャクラに表わされていますが、それは、今の人生の居心地の悪い変化『吊るされた人』を体験するということです。その前のカード『敗北』は、この苦しみを通しての変容が、あきらめることや、敗北を認めることからくることを表しています。これは、彼女が意識の至高の高みにおいて、できることは何もないと認めることであり、これは明らかに、パワー・センターのコントロールを手放すということと結びついています。

◆まとめ

古い制限されたサバイバルのパターンの浄化が起こり、それによってヨーコは感情と性的なエネルギーに対し、もっと真正で自由でいることへの恐怖に直面できるようになってきています。このことは、パワー・センターのコントロールを手放すこととも関係し、それによって、ハートにある古い安全性のパターンの込

み入った深みに気づくことが可能になっています。このプロセスに対する理解は、これを変えようとか、それに何かをしようとすることをあきらめることと、体験することによってのみやってくるのです。

第4部
カードの意味

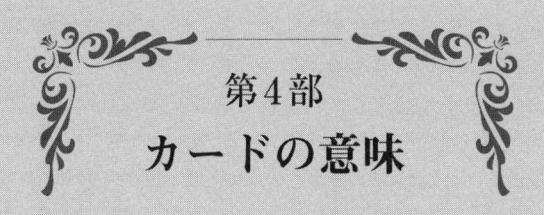

　タロットは、大アルカナと小アルカナの二種類のカードに分かれています。大アルカナはトランプ（切り札、奥の手という意味もある）と呼ばれることもあり、人間の霊的な旅における成長のプロセスの22の段階を表しています。

　小アルカナは、人間という存在の異なる状態を表し、ワンド、スウォード、カップ、ディスクという4つのスート（組）に分かれています。それぞれのスートは、人間を構成している異なった元素や側面を表していて、それぞれナイト、クィーン、プリンス、プリンセスという4枚のコート・カードを持っています。それらは、人間を構成するこうした側面との様々な関わり方、使い方を表しています。

この章の利用の仕方

　カードの解説は、いくつかの部分に分かれています。

　最初はカードの「本質」で、そのカードの純粋な意味が記されています。たいていの場合は、これだけ覚えれば十分です。この本質の「フィーリング」を内面に吸収できれば、直観的なスペースからカードを読むために必要なすべての情報を手にしていることになります。

　「描かれている意味」には、カードのさらに深い意味合いが示されています。ここでは、その本質をさらに深く理解し、クリアにするために、カードが表している状態や人間的な状況を、詳細にわたって描写しています。

　「シンボル」の項目では、カードに用いられているシンボルの意味と、アストロロジー占星術のサインを扱っています。78枚のカードには1200を超えるシンボルがあるので、すべてを見ていくのは不可能だし、その必要もありません。ここでは、カードの意味を理解するのに役立つ、主なシンボルだけを見ていきます。それでさえ興味深くて、役に立つであろう予備知識として提示されているだけで、カードを読めるようになるために必要はないのです。最初にカードになじみ、そしてその後で瞑想するときには、この項目を参照してください。でも、こうした情報を覚えなくてはとは思わないでください。占星術のシンボルにしてもそうです。これらのシンボルは、すでに占星術になじみのある人には役に立ちますが、そうでなければ気にする必要はありません。

　小アルカナのカードにはシンボルはあまりないので、「描かれている意味」と「シンボル」の項目が一緒になっています。最後の項目は、「カレントライフ・リーディングのバリエーション」です。ここではカードがレイアウトの13の異なる位置に来たときに可能となる解釈を述べています。初心者でもこのレイアウトで正確なリーディングができる助けとなってくれますし、カードが異なった位置や背景で現れるとき、本質の意味がどのように異なったニュアンスに変わるのかが示されている、この上なく貴重な項目です。

第1章
大アルカナ

　大アルカナは、主な人生のレッスンや、霊(スピリチュアル)的な道を織り成す学びの体験を表しています。この２２の原理は、人生の異なった状況や時期において、すべての人間存在が体験する普遍的な課題やプロセスなのです。純粋なタロットの伝統においては、こうしたカードは人間の霊性の旅の段階を描いています。日常のリーディングでは、こうしたレッスンの一つとの出会いを表します。これらのカードは課題やプロセスの全体を表しているので、私たちがその課題に関してどういう状態でいるかによって、ポジティブにもネガティブにも体験されます。

霊性の旅

非常に簡潔にまとめると、大アルカナに表される霊的な旅は、次のように見ることができます。

初めに、**愚者**（フール）の無垢さ、エゴが現れる前の幼子のスペースがあり、それから、**魔術師**（メイガス）がやってきます。

起こっていることに対して、何かをしたり、言ったりしたいと思い、エゴ、つまり自分という感覚が生まれるのです。ここから、**女帝**（エンプレス）の深い気遣いと慈悲へと動いていきます。

その後に**女教皇**（プリーステス）で直感的認識、自身の内なる声を見出し、そして他者と自分への慈悲を学んだならば、内と外で起こっていることに対する高次の責任を取ることができるようになります—**皇帝**（エンペラー）。

この責任を通して、生きるというプロセスから体験的な理解を得ることができます—**教皇**（ハイエレファント）。

今や私たちは、恋人たち（**ラヴァーズ**）の愛と関係性の領域を探索していく用意ができ、それを通して、他者や人生から自分の望むものを手にするために、パワーをどう使うかという力学を学ぶ必要が出てきます—**戦車**（チャリオット）。これが可能だと分かったら、マインドを超えたところから見守るという場所へと移っていき—**調停**（アジャスメント）、自分自身の内なる存在の探求が可能となる内面へと、エネルギーを向けるようになります—**隠者**（ハーミット）。

92

この内なる見通しによって、私たちはもはや起こっていることをコントロールする必要はなく、生がおのずから流れるにまかせることができ―運命の輪（フォーチュン）、制御されない純粋な生命力を再発見します―熱望（ラスト）。

この解き放たれたエネルギーは、古い条件づけのパターンを破壊し―吊るされた人（ハングド・マン）、生において死んだり、終わっているものを手放すことができるようになります―死（デス）。

この大きな手放しののち、微妙な変化を統合する時を必要とし―アート、その後に、生と自分自身の現実と限界をシンプルにあるがままに本当に体験できるのです―悪魔（デヴィル）。

実際にあるものへのこの深い知覚と受容によって、古い概念や安全のパターンが崩れるにまかせ―塔（タワー）、ただ自分と存在に対する信頼だけが残ります―星（スター）。

この信頼とともに、無意識のさらに深い層へ、未知なるものへと動いていき―月（ムーン）、内なる合一、存在の源泉を見出すことが可能になります―太陽（サン）。

この合一の感覚から、生に対するずっと広大で、普遍的な見方を手にして再誕生し―永劫（アイオーン）、全体性へと再び溶け去る準備が整います―宇宙（ユニバース）。

今やエゴのない、光明を得た状態で、私たちは生の自在性と再び一つになります―愚者（フール）。

93　第1章　大アルカナ

0. 愚者（フール）

課題：自由

本質
- ◆ 自由、自発性、瞬間にいるスペースを取る
- ◆ 危険を冒す勇気を持つ
- ◆ 散漫

The Fool

● 描かれている意味

このカードは、大アルカナが表すスピリチュアルな旅の始まりであり、終わりです。始まりではまだ旅に出ていない人のエネルギーであり、子どものように無垢でエゴがありません。彼の気づきはあまりにその瞬間にあるために、あちらこちらへまき散らされ、何一つきちんとまとめられなかったり、考えることなく馬鹿げたことをしたりしてしまいがちでしょう。彼は子どもで、間抜けで、愚か者です。このレベルでは、彼は自由のネガティブな乱用を表しています。旅の終わりにもこの無垢さと自発性がありますが、それは今、全体に波長を合わせ、人格やエゴのコントロールを越えて生きるスペースからやってきています。

『愚者』は、未来への懸念からやってくる恐怖なしに、その瞬間ごとのエネルギーで応答するという能力と勇気を表しています。また自由と自発性を感じるために必要なスペースを取るという課題を表すこともあります。

●シンボル

『愚者』は、理性を超えた無垢さやカオスを通じての、古代の知恵の伝統を表しています。彼は多くの文化の中で様々な形で現れていて、そのためにこのカードのシンボルは複雑で豊かです。中世ヨーロッパの王宮では、彼は愚か者としてふるまいながら、軽やかなハートで洞察をもたらしていた『愚者』、『道化師』でした。ここでは、少しばかり気のふれた感じの緑の春の神ディオニソスとして表わされています。彼の足は大地に触れておらず、宇宙に浮いていて、個々の変わりゆく瞬間の動きに開いています。

ツノとブドウの房は、生の喜びとエクスタシーの神バッカスの象徴です。トラは東洋では恐怖のシンボルで、ディオニソスの脚に噛みついているように見えますが、彼が取り合っていないので、何のパワーも及ぼしていません。ワニは創造と破壊、始まりと終わり両方のシンボルです。それはまた、このスペースの低いレベルで機能する、爬虫類や本能的な脳を表しています。彼を取り巻き、心臓と結びついているへその緒は、宇宙の全体性とのハートの結びつきからやってくる、瞬間の無垢さとみずみずしさを表しています。

へその緒は彼を四重に取り巻いていますが、その一つ一つが全体との結びつきの異なる次元を表し、それぞれが独自のシンボルと結びついています。あまりに数が多すぎるので、詳しくは述べられません。

●カレントライフ・リーディングのバリエーション……このカードが次の位置に現れたら

① **物の見方** どんな方向へも自由に動いていけるとか、瞬間ごとに何が起ころうとオープンだという見方で、人生を見ています。ちょっと散漫になっている、あるいは方向性がないという感じもあるかもしれません。

② **コミュニケーション** 奔放に人と関わり、湧き起こった考えをふるいにかけず、思いつくまま、表現しているのでしょう。

③ **仕事** 仕事の責任から自由な感じでいるのか、あるいは仕事で、特定の方向性や目標を持たず、ただ瞬間にいて、何が起こるのか見守っているのでしょうか。あるいは、このエネルギーが一度にあまりに多くの方向へ向かっているのでしょうか。

④ **内面の自己** あなたの内なる存在は、広々とし、自由で、制限されず、瞬間にいます。方向性がない感じもあるかもしれません。

⑤ **性エネルギー** このエネルギーはとても自由で、関係性に縛られてはいませんが、何が起ころうと、どんな人がやってこようと応えることができる、オープンで生き生きとしたものです。

⑥ **身体** 肉体のエネルギーは生き生きとオープンで、瞬間に何が起ころうと、応えることができます。もしあなたがセンタリングして（中心に根づいて）いなければ、これは散漫で、一度にあまりに多くの方向に動いているような居心地の悪い感じだということでもあるでしょう。

⑦ **主な関係性** マインドでは特定の関係性の中にいると思っているかもしれませんが、エネルギー的にはそうではありません。あなたは自由で関係性のパターンに縛られることなく、その瞬間に応え、即座に関わりを持つ用意があります。

⑧ **新しい見方** うまく事を運ぼうとするよりも、今、ただ瞬間にいて、自然に事が起こるにまかせてはどうでしょうか。

⑨ **マインド** 自由とスペースについて考えていて、おそらくそれを望んでいるのでしょう。あるいは何かを決めたくなくて、ただ自然に何が起こるのか、待ってみようと考えているのかもしれません。

⑩ **ピーク・エクスペリエンス** 今の状況においてできる最高のことは、ただ瞬間にいて、物事が自然に展開するにはせることです。計画しないで、起こっていることに対してオープンで無垢でいるには、少し勇気を必要とするでしょうが。

⑪ **スピリチュアル・メッセージ** 存在は、もう少し自由とスペースを手にし、オープンで無垢なスペースから、瞬間から瞬間に事が起こるにまかせ、生きる勇気を持ちなさいとあなたを励ましています。おそらくあなたの、のびのびとしたエネルギーをコントロールしようとする、行儀のいい人格の習慣を振り落とすことも含まれるでしょう。

⑫ **瞑想** 毎日の生活を計画なしに、自発的に生きるよう強いられていることが、今のあなたの人生の中で、最も成長できる領域です。あなたにとっては怖いことかもしれませんが、これはとても楽しくもなりえます。型にはまらずに奔放に自由に踊ることが、今のあなたにとって大きな助けとなるでしょう。

⑬ **概観** あなたの人生には概して、スペースや自発性の香りが感じられます。つまり、おそらくどこへ向かっているかは分かっていないでしょうが、あなたは日々、自分の人生を生きています。いつ何が起こってもおかしくないと感じているかもしれません。

1. 魔術師Ⅰ（メイガス）

課題：行為すること

本質
◆ 行為やコミュニケーション
◆ 意図のある活動
◆ 事を起こすために手に入る物を使うこと

The Magus

● 描かれている意味

「メイガス」とは、「マジシャン」を表す別の言葉であり、ほとんどのタロットで、このカードは「マジシャン」という名がついています。彼は大アルカナで最初に現れる男性原理、陽の原理であり、『愚者』によって表わされていた無垢さ、方向性のなさから最初の一歩を踏み出しています。生まれたばかりの赤ちゃんはただ、存在のエネルギーの通路となっていますが、ある発達段階に至ると、自然に自分の意志で何かをしたくなります。『魔術師』は、状況に対して何かを言いたい、したい、自分なりに形づくりたいという、エゴあるいは個人の意志を表しています。彼はまさしく、利用可能なあらゆる元素を手にし、起こってほしいことへと方向づけ、巧みに操ろうとする手品師なのです。

このカードはあらゆる種類の方向づけられた行為、コミュニケーションや、意図的に何かをするために必要な第一歩です。創造のために必要な第一歩です。

ネガティブな意味では、物事があるにまかせたり、それなりの方法で流れていくのを許す代わりに、習慣的に何かをしたり、事を起こしたりしてしまう状態を表すこともあります。

98

● シンボル（占星術のシンボル：水星）

『魔術師』は、羽根を持ったギリシアの神メルクリウスとして描かれています。彼は利用可能な基本元素と、行為やコミュニケーションに必要なさまざまな道具を巧みに操りながら、悦に入った笑みを浮かべています。サーフボードのような台の上で、優美につり合いを保って立っていて、物事を効果的に起こすには、微妙なバランスが必要だということを表しています。

彼の視線はトキの頭に向けられています。トキは一本足で長時間立つ能力があるために、集中のシンボルとして使われ、またエジプトの知恵の神トートを表すこともあります。

頭上には、癒しの杖であるカドュセウスを形づくっている蛇に守られた、エジプトの翼を持った太陽円盤、聖蛇ウラエウス（訳注：古代エジプト王の象徴として王冠につけたエジプトコブラ形の記章）のシンボルがあります。

その他には、地水火風の四大元素と並んで、翼の生えた卵（魔術師の肩の辺り）のシンボルもありますが、それは行為やコミュニケーションから生まれた物（卵）がさらに高次（翼）のものになる必要が示されています。

金色のサルは、エジプトの知恵の神トートと、インドで彼に対応するハヌマーンを表しています。ここで彼は、サルの質である柔軟さの必要性と同時に、賢く話し、行為する重要性を強調しているのです。メルクリウス自身は金色（ゴールド）で、太陽神経叢（みぞおち）、カードは主に、喉のチャクラの色である濃い青色です。つまりパワー・チャクラの色です。

● カレントライフ・リーディングのバリエーション……このカードが次の位置に現れたら

① 物の見方　行為やコミュニケーションが必要だという姿勢があるので、おそらく、何かと忙しくしていて、ただじっと静かにしているのは難しいでしょう。

② コミュニケーション　積極的で外向きのコミュニケーションをしています。そしておそらく言いたいことを率直に伝えているでしょう。たぶん多くの場合、あなたにはマインドに目的や目標があって、人と関わるときに、何か事を起こそうとしているのでしょう。

③ 仕事　自分の望みを達成するために、使える要素は何であれ活用し、精力的な、おそらくは断固としたエネルギーを仕事に注いでいます。

④ 内面の自己　何が達成できるのかという観点から、自分と関わっています。おそらく内側を見たり、自分とともにいるというよりは、エネルギーの焦点は活動的で、外に向かっているのでしょう。

⑤ 性エネルギー　これは性行為においても、一般的な異性関係のエネルギーでも、何かをしよう、事を起こそうとする、陽の力です。

⑥ 身体　身体はとても活動的です。それは何かをするのに集中しているためか、あるいは動きへと駆り立てるようなエネルギーの感覚なのかもしれません。

⑦ 主な関係性　パートナー（あるいは親しい人たち）に積極的で外向きのエネルギーがあり、たくさん話すことがあるのでしょう。その関係性がどうあるべきかというとり決めがあるのか、あるいは何か関係性をつくり出

⑧ 新しい見方　状況に対し、何かをするか、言ってみてはどうですか。自分が動かないで、物事が変化すると期待するのはよくありません。

⑨ マインド　何かをしたり、言ったりする必要があると思っています。

⑩ ピーク・エクスペリエンス　現状においてできる最高のことは、それに対し、積極的に何かをしたり、言ったりすることです。ただ座って待っているのはよくありません。まずあなたから動く必要があります。

⑪ スピリチュアル・メッセージ　存在は、エネルギーをより活発に、積極的に動かすように、あなたを励ましています。イニシアチブをとったり、もっと何かをするように、あるいはもっとクリアに率直にコミュニケーションするようにということでしょう。つまりは立ち上がって、忙しくしなさいということです。

⑫ 瞑想　今のあなたの瞑想は、自分がどのようにエネルギーを外に出しているか、どのように物事をしているかに気づいていることです。あなたは少し怠惰なのか、あるいはコミュニケーションに困難があって、それに今、働きかける必要があるのでしょう。いずれにしても、動いてください。

⑬ 概観　今、人生における主な課題は、外向きの活動——自分が何をしているかということにあります。おそらくあなたは忙しく事を起こそうとしているのか、どこか特定の場所へ行こうとしているのでしょう。

2. 女教皇 II
プリーステス

課題：感受性

T The Priestess

本質

◆ 直感、精妙なエネルギー
◆ 純化された陰のエネルギーやパワー
◆ サイキックやテレパシーのパワー
◆ スペースアウト、過敏

The Priestess

● 描かれている意味

直感とつながっている状態は、存在における精妙な陰のエネルギーが純化し、育ったものです。それは基本的に、外のもの、あるいは彼方のものに対する受容性、感受性であり、思考や感覚以外の方法によって情報を受け取り、この現実にグラウンディングさせる（根づかせる）ことのできる能力です。それは常にあるけれども、存在の低い次元を通しては手の届かない、精妙なエネルギーや思考形態にチューニングするアンテナを持つようなものです。依存がある間は、この受容性は他者へと向かってしまい、このレベルで陰のエネルギーを使うことはできません。

このように、『女教皇』は処女であり、性的ではない陰のエネルギーです。私たちがこの直感的な質に触れるとき、そこには内なる充足感と満足感があります。もはや外側からそれほど多くを必要とせず、内なるガイドを信頼できるのです。『女教皇』は、直感や、身体を取り巻く繊細で精妙なエネルギーを感じ取り、それに働きかける能力を表しています。それはテレパシーすることもあります。むしろ自分自身の源泉に頼り、人にそれほど依存

102

やサイキックやヒーリングの能力でもあります。ネガティブな意味合いでは、過敏な状態や「宙に浮いてしまう」質、あるいは身体にしっかりといたり、感情的になったりすることを避けるために、こうした感受性や精妙なエネルギーを使ってスペースアウトすることを表します。

●シンボル（占星術のシンボル：月）

『女教皇』は、エジプトの直感の女神であるイシス、そしてギリシアにおいて同義のアルテミスとして描かれています。上半身は、彼女のものを感じ取るアンテナのような形で上方へと渦を描く柔らかい曲線から成っています。下半身は頑丈で岩のようであり、力強い直線が下方へと伸びて、彼女と、彼女が天から受け取ったものをこの地上の次元へとグラウンディングさせています。

膝の上には、猟師でもあったアルテミスの魔法の弓が置かれています。このシンボルは、地に根づくことに支えられた受容性、強さに支えられた優しさ、陽に支えられた陰のエネルギーと見ることができ、そのすべてがこの最も高次で、精妙な形での受容に必要とされるのです。

カードの前面にあるものは、このスペースからやってくるものの象徴です。種のさやは形の始まりを示し、果物と花は自然な充足を示しています。

クリスタルは、こうしたエネルギーの使い方がもたらすクリアな知覚を、ラクダは、外側からの滋養や供給なしに、不毛な大地で長旅をするための資源の豊かさと自己制御を表しています。

● カレントライフ・リーディングのバリエーション……このカードが次の位置に現れたら

① **物の見方** 精妙で直感的なスペースから動いていて、起こっていることに自分の考えを押しつけようとするのではなく、生を通して自分の道を「感じ取ろう」としています。あるいは少し過敏だとか、スペースアウトしていると感じているのかもしれません。

② **コミュニケーション** 人との関わりにおいて、直感的に内面で感じ取ったことに従って動いています。たぶん、言葉にされていないことも、感じ取っているでしょう。

③ **仕事** 仕事の領域で、自分の方向性を直感的に感じ取っています。あるいは何をしているにせよ、この純化されたエネルギーを使っています。

④ **内面の自己** 自分とともに優しい繊細なスペースにいて、内なる声を信頼し、この精妙なエネルギーにチューニングを合わせています。おそらくあなたは自分で満ち足りて、自己充足しているでしょう。

⑤ **性エネルギー** おそらく今はセクシュアルではありません。もしそうだったとしても、それは熱くて情熱的なものではなく、純化された精妙でクールなエネルギーです。パートナーとタントラのレベルで関わるのは可能ですが、あなたは性的に満ち足りていて、セックスを必要とはしていません。

⑥ **身体** あなたのエネルギーはとても精妙で繊細ですから、これを尊重して、自分に優しくあってください。身体が少し過敏になっているか、地に足が着いてなくて、外のものをたくさん感じ取っているということもありうるでしょう。

⑦ **主な関係性** 自分で満ち足りて、パートナーを必要としてはいないのでしょう。けれどももしパートナーがい

⑧ **新しい見方** 今、ただ直感を信頼し、それが導くところへと進んでいけるでしょう。

⑨ **マインド** 直感やサイキック・パワーについて考えているのかもしれません。けれどもそれよりも、自分の直感が告げていると思っていることを信じているということでしょう。

⑩ **ピーク・エクスペリエンス** 現状でできる最高のことは、内なる直感によって知ったことを信頼することです。あなたには何のことか分かるでしょう。でなければ、このカードがここに現れなかったでしょうから。

⑪ **スピリチュアル・メッセージ** 存在は、純化された、精妙な陰の質へと入っていき、自分の内なる声を発見し、信頼するよう、あなたを勇気づけています。直感は合理的なものではありません。理性的な思考を脇に置き、あなたという存在にある論理的に意味をなさないこの部分の声を聞き始めるためには、信頼へとジャンプする必要があります。タロットを使うことは、このためのよい練習になりますし、直感やレイキのクラスを受けることとも助けになるでしょう。

⑫ **瞑想** 今、あなたの成長は、直感や精妙なエネルギーと動くこと、そのエネルギーとワークすることにあります。もっともっとこの感受性へと開き、あなたが感じ取ったものを信頼しましょう。ときにはそうすることが危険だとか、馬鹿げていると感じられても、です。

⑬ **概観** あなたの直感は、人生の向かっている方向について、強いメッセージを与えています。どんな結果になるか、よく分からないとしても、あなたはそれに耳を傾けているようです。

3. 女帝 III
エンプレス

課題：慈悲

本質
◆ 慈悲、スペースを与える
◆ マザーリング（母のように世話をする）
◆ 共感、同情、気遣い

The Empress

● 描かれている意味

『女帝』は、成熟した女性の元型、つまり満ち足りた陰のエネルギー、母親、純粋な気遣いのエッセンスを表しています。最も高次の形では、母性愛は、育むこと、知恵を持つこと、無条件に愛することの究極の姿です。どんな体験であれ、それがあるにまかせ、スペースを与えるという、慈しみに満ちたエネルギーなのです。

しかし日常の現実では、たいていはそうではありません。マザーリングは与えたり、コントロールしなくてはという息が詰まるような思いでもありうるのです。これによって、受けとれない、繊細でいられない状態を覆い隠し、関係性の中で安全を保つこともあるでしょう。

このカードは男性であろうと女性であろうと、「マザーリング」のあらゆる層を表すことができます。けれども、最も望ましい最高の在り方では、それは慈悲です。クールで、共感に満ち、受容的で、あるがままの状態にスペースを与えることで、ただあるがままを養い育てるのです。

これは自分や人に対する慈悲にもなりえますが、覚えておく必要があるのは、まず自分に対して慈悲深くなければ、人に本当に慈悲を持つことはできないということです。そうでなければ、それはどこか人を見下す同情や哀れみになってしまいます。自分に対する慈悲とは基本的に、異なる色合いや味わいすべてにおいて、自分自身の人間らしさを許していくという質です。

●シンボル（占星術のシンボル：金星）

『女帝』は、ギリシアの地母神であるデメテル、あるいは愛と美の女神ヴィーナスとして見ることができます。女性のパワーと知恵の花であるブルー・ロータス（青い蓮）を右手に持ち、ハートの上に開いています。それは、彼女が賢く愛を分かち合うということを示しています。膝の上に置かれた開いた左手は、彼女が受け取ることができ、自分のハートを守ろうとしてはいないことを示しています。このように彼女は与え、受け取る能力と、他の人々と自分の世話をする能力のバランスが取れているのです。

鳥たちは、女性的なエネルギーのさまざまな側面を表しています。スズメは感受性を、ハトは、安らかに生に向き合う方法を、ペリカンとその赤ちゃんは母であること、養い育てる能力を表しています。盾に描かれた二羽の白いワシの紋章は、内面と外面の変容の象徴です。

このカードの下方に、『皇帝』のカードに描かれているユリ紋（フランス王家のユリの紋章）は、西洋では王族のシンボルであり、東洋では、身体、精神、魂の和合を表す「三叉の炎」です。

カードの背景は、彼岸へと開いているクールで淡い光に満ちていますが、それは慈悲の本質を表しています。

● カレントライフ・リーディングのバリエーション……このカードが次の位置に現れたら

① **物の見方** 他の人を気遣い、心配するという態度が、あなたの人生に対する見方に影響を与えています。

② **コミュニケーション** 人との関わりには共感と同情が溢れていて、他の人たちに居心地のよさと滋養を与えています。そのために、自分の面倒を見ることがなおざりになっていないか、チェックしてみましょう。

③ **仕事** 行為のエネルギーは、他の人々を心配したり気遣ったりすることに関わっています。

④ **内面の自己** 今、自分の存在をとても受け入れて、慈悲を持ち、あるがままの自分でいるスペースを自分に与えています。

⑤ **性エネルギー** このエネルギーは、情熱的に相手に向かうというよりは、相手を気遣うことに関わっています。あなたは恋人というよりも、母親という感じです。

⑥ **身体** あなたのエネルギーはとても共感に満ち、滋養に溢れています。この気遣いが人に向かっているとしたら、周りで起こっていることを、エネルギー的にたくさん感じ取っていることでしょう。もし内側に向かっているならば、自分の面倒をよく見ています。

⑦ **主な関係性** 誰であれ、親密な相手にたくさんの共感と同情を持っていて、滋養を与え、気遣っています。母親の役割の陰に自分の繊細さを隠していないかどうか、確かめてみてください。

⑧ **新しい見方** 自分や人が体験していることをただ許し、受け入れ、それにスペースを与えてみてはどうでしょうか。

108

⑨ **マインド** 慈悲深く、気遣いを持つ必要があると思っています。あるいは自分の母親のこと、あるいは母親としての自分の役割について考えているかもしれません。

⑩ **ピーク・エクスペリエンス** 今できる最高のことは、とても慈悲深く、気遣いに満ちていることでしょう。これは、人に対することかもしれませんが、おそらくはあなた自身に関することでしょう。本当の自分の状態を感じ、ありのままの自分でいるための、たくさんのスペースを与えてあげてください。

⑪ **スピリチュアル・メッセージ** 存在は、あなたの中にある、気遣いに満ちた女性的な質を見つめ、そこへ入っていくことを勧めています。慈悲という質を探求する必要があります。それには他の人も含まれるでしょうが、まずは自分の世話の仕方を学び、自分につらく当たらないことが必要です。慈悲とは基本的に、あるがままにスペースを与えることです。

⑫ **瞑想** 今のあなたの成長は、気遣いをもって、判断することなく、何であれ内面に起こっていることを許すところにあります。あるいはそれは、こうした態度をあなたから必要としている人に関することかもしれません。

⑬ **概観** 慈悲深く、気遣いに満ちた質が、今のあなたが扱っている人生の主な課題です。そうせざるをえない環境にいるのかもしれませんが、おそらくあなたは、自分を犠牲にして、人の心配をしすぎているのかもしれない、と気づき始めているのでしょう。

4. 皇帝 IV（エンペラー）

課題：責任

本　質
◆ 責任
◆ 権威
◆ 父性

The Emperor

● 描かれている意味

『女帝』が母親の象徴であるように、彼女の伴侶である『皇帝』は父親の役割を象徴しています。彼は成熟した陽のエネルギーであり、決断を下し、責任を取る者です。このカードのキーワードは責任です。責任が、外側のものと捉えられれば—何かへの責任、正しいことをするという責任というように—束縛や、コントロールしたりされること、重荷を負わせる力になるでしょう。

真の責任は、自分自身に対するもの、自分という存在の真実に対するものであり、この自己責任から真の権威が生まれます。これは無責任ではありません。どんな状況にあっても、自分の決断とその結果にトータルに責任を取ることなのです。これによって、人への非難や罪悪感や期待、社会や他人の期待に捕まるといった概念全体が無効になります。この理解から、私たちのすることはすべて、他人への期待のない、クリーンなものになります。私たちが私たち自身となる—これこそまさに真の権威が私たちが持つリアルな質です。

一般的なリーディングでは、このカードは、責任という課題の持つあらゆる側面を表します。

110

● シンボル（占星術のシンボル：牡羊座）

『皇帝』は、世界を表す球体を手にした力強いパワフルな男性として描かれています。球体の上にあるマルタ十字は女帝の王冠にあるものと同じで、王室の威厳を象徴しています。法律と秩序にかなった伝統的な正しい姿勢で足を組み、このカードの数である4の字形を成しています。

彼の脇と、手にした杓（しゃく）の先にある雄羊の頭は、動物界・物質界との結びつきと、リーダー、個人主義者である牡羊座を表しています。足元にうずくまっている子羊が降伏の印である白旗を掲げているのは、彼の強さがコントロールや支配からではなく、存在の高次の宇宙的な法則への安らぎに満ちた服従からやってきていることを示しています。

別のレベルでは、羊は勇猛な野生の雄羊が飼い慣らされたものであり、社会によって外から押しつけられる責任に常に耳を傾けている人々の、従順な愚かさを示しています。

このカードの赤は、牡羊座の火の質であると同時に物質界との結びつきを示しています。

ユリ紋と、盾に描かれた二羽のワシのシンボルは、『女帝』のカードと同じものです。

『皇帝』と『女帝』は夫婦であり、お互いを見つめていますが、それは、成熟した男性性と女性性という両極を表しています。

● カレントライフ・リーディングのバリエーション……このカードが次の位置に現れたら

① 物の見方　責任というフィルターを通して人生を見ています。おそらくそれを重荷だと感じているのでしょう。

② コミュニケーション　今、コミュニケーションにおいて、深刻で権威的なスペースにいます。その権威が自分のものかどうか、また責任感のある人として、何を背負い込んでいるのか、確認してみてください。

③ 仕事　エネルギー的に権威、責任のある強い立場にいて、必要とされることを遂行できています。自分の欲求にも耳を傾けているか、あるいは背負っている責任感でただ自分を苦しめているか、確認してみましょう。

④ 内面の自己　自己感覚が、責任感に縛られています。その責任は自分自身に対するものか、あるいは外側の何かに対するものでしょうか。外に対するものだとしたら、おそらく本当のフィーリングや欲望とのつながりを見失っているか、それらにあまり注意を払っていないでしょう。

⑤ 性エネルギー　異性へのエネルギーは、重圧感や責任感に支配されています。相手の責任を取ろうとするのは、あなたの習慣でしょうか。

⑥ 身体　あなたの存在感覚は外側の責任を重荷に感じていて、それが肉体のエネルギーに影響しているのか、あるいは、今、自分の身体に何かをするという責任を取っているのでしょう。

⑦ 主な関係性　人生において大切な相手に対し、権威的に関わっていて、それゆえ責任を感じています。あなたは父親のような役割を演じています。このために、自分の欲求や繊細さを感じることができなくなっているかもしれません。

112

⑧ **新しい見方** 自分のいる状況に対して、責任を取ることができると考えてみたことがありますか。

⑨ **マインド** 権威と責任について考えています。それを手に入れたいのか、あるいは捨てたいのでしょう。あるいは、あなたの父親や、父親としての自分の役割に関心があるのかもしれません。

⑩ **ピーク・エクスペリエンス** 今できる最高のことは、あなた以外の人や物がどうかしてくれると期待するのでなく、その状況に自分で責任を取ることです。

⑪ **スピリチュアル・メッセージ** 存在は、責任の本質を調べてみるよう勧めています。あらゆる側面に責任があるという理解を持つことから始めて、もし何か気に入らないことがあれば、それを変えることに責任を持つとはどういうことなのか、見てみてください。人を責め、人に期待することから得られるのは恨みだけだというのが現実なのです。

⑫ **瞑想** 外側の責任で重荷を感じているか、あるいは、無責任になっているのでしょうか。本当の責任はまったく別のものです。生は今、あなたがこれを見るためのたくさんの状況をつくり出しています。

⑬ **概観** あなたが対処している主な課題は、責任です。おそらく自分のこの側面にもっと気づき、人生の中で、真の責任という学びがどのように展開していくのか見守る、たくさんの機会を得ていることでしょう。

5. 教皇 V
ハイエレファント

課題：理解

本　質
◆ 理解
◆ 知恵
◆ 体験的な学び
◆ 知識

The Hierophant

● 描かれている意味

真の理解とは変容のプロセスであり、それは、存在の異なる部分の統合が求められます。それがただ頭のものであれば、理解ではなく知識であって、こうした情報は、人生にリアルな影響を与えはしません。今ここにいて、その結果として知恵を手に入れる唯一の方法は、体験的に生きることです。何であれ起こることを感じ、体験する勇気を持ち、それから知性をこの体験にもたらし、そこから学ぶのです。私たちはほとんどの場合、こういうことが起こっていると思っている頭の説明に我を忘れ、現実をその説明に合わせようとするか、感情に溺れて知性を忘れてしまうかのどちらかです。本当の理解、本当の知恵は、体験の中で頭とハートが一つになるときにやってきます。それは理性による感情の錬金術です。

純粋な意味においては、このカードはスピリチュアルな学びを日常生活のリアルで実際的なものに根づかせる必要性を表しています。

日々のリーディングでは、あらゆる次元での学びや理解を象徴しています。単なる頭の知識や、思考だけで答

114

えを見つけようとする態度を象徴することもあります。

● シンボル（占星術のシンボル：牡牛座）

『教皇』は、雄牛（牡牛座を表す）と二頭のゾウでつくられた玉座に座る宗教者として描かれています。ゾウは、雄牛と同様、実際的で現実的なエネルギーを表すヒンドゥ教のシンボルです。

この人物は、エジプトの知恵の神オシリスと見ることができ、その下には、彼の妻である直感の女神イシスがいます。オシリスのハートの真ん中にいるのは、彼らの神話上の子ども、エジプトの知覚と視覚の神ホルスです。

理解、直感、子どものような無垢さと好奇心——これらが、真の学びと知恵を形づくる三つの要素です。

カードの隅には、四人のケルビム（訳注：智天使、天使九階級の第二位で知識にひいでる。翼のある美しい子供の姿や頭で表される）がいて、真の理解が起こるために必要なさまざまな元素と方法を表しています。人間の顔は、水瓶座、風で、思考の次元を表し、ライオンは獅子座、火で、意志のパワーと活力のエネルギーです。ここでは彼らは、理論的な知識の空虚さを示し、空っぽの仮面として現れています。

三つの輪のついた杖は、真の理解の中で、過去、現在、未来を一つにし、『教皇』の左手の悪魔の角（つの）の形は、空虚な知識の持つ危険性を示しています。

彼の頭の上には、拡大した気づきの白い光が花びらの形となり、変容のヘビがそれを囲んでいます。

● カレントライフ・リーディングのバリエーション……このカードが次の位置に現れたら

① 物の見方　思考というフィルターを通して、起こっていることを理解しようとしています。そうするうちに、人生の体験から自分を切り離しているのかもしれません。

② コミュニケーション　あなたは主に、自分の知性や知識を通して人と関わっています。その知識は自分が理解していることか、それとも借り物でしょうか。あるいは、人との関わり方についてのパターンを理解するプロセスにいるのかもしれません。

③ 仕事　人生のこのエリアにおいて、学んだり理解したりするプロセスにいます。何らかのトレーニングをしているのかもしれません。

④ 内面の自己　自分自身について、純粋に学んだり、理解しようとしています。けれどもたんに頭の観念に自分を見失ってはいないか、確認してみましょう。

⑤ 性エネルギー　もともと本能的なもので、頭とは無関係のエネルギーを、知的に分析しようとしているのでしょう。あるいは、異性との古い関わり方のパターンを理解しようとしているということかもしれません。

⑥ 身体　身体や肉体のエネルギーに起こっている何かを理解しようとしています。それによって、起こりたがっているプロセスが妨げられてしまいかねません。

⑦ 主な関係性　ここでどんなことが起こっていようと、それはあなたにとって学びのプロセスです。ただし、このカードがエネルギーの場所に現れるときにはいつでも、思考に自分を見失っていないか、確かめてみる必要

116

があります。関係性は知的なプロセスではありません。

⑧ **新しい見方** 現在の状況から学ぶことがあるかも、と思ったことはありますか。

⑨ **マインド** 今、何かを学んだり、理解したいと思っています。

⑩ **ピーク・エクスペリエンス** 今できる最高のことは、ただ理解に開いていることです。現在の状況はあなたにとって、学びの機会です。体験にしっかりと根づき、知性を使ってみましょう。

⑪ **スピリチュアル・メッセージ** 人生から学ぶというアートに、謙虚に心を開く時です。自分にはもう分かっていると思っていたら、そうはできません。ですから、自分の考えを脇に置いて、実際に感じていること、体験していることに知性をもたらしてください。これは、あなたが賢くなる機会です。

⑫ **瞑想** おそらく今、人生に何が起こっているかを理解するのは難しいでしょうが、だからこそ今、これがあなたの瞑想なのです。物事を自分の概念や信念体系に合わせようとする代わりに、あるがままにしておくことから始めてください。

⑬ **概観** 学びや理解という課題が、今のあなたの人生の方向性を形づくっています。真の理解の持つ性質に気づき、ただ頭で分かろうとする代わりに、感じ、体験している現実に自分の学びを根づかせているかどうか、見てみてください。

6. 恋人たち Ⅵ（ラヴァーズ）

課題：愛

本質
- ◆ あらゆる次元と形の愛
- ◆ 愛に満ちた関わり

The Lovers

●描かれている意味

『恋人たち』は、愛を探し求める中で私たちが体験する、人間的な関わりを通した学びの象徴です。それは、存在のあらゆる側面で明らかな二元性の原理、対極の原理を含んでいますが、他者とあることで全体性を求める中で、最も明白に体験されるものです。恋人や友人、家族や子どもなど、誰であれ他者へと私たちを引きつけることのエネルギーは何なのでしょうか。私たちはなぜある人たちに惹かれ、別の人たちには惹かれないのでしょうか。多くの場合、人との関わりがなぜ私たちを有頂天にしたり、あるいはどうしようもなく惨めにするのでしょうか。なぜそれは、私たちをそれほど「とりこ」にするのでしょうか。

こうしたことは、いわゆる愛と呼ばれるものが持つ神秘です。すべての人間関係は、私たちのある側面の鏡となりますが、多くの場合、それは発育不十分な部分、自分で認めていない部分です。ですから私たちは自分が否定している部分について、他者とあることで体験する喜びや痛み、楽しさや困難、感謝や葛藤を通して学ぶのです。親密さの中で私たちはオープンになり、人生の他の領域で可能な程度を超えて、自分のハートのより深い層

をさらけ出すことになります。このプロセスでは必然的に、そういった状況でなければ無意識のうちに防御している繊細さや、根本的な子供時代の傷がひとつながっていきます。私たちがより統合になるのは、愛という癒しの光に、こうした隠れていた部分がさらけ出されることによってです。この学びによって、私たちは内なる愛の源泉へ向かっていき、そこで探し求め、必要としていたのは決して他の誰かではなく、自分自身と一つであるという質だったことを理解するのです。さらにはそれを通じて、存在と一つになることだったのだと。この場所ではもはや欲求はなく、私たちの関係性は、真に愛に基づいたものになることができるのです。

一般的なリーディングにおいては、『恋人たち』は、愛に満ちた相互関係の持つ、あらゆる次元や形を象徴しています。

● シンボル（占星術のシンボル：双子座）

このカードは、男性性と女性性——陰と陽、闇と光——の合一、顔のない造物主の祝福のもとでの婚礼が描かれています。このマントをまとった人物は、内なる全体性と知恵のシンボルである隠者として見ることもできるでしょう。賢者の頭の所にあるキューピッドの姿は、恋愛関係が理性を欠いた、でたらめなものに見えるということを描き出しています。

このカードではすべてがペアで現れています。黒人の男性と白人の女性の高貴なカップルは、合一を求め、互いに向かい合っている対極の持つ引力を象徴しています。子どもたちが表しているのは、親密な関係性における根本元素です。そしてそこからやってくる、無垢さと子どもらしさです。彼らが手にしているのは、あらゆる関係性における根本元素です。ライオン（獅子座）は、本質的に男性的な創造のエネルギーを、ワシ（蠍座）は、自然な女性エネルギーの持つ感情の深みを表していて、ここでも愛によって二つの極が結ばれています。ヘビが巻きつき、翼を持ったオルフェウスの卵は、愛に満ちた親密さの中で起こる変容と、生の霊的な源泉との結びつきを表しています。二人の彫像は、人間の本性の光と闇の側面の聖書的な表現です。背景の柵は、愛における執着と所有欲からやってくる拘束と制限の危険性を表しています。

● カレントライフ・リーディングのバリエーション……このカードが次の位置に現れたら

① 物の見方　あなたは、愛の関係性というフィルターを通して人生を見ています。いい感じで日々を過ごしているかそうでないかは主に、愛する人とどういう状態でいるかにかかっています。

② コミュニケーション　概して、人々と愛に満ちた形で関わっています。あなたは、ハートからコミュニケーションするというコツをつかんでいます。

③ 仕事　仕事をしているなら、あなたのエネルギーの焦点は、仕事場での関係性にあります。もし働いていないなら、あなたの今の主な関心事はおそらく家族や友人か、あるいは人々との関係性に働きかけることでしょう。

④ 内面の自己　今、内側で、他の人（人々）を愛することにとても関心を持っていますが、これはあなたが少し自分を見失っているということかもしれません。

⑤ 性エネルギー　セックスとハートが、愛に満ちた形で出会っています。セクシュアルな形であろうとなかろうと、まさしく愛するために性エネルギーを使っています。

⑥ 身体　誰かとの近しい関係性の結果として、あなたのエネルギーは愛に満ちたスペースにあるのかもしれません。あるいはおそらくは、近しい関係性が実際にあなたのエネルギーに影響を与えているということでしょう。それはあたかもその人（人々）との関係があまりに近いので、ほとんどあなたのエネルギーの中に彼らがいるかのようです。

⑦ 主な関係性　相手との愛の時です。パートナーとの間にポジティブであれ、ネガティブであれ、何が起こって

120

いても、それはハートからやってきています。そして愛は、つねに「心地いい」とは限らないと覚えておきましょう。

⑧ **新しい見方** たぶん今、人に対して、もっと愛に満ちていられるのではないでしょうか。あるいは、誰かとの間に、あなたが認めたくないと思っている、ハートの結びつきがあるということでしょうか。

⑨ **マインド** 愛する人のことを考えています。それは特定の人かもしれないし、あるいは、愛の関係性を持ちたいと考えているのかもしれません。

⑩ **ピーク・エクスペリエンス** 今のあなたの人生には愛があります。それを認め、そこに入っていきましょう。何がもたらされようが、それを生きるように。

⑪ **スピリチュアル・メッセージ** 存在は今、愛し、関わることの道へと動いていくように勇気づけています。自分をもっとさらけ出したり、傷つきやすくなったりするとしても、ハートを開き、防御を落として、それが意味するものを学んでください。ハートの道はとても豊かで、決して退屈することはありません。

⑫ **瞑想** 人との愛に満ちた関わりは、それほど楽ではないでしょう。けれどもそれが、あなたの人生の成長の主なエリアです。ですから起こっていることとともにいて、気づきを保ってください。そうすれば、そこから多くのことを学ぶでしょう。

⑬ **概観** 現時点でのあなたの主な課題は、ハートからの関わりです。それは一人の人に対してか、あるいは大勢の人かもしれませんが、それが今、あなたが歩いている主な道です。

7. 戦車 VII（チャリオット）

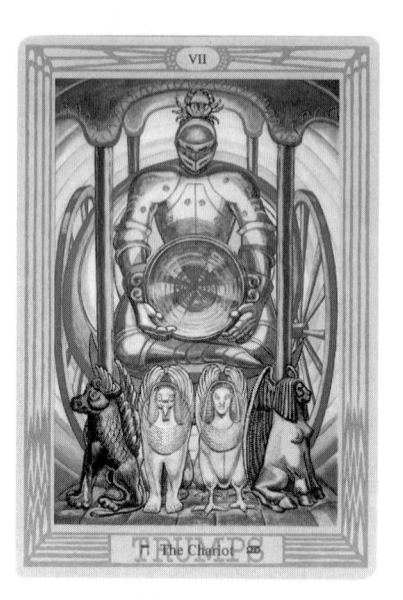

課題：パワー

本質
◆ あらゆる次元におけるパワー
◆ 物事を起こし、欲望を達成する能力
◆ コントロール

● 描かれている意味

パワーの次元は、この世界で私たちが欲望を達成する方法、欲しいものを手に入れる方法を明らかにします。私たちはたいてい、状況や人を支配する能力として考えがちですが、これは本当のパワーではなくコントロールです。真のパワーとは、存在における男性的・女性的側面のバランスなのです。

男性（陽）エネルギーは、何かを新しく始めるのには役立ちますが、どちらかと言えば粗雑なレベルのエネルギーで、いずれは燃え尽きてしまうでしょう。事を起こす息を吐き続け、決して吸わないようなものであると言います。このスペースから人生に関わるとき、私たちはコントロールしようとします。セラピー用語では暴君であると言います。常に現れると、無気力で、動くことができず、他人にパワーを与えてしまいます。これは犠牲者のエネルギーとし

女性（陰）エネルギーは、オープンになり、耳を傾け、まかせ、他の人々や存在から受け取ることのできる能力です。しかしネガティブ能力、マインドの願望を超えて、起こることに開き、波長を合わせることができる能力、

真のエンパワーメントです。この陰陽の質がともにあり、バランスがとれているときに起こります。私たちはこのスペースにおいて、存在と戦い、結局は失敗に終わることになる個人的なゴールを達成しようとするのではなく、存在の流れの中で自分の望みを形にしたり、手に入れたりできるほど力強くなるのです。

『戦車』は、このパワーのバランスにおけるあらゆる側面を表しますが、ネガティブな意味では多くの場合、コントロールを意味します。

●シンボル（占星術のシンボル：蟹座）

『戦車』を操る人物は、力強い黄金の甲冑をつけ、瞑想の姿勢を取って休んでいます。戦車を引いている四つのスフィンクスをコントロールするための手綱はありません。その代わりに彼は、カルマや存在の流れのシンボルである、回転する『車輪』、あるいは、クロウリーが聖杯と呼ぶ、ハイヤーセルフのシンボルを抱えています。

彼のパワーは高次の存在に波長を合わせ、存在とともに流れることのできる能力からきています。

彼の頭の上のカニはこのカードの占星術のサインである蟹座を表しています。スフィンクスは『教皇』と『宇宙』のカードで描かれているのと同じ四つの生き物で、存在の四大元素であり、こうしたすべての成分（地水火風）がパワーを手にしたり、事を起こすのに必要なのです。身体が入れ替わってるのは、パワーを手にする中で起こる、エネルギーの組み合わせと合一を表しています。

大きな赤い車輪は物質的な動き、事を起こすのに必要とされる推進力の象徴ですが、それがパワーだと誤解されることもあるでしょう。

●カレントライフ・リーディングのバリエーション……このカードが次の位置に現れたら

①物の見方 あなたは、人生の状況をコントロールし、欲望を達成することで忙しくしています。

②コミュニケーション とても強く、権威的に人と関わっています。支配的だったり、コントロールしようとしていないか、確認してみましょう。

③仕事 このエリアで、おそらく達成したい目標があるのでしょう。あるいは、自分をコントロールしようと懸命になっているのでしょうか。何らかの形でそれに向かっています。あまりに自分を駆り立てすぎて、燃え尽きてしまう傾向がないかどうか、自分の内面とのつながりを失ってはいないか、気づいていましょう。

④内面の自己 パワーという内なる課題に直面していて、おそらく今、自分をコントロール下に置いています。その抑制を手放したら何が起こるか、分かるでしょうか。

⑤性エネルギー おそらく受容的だったり、自発的だったりする余地はあまりないでしょうが、異性との結びつきにおいてパワーを持っています。このエネルギーをコントロールしたり、相手を支配したりする必要があるかどうか、確かめてみましょう。

⑥身体 身体をコントロール下に置いていて、強さとパワーを感じているでしょう。けれども同じ理由で、緊張し、硬くなっていることでしょう。

⑦主な関係性 ここであなたは、パワーのスペースにいます。おそらく相手との間に、権力争いが起こっているのでしょうか。あなたは犠牲者か暴君を演じていますか。誰が誰をコントロールしようとしているのでしょう。ここではパワーのスペースにいる間は、たぶん関係を持つことにオープもし親密な関係がないならば、こうしたコントロールのスペースにいる間は、たぶん関係を持つことにオープ

124

⑧ 新しい見方　自分のパワーを手にして、事を起こすことのできる強さが欲しいと思っています。

⑨ マインド　自分のパワーを手にして、欲しいものに向かっていけると、考えたことがありますか。

⑩ ピーク・エクスペリエンス　この状況の中で自分のパワーを主張し、自分のために立ち上がって、欲しいものへと向かっていくことです。壁際にうずくまったり、犠牲者でいる時ではありません。

⑪ スピリチュアル・メッセージ　存在は、パワーがあなたにとって何を意味するのか、探求するようあなたを勇気づけています。人生において、欲しいものを得ることに、自分がどういう態度を取っているのか、もっと気づくことから始めてください。自分の欲望を認めず、無視して、かまうものかというふりをしがちか、あるいは、自分を駆り立て、人生が欲しいものを与えてくれるよう、強いているでしょうか。おそらくはそのどちらかでしょう。それにもっと気づくことで、内なるバランスへと向かい始めるでしょう。

⑫ 瞑想　今、あなたはパワーに関するレッスンに直面しています。そしてそれはたいてい、あまり心地よいものではありません。一般的に、私たちは人との権力争いによってのみ、自分の力の使い方を学んでいくのです。ですから、これがどこで起こっているのかに気づき、そこから学んでください。

⑬ 概観　パワーが、今のあなたの課題です。物質世界での達成や、人との葛藤を気にかけているのでしょう。それがどこに現れていようと、自分自身や人生の方向性をコントロールしようとしているか、そしてそれはどんな感じか、気づいていてください。

8. 調 停 VIII（アジャストメント）

課題：見守ること

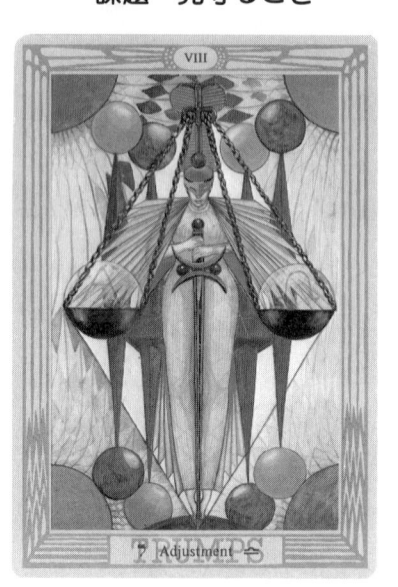

本質
- 見守る、観照
- 瞑想的な気づきの状態
- 距離を置く

●描かれている意味

瞑想の実践とは基本的に、マインドから距離を置くコツをつかむこと、自己同化しないで、内と外で起こっていることをいかに観照するかを学ぶことです。こうした高次の気づきのスペースにおいては、あらゆる状況で賛成か反対か、正しいのか間違っているのかを見出そうとする、二元的な思考に捕まることはもうありません。むしろそこには、自然なバランスと調和へと導く、知覚の明晰さがあります。

このカードを「正義（ジャスティス）」と呼んでいるタロットもありますが、実際には、あらゆるものが調和とバランスの中で存在しているという、高次の正義や法則という意味を持っているからです。一般的にこの『調停』は、起こっていることやマインドの働きをただ見守ること、そこから距離を置くことを表します。ネガティブな意味では、身を引いて見守ることで、関わりやフィーリングを避けている状態を表すこともあります。

126

● シンボル（占星術のシンボル：天秤座）

このカードの人物は真実と正義のエジプトの女神マートであり、死んだばかりの人々のハートにある真実を審判するという責任を持っています。

カード全体が、微妙なバランスを保つという行為を物語っています。彼女の頭上、つまり思考を超えたところから、宇宙の真理にバランスを与えるアルファ（始まり）とオメガ（終わり）を載せた、宇宙の天秤が釣り下がっていますが、これはまた、真の正義が、正誤という二元的な思考とは無関係だということを表しています。実際、意見や思考が一つでもあれば、バランスはすっかり失われてしまうでしょう。スウォードのエースは純粋なマインドを表し、彼女はその上に優美に立ち、バランスを保っています。

また仮面を被っているのは、非人格的な質と、注意が内側に向かっていることを表しています。二元性を超えた、このとてつもなく微妙なバランスのために、マインドの静けさと、ハイヤーセルフとのつながりを保つ必要があるのです。

ダイヤモンドの形が彼女の立ち姿を包んでいますが、それはマインドの幻想を超えた気づきを表しています。

その外側にある円は、マーヤ（現世の実体のなさを表すインドの概念）の思考や泡が形となったものであり、闇と光の中で、完璧なバランスを保っています。

● カレントライフ・リーディングのバリエーション……このカードが次の位置に現れたら

① 物の見方　内面や周りで起こっていることに参加するよりも、見守る傾向があります。すべてのものから、少し距離を感じていることでしょう。

② コミュニケーション　とてもクールで、バランスを保ち、判断しない関わりをしています。おそらくあらゆる物の見方に、客観的な気づきを持っているでしょうが、あまり巻き込まれてはいません。あるいは、自分の関わり方のパターンにこの気づきを向けているのかもしれません。

③ 仕事　何であれ自分がしていることに、バランスのとれた気づきのスペースから関わり、巻き込まれすぎないで、起こっていることを見守っています。これがあなたに、クールさと客観性を与えています。

④ 内面の自己　内側で起こっていることを、自己同化することなく、距離を置いて、観照することができています。見守ることが、感情からの逃避だということもありうるでしょうか。

⑤ 性エネルギー　情熱のない、とてもクールなエネルギーです。自分のエネルギーや異性から距離を置いているすが、抑圧はしていません。性的なパートナーとの結びつきをとても客観的に見守っているのかもしれません。

⑥ 身体　肉体のエネルギーに何が起こっているにしても、あなたはそれにあまり巻き込まれていません。自分を見失うことなく、エネルギーが動くのを許しています。そのせいで、なんとなく身体からちょっと距離があるような感じがあるでしょう。

⑦ 主な関係性　ここで起こっていることを、ただ見守っています。関係性の相手がいれば、その人との間に少し

⑧ **新しい見方** 起こっていることに巻き込まれることなく、ただ一歩下がって、見守ることもできるでしょう。もしもいなければ、何の問題もありませんが、ただ自分がそんなにオープンではないことに気づいていましょう。距離を感じていることでしょう。

⑨ **マインド** 起こっていることをただ見守っていると思っているか、あるいはもっと距離を置く必要があると思っています。

⑩ **ピーク・エクスペリエンス** 今できる最高のことは、ただ見守ることです。一歩下がり、巻き込まれることなく、ただ物事が起こるにまかせましょう。

⑪ **スピリチュアル・メッセージ** 存在は、人生において、ただ高次の気づきによってのみもたらされる調和の感覚を見出す能力を育てるように勇気づけています。おそらくそのためのもっともよい方法は、瞑想でしょう。それがあなたの日常の一部でなければ、たぶんそうするべきでしょう。は基本的に、自分の考えや感情から距離を置くというアートです。

⑫ **瞑想** おそらくあなたの人生に、距離を置いて見守る必要のあることが、たくさん起こっているのでしょう。もし瞑想のやり方を知らなければ、それを見出す時なのでしょう。

⑬ **概観** 丘の上に立ち、客観的なスペースから人生の方向性を見守っている感じがあります。起こっていることから少し距離を感じているかもしれません。

9. 隠者 IX（ハーミット）

課題：独りあること

本質
- 独りあること
- 内省
- 我が道を行く
- 孤独

The Hermit

●描かれている意味

『隠者』は、自分といるという質、独自の理解や満足感を見出すために内側を見るという質を表しています。浅薄な社交、外に目を向けることや集合的な価値観から身を引き、自分自身の深みと真実を見出そうとするのが自分といる方法が分かると、孤独の痛みは独りあることの喜びに変わり、外側のものに自分を合わせ、何かを得なくてはという欲求は減ります。

このスペースは、必ずしも物理的に独りでいるとは限りません。そうでもありえますが、いずれにせよ、他人と一緒にいてもいなくても、自分自身の内面との結びつきを保つということなのです。気づきが外ではなく内に向かうとき、理解とともに過去の体験は完結し、あらゆる状況は変容と知恵が深まるための媒体になります。隠者は自分自身の光となるだけでなく、他人を導く光となります。自分の内で知ったことを分かち合うことのできる賢者です。

彼は、自分の道を見出そうとしている人々を助けることのできる賢者です。普通このカードがリーディングに出てくるときには、自分のためにスペースを取ったり、外の影響を受けることが

となく自分なりの道や方向性を見出したりする、つまり、他人に合わせるために妥協することなしに、自分の真実を信頼するよう勇気づけられています。

ネガティブな意味合いでは、孤独や、人々から孤立するという意味になります。

●シンボル（占星術のシンボル：乙女座）

老賢者が、自らの光輝くランプで行く手を照らし、歩いています。彼は目の前にある蛇の巻きついたオルフェウスの卵に注意を向けていますが、それは、内なる知恵からやってくる新しい洞察を生み出す能力と変容のシンボルであると同時に、森羅万象の源泉、あるいは創造の神秘のシンボルでもあります。精子の細胞も、この自然の創造性との結びつきのイメージを最も高い意味合いにおいてサポートしています。

彼は腰をかがめ、白髪で、実った小麦の束に囲まれていて、このスペースが彼の成長の結果としてやってきた実りと成熟の時だということを示しています。

足元にいる三つの頭を持つ犬はギリシア神話の黄泉の国の番犬ケルベロスで、内面を見て、自身の存在の深みから学ぶことのできる能力を象徴しています。

ランプの明るい光以外、全体の色は地味でくすんでいますが、それは外の世界に魅力はないということを表しています。

● カレントライフ・リーディングのバリエーション……このカードが次の位置に現れたら

① 物の見方　今の時期の主な関心事は、自分といること、内側に何が起こっているかです。あるいは、あなたは孤立感や寂しさを感じているのかもしれません。

② コミュニケーション　今あなたは、自分で選んだにせよ、必然にせよ、あまり社交的ではないでしょう。もし選んだのであれば、自分といることを楽しんでいるでしょうし、必然ならば、切り離され、寂しく感じているでしょう。

③ 仕事　独りで仕事をしているのか、あるいは自分の仕事を自分なりのやり方でしているのでしょう。あるいは、今のあなたの仕事は、内側を見ること、自分に働きかけることなのかもしれません。

④ 内面の自己　内なる光としっかり結びついていて、おそらく自分といることを楽しんでいるでしょう。たぶん自分が誰で、人生の意味は何なのか、魂の探究をしているのでしょう。

⑤ 性エネルギー　これは他人とはあまり関係がないので、もし性的な関係性があれば、パートナーに対して少し分離感、距離感を感じているでしょう。このエネルギーは内に向かっていて、他の人に関わってはいません。

⑥ 身体　エネルギーはとても内面に向かっていて、自分とともにあります。それを尊重し、人といるときにちょっと居心地が悪くても、無理やり外に向けようとしないことが助けになるでしょう。

⑦ 主な関係性　関係性があるにしても、ないにしても、あなたは今、実際、独りです。外の状況がどうであれ、相手が身近にいないか、あるいはとても相手から分離しているように感じているかのどちらかでしょう。内なる存在とどうつながっているかによって、独りあることを楽しんでいるか、あるいは寂しく感じているでしょう。

132

⑧ **新しい見方** 今は独りなんだと、あるいは、自分なりの答えや理解を見出すために、内側を見る必要があるということを、ただ受け入れようと思ってみたことがありますか。

⑨ **マインド** 自分のためにもっと時間や空間が欲しい、たぶん我が道を行きたいと考えています。

⑩ **ピーク・エクスペリエンス** 今できる最高のことは、自分のために時間を取ることです。内面を見て、自分なりの答えを見出す必要があります。他の誰かとか、内なる存在以外の場所で、あなたが探しているものを見つけることはないでしょう。

⑪ **スピリチュアル・メッセージ** 存在は今、独りあることへと向かい、自分なりの答えを見出す時だと告げています。外側の何かで気晴らしをするのではなく、孤独に直面する準備をし、内面を見続けましょう。そこにあるものに「イエス」を言うことができれば、自分自身の存在に深く入り、独自の人になることができます。

⑫ **瞑想** 好むと好まざるとにかかわらず、あなたは独りです。おそらくあなたはそれがいやでしょう。この現実を避けようとするのでなく、そこから学びましょう。あなたの探しているものはすべて、内側にあるのです。

⑬ **概観** あなたは都会の真ん中で生き、仕事をし、親しい人に囲まれているかもしれません。それでもなお、あなたが主につながっているのは自分自身と、内側の世界です。あなたは我が道を見つけようとして、内を見ています。

10. 運命の輪（フォーチュン） X

課題：流れること

本質
- 流れとともに行く
- 生にくつろぐこと
- カルマ、運命

Fortune

●描かれている意味

マインドが知覚できるものよりも高い次元からすれば、生のすべてのものはそれ自体のタイミング、それ自身の意味や理由を持っています。私たちにはそれが何なのか、分からないことがよくあるがままにまかせられれば、生の流れは、私たちを行くべきところへ導いてくれるでしょう。これはまた、運命やカルマの法則と見ることもできます。それは、未来はたんに過去から生じるもので、受け入れてまかせる以外に何もすることはないという理解です。これは怠惰なあきらめではありません（ネガティブな意味では、そうなることもあります）。より正確に言えば、状況の適切さを見て取れる、高次の理解なのです。あるいは少なくとも、自分の計画通り物事が運ぶよう人生に強いる代わりに、存在に協力するということです。あるがままに「イエス」と言い、それが自分に役立つようにするのです。

このカードは、自分の意志や計画、コントロールを押しつけようとするのではなく、生がおのずから明らかになるにまかせ、流れとともに行くことからやってくる適切さを示しています。

134

ネガティブな側面としては、方向性の欠如、あるいは、楽な道を選ぶことによって、責任や行動を回避するという意味にもなります。

● シンボル（占星術のシンボル：木星）

カードの背景では稲妻が光り、エネルギーはつむじ風のように渦巻いていますが、十の輻（や）を持った運命の輪は回り続けています。これは、私たちの体験している出来事がどれほどドラマチックで、見たところ困難だとしても、すべては生の自然な流れの一部だということを意味しています。

運命の輪に乗っている三つの生き物は、生の自然な動きの異なる側面を表す三人のエジプトの神々です。これは一般的には、ヒンドゥ教神話学の三つの原理として知られているものです。つまり、創造の神ブラフマ、維持の神ヴィシュヌ、破壊の神シヴァです。

これはまた、宇宙の本質を構成する基本的特性として描かれる三つのグナ、つまり三つの属性であるラジャス（興奮、落ち着きのなさ）、サットヴァ（穏やか、バランスのとれた）、タマス（不活発、闇）でもあります。

こうした性質は、全体において、それぞれが本質的な部分であり、生はその間を自然に循環していきます。生とともに流れていくためには、それぞれが来ては去るのにまかせる必要があります。

●カレントライフ・リーディングのバリエーション……このカードが次の位置に現れたら

① **物の見方** 人生に対して、くつろいだ、気楽な見方をしています。ただ起こっていることとともに流れています。

② **コミュニケーション** 問題はありません。気楽に、人々とのつながりにおいて、流れにまかせています。あなたの人づきあいには、「楽なことが正しいこと」といった哲学もあるのかもしれません。

③ **仕事** 人生のこの領域には、ポジティブで楽な感じがあります。あなたは個人的な目標に煩わされることなく、起こっていることとともに流れています。あるいは、仕事がなくて、どうなるのかただ待って見ているのかもしれません。

④ **内面の自己** 内面で何が起こっていようと、そこにくつろいでいて、内側のプロセスがおのずから進化していくにまかせている感じがあります。

⑤ **性エネルギー** 異性との間に、気楽な結びつきがあります。何が起こっていようといまいと、問題をつくらないで、ただこのエネルギーがおのずから流れるにまかせています。

⑥ **身体** 心身が、ポジティブにシンクロしています。肉体のエネルギーが楽に流れていて、身体が心地よく感じられています。

⑦ **主な関係性** 相手との間に、気楽な流れがあります。おそらく何がやってきても、あるにまかせ、ともに流れているのでしょう。

⑧ **新しい見方** 起こっていることを止めようとか、コントロールしようとせず、流れの中で、ただくつろいでみてはどうでしょう。

⑨ **マインド** 物事がそれなりの道を進むにまかせたいと考えています。実際にそうしているかどうかは、別の問題ですが。

⑩ **ピーク・エクスペリエンス** 現状でできる最高のことは、状況がおのずから明らかになるにまかせることです。ただ邪魔をしないように。運命に道を譲ることです。

⑪ **スピリチュアル・メッセージ** コントロールのパターンを落とし、生の流れへとレット・ゴーする（手放す）とはどういう意味なのかを体験するよう勇気づけられています。自分のやり方から離れ、あなたを通して生が起こるにまかせましょう。

⑫ **瞑想** あなたにはどうすることもできない物事が起こっています。あなたの気に入ろうと気に入るまいと、物事はそれなりのタイミングで、起こりうる唯一のやり方で動いています。ただあるがままにまかせ、ともに流れていくことから学ぶことがたくさんあります。

⑬ **概観** 生はそれ自体のことを、それ自体のやり方でしていて、まかせること以外、何も求められていないという感じがあります。何であれ起こる必要のあることは、おのずから起こっています。

11. 熱望 XI（ラスト）

課題：エネルギッシュで、生き生きとした状態

●描かれている意味

このカードは、「生への熱望」と呼ぶとき、もっともよく理解できます。それは必ずしも生々しい性的な情熱とは限らず（それもありえますが）、むしろ、純粋な生命力、生のあらゆる物事を情熱的な出来事にする活力を表しています。伝統的なタロットでは、このカードは「剛毅」と呼ばれ、身体の中を自然に動く、生き生きとした生命力、動物的なエネルギーに明け渡すことからやってくる強さを表しています。生命力の基本レベルにあるものがセックスですが、生命力が道徳や宗教規範にコントロールされると、人生からあらゆる喜びに満ちた情熱が消え、火が絶えます。

このカードは、何が起こっているにせよ、それにトータルなエネルギーを注ぎ、こうした制限に満ちた観念を超えて生きる勇気を象徴しています。存在の動物的部分は、コントロールと抑圧によってではなく、受容と明け渡しによって飼い慣らされ、それによってこのエネルギーは、高次の領域へと上昇できるのです。「その男ゾルバ」の主人公は、このカードの本質をすばらしく表現しています。

本質

◆生命力、活力
◆生き生きすること
◆トータルなエネルギー
◆生きることへの情熱
◆セックス

Lust

ネガティブな意味では、興奮や官能にふけりすぎの状態にはまりこむ「セックス、ドラッグ、ロックンロール」というタイプのエネルギーを表すこともあります。

●シンボル（占星術のシンボル：獅子座）

このカードは、「美女と野獣」の神話の背景にある観念を表していると見ることができます。つまり、無垢な明け渡しによって、生々しい野獣のようなエネルギーがどう美しくされるのかという寓話です。美しい裸の女性が、たくさんの動物的なエネルギーを持ったライオンの背中にまたがり、陶酔し、感極まったようにのけぞっています。彼女は自分のすべての注意は、この変容に向けられています。もう一方の手には、ライオンの七つの頭に結びつけられた手綱を握っています。これらは、異なる人格の元型を表していますが、それがこのトータルな情熱によって単一のエネルギーへと溶け合っています。それはつまり、表現はさまざまでも、エネルギーは一つだということです。

背景にある合掌やぼんやりとした顔は、この生き生きとしたエネルギーへの明け渡しによって置き去りにされた、古い宗教と道徳の拘束を表します。

● カレントライフ・リーディングのバリエーション……このカードが次の位置に現れたら

① 物の見方　今、人生に対し、活発で元気な見方をしています。おそらく、勢いよくベッドから飛び起きていることでしょう。

② コミュニケーション　今、人と関わりに、たくさんのポジティブなエネルギーがあり、おそらくたくさんの時間を社交に費やしたり、人々と情熱的に生き生きと会話を交わしたりしているでしょう。ちょっと度を超すことがあるかどうか、ただ気づいていましょう。

③ 仕事　これは今、あなたにとってポジティブなエリアで、おそらく何をしていようと、そこにエネルギーが熱く注がれているでしょう。このようなトータルさは、きっといい結果をもたらします。

④ 内面の自己　あなたの中に、とても活力に満ち、生き生きとした感じがあります。それを使って何かをしなくてはと思わないで、内側でこのエネルギーを楽しむことができているでしょう。

⑤ 性エネルギー　基本的に、あなたはホットです！　セックスをしていなくても、していなくても、複数の人たちといようと、あなたにはたくさんの生き生きとしたエネルギーがあり、おそらく異性を引きつけたり、引きつけられたりしているでしょう。特定の人といようと、あなたの生き生きとしたエネルギーを引きつけたり、引きつけられたりしているでしょう。

⑥ 身体　肉体のエネルギーは今、とても自由で、生き生きしています。この活力を正しく使えば、どの瞬間も、どんな行為も喜びになるでしょう。それはまさしく、生命の歓喜と言えるでしょう。

⑦ 主な関係性　今、相手に対してたくさんの情熱があり、そうでなければそうあってほしいと願っていることでしょう。この情熱はベッドルームで起こっているかもしれませんが、そうでなければそうあってほしいと願っていることでしょう。この情熱は決して退屈なものではありません。

140

⑧ **新しい見方** トータルなエネルギーを、何であれ起こっていることに注ぎ、もうちょっと熱く動いてみてはどうでしょうか。

⑨ **マインド** 活力や情熱について考えています。あなたはそれを楽しんでいるのかもしれないし、あるいはそうしたいのかもしれません。もし後者ならば、それについて考えることが必ずしも助けになるとは限りません。

⑩ **ピーク・エクスペリエンス** 今できる最高のことは、起こっていることにあなたのエネルギーを十分に注ぐことです。理解やコントロールのための時ではなく、ただトータルにそれを生きる時です。あなたのエネルギーに入り込んでください。

⑪ **スピリチュアル・メッセージ** あなたのスピリチュアルな道は、人生への情熱を再発見することにあります。何があなたをワクワクさせるのでしょう。頭を使ってではなく、エネルギーの声に耳を傾けることで、あなたはそれを見出すことでしょう。もしそれが道徳観念に反することをしたり、そんな場所に行ったりすることだとしたら、そうした観念を捨てる時なのかもしれません。

⑫ **瞑想** トータルさが今、あなたにとっての瞑想の鍵です。唯一悪い行動とは、中途半端で分裂した状態でいることです。トータルなエネルギーで何かをする限り、何をするかは重要ではありません。

⑬ **概観** 何が起こっていようと、あなたは今、それを情熱的に生きているのでしょう。この場合、十分に生き生きとするという体験が、あなたを行くべきところへと導いています。あるいは、人生に対する情熱を持つという課題があって、それがあなたの注意をとても引きつけているのかもしれません。

12. 吊るされた人 XII（ハングド・マン）

課題：苦しみ

本質

◆ 困難や苦しみによる変容
◆ 不快なプロセス
◆ 古くさい条件づけの
　パターンに直面すること

●描かれている意味

変化や霊的な成長は、いつも楽なものとは限りません。変容のエネルギーを映し出しています。意識的になるプロセスには、内なる存在の中にある、幼児期や前世からの古い条件づけのパターンからやってくる暗闇に光をもたらすことも含まれます。こうしたパターンが無意識の深みにあるので、そうしたものが行動をコントロールしていても、概して私たちはそれに気づいていません。あるとき時期に、たいていは日常生活の中で、そうしたパターンがどれほどの制限や破壊をもたらしているか、意識的にそれらに直面する機会を得るのです。

『吊るされた人』のエネルギーは、こうしたネガティブなブロックや「悩みの種」を体験し、明け渡しとともに気づきをもたらすプロセスであり、それは変化のための唯一の方法です。エゴから十分な距離を取り、それが演じるゲームを見て、手放すのです。これは、古いものはもうしっくり来ないけれども、新しいものも見つかっていない状況であり、そのために私たちは世の中で逆さ吊りにされたように感じるのです。

これは人生の困難を通して学び、成長するプロセスです。状況や人によって、このプロセスは肉体的にも、感情的にも、精神的にも起こりうるでしょう。ネガティブな側面では、学ぶことなく苦しむこと、必要のない苦しみを表します。

●シンボル

このカードは、エゴ、あるいは特定のエゴ・トリップ（自我の思い込み）の磔(はりつけ)と見ることができます。裸の男（むき出しのエゴ）が逆さに吊られ、釘づけにされ、身動きできない状態です。目、鼻、耳、口はないのか、あるいは閉ざされていますが、それは内なるプロセスを体験するために、感覚がすべて内側に向けられていることを表しています。彼は、全面的に状況に明け渡すよう強いられているのです。彼が吊るされているのはエジプトの十字架（輪つき型の十字架で、逆さまになっている）で、創造性と成長を可能にする、尽きることのない生命力のシンボルです。

ヘビが頭の下でとぐろを巻き、また足に巻きついていますが、それはこのプロセスを通して手に入れることのできる潜在的な変容のエネルギー（新しいものに道を譲るために古い皮を脱ぎ捨てる能力）を表しています。頭から注ぎ出している筋状のエネルギーは、この変容が主にマインドの中で起こっていることを示しています。吊るされた身体が正三角形を形づくり、十字架を覆っていますが、それは闇を救うために降りてきた光の、古代からのシンボルです。背景にある格子模様は、もはやしっくり来なくなった人格のパターンと社会的因習の構造、あるいは「融通の利かなさ」を表しています。

● カレントライフ・リーディングのバリエーション……このカードが次の位置に現れたら

① **物の見方** あまりいい時を過ごしてはいませんね！ 実際はどうであれ、何もかもうまく行っていないという感じです。これはただ、人生に対する姿勢にすぎないことを覚えておきましょう。他の場所のカードを見て、あなたの苦しみが現実に根拠を持つものか、あるいはただの見方にすぎないのか、チェックしてみてください。

② **コミュニケーション** 人といて、困難を感じています。自分を表現したり、理解してもらうのは、あなたにとって明らかに厄介です。たぶん古いつき合いのゲームはもうできず、新しい関わり方もまだ見つかっていないのでしょう。

③ **仕事** 仕事に変化が起こっていて、おそらくかなり嫌な感じでしょう。古い状況がもうしっくり来ないのか、実際的な意味で何かが変わって、あなたにとって大変なのでしょう。この機会を学びに使えるといいのですが。

④ **内面の自己** 自分に関する多くの困難に直面しています。おそらくもう役に立たなくなった古い習慣や条件づけを見ているのでしょう。嫌な感じだとしても、あるレベルでは、あなたがこれを見て、対処することを選んだと認めることができるでしょう。

⑤ **性エネルギー** 異性との結びつきか、自分の基本的な生命力とのつながりに関して、困難なプロセスをくぐり抜けています。それは性的なパートナーか、内なるパターンに関することでしょう。

⑥ **身体** 今、大きな変化をくぐり抜けていて、それが主に身体に現れています。何らかの病気になっているかもしれません。いずれにしても、身体に特別なケアをする必要があります。もっと自分の感じていることにチューニングを合わせ、それを表現する方法を見つけるといいでしょう。抑圧された感情エネルギーは肉体レベルで処理されるしかなく、身体に問題を生み出します。

144

⑦ **主な関係性** 相手といるのが困難な時期です。苦しんでいるあなたの一部はおそらく、古い条件づけのパターンとつながっているということを知ってください。今はそれに気づく機会です。

⑧ **新しい見方** この状況の中で、抑圧したり抵抗したりするのではなく、困難を通して学ぶこともできると、考えてみたことがありますか。

⑨ **マインド** 苦しんでいると「思って」いますが、あなたの頭の中だけのことかもしれません。

⑩ **ピーク・エクスペリエンス** 今できる最高のことは、今ある苦しみを体験し、それとともにいるのを許すことです。この状況を通して、たくさんの変容が起こりえます。

⑪ **スピリチュアル・メッセージ** 今は人生における大きな変容の時であり、おそらく楽ではないでしょう。存在はあなたに、物事をいい状態にしようとか、古傷にばんそう膏を貼ろうとしないで、起こっていることとともにいて、そこから学ぶよう勇気づけています。本質的な変化はほとんどいつも何かしら困難なものですが、そこでこそ私たちは成長するのです。

⑫ **瞑想** 今のあなたの問題が、肉体的、感情的、精神的—どんなものであっても、大きな学びの体験だと知って、それを瞑想にしてください。最も大きな過ちは、自分への気づきを持たずに苦しみ、それから学びそこねてしまうことです。

⑬ **概観** あなたは今、楽な時を過ごしてはいません。それはただそうなのです。古いやり方はもはやうまくいかず、しっくりしなくなって、人生に不快な変化が起こっています。もしもこの困難を建設的に使うことができれば、それはあなたの人生の方向性全体を変容できると覚えておくことが、助けになるでしょう。

13. 死(デス) XIII

課題：死

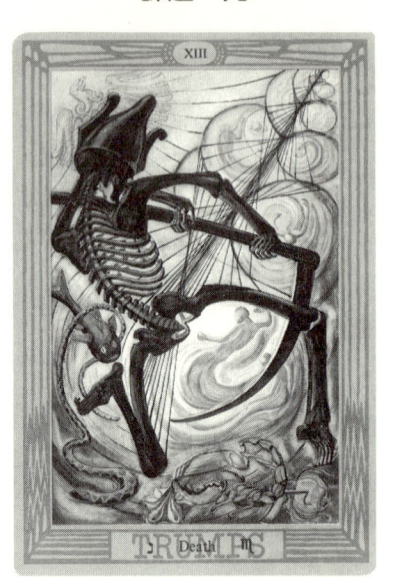

本質
- ◆ 何かの終わり、死
- ◆ ギャップ（空白）や空虚
- ◆ レット・ゴー（手放す）

●描かれている意味

生は変化のプロセスであり、一つの出来事から他の出来事へ、一つの関係性から他の関係性へ、一つの段階から他の段階へ、そして究極的には、一つの肉体から他の肉体への移り変わりです。新しいものが生まれることができるよう、古いものから自由になることが、こうした変化に不可欠です。

このカードは、新しいものがやってくることを抱くように、なじみのあるもの、分かっているもの、ひとつの物事を終える行為あるいは段階を表しています。私たちは肉体の死に恐れを抱くように、次に何がやってくるのか、分からないからです。けれどもこうした死をくぐり抜け、多くの場合それに続く空虚な状態にいることを許さないかぎり、生はよどみ、とどこおってしまいます。この現実に対して比較的心地よくあるためには、その必要性を見る必要があります。つまり私たちの生から去ろうとしているものは、自分が選んだのではないにせよ、物事の大きな枠組みにおいては、もう妥当ではないと信頼することです。

このカードはまた、悲嘆のプロセスを表すこともあります。

146

● シンボル（占星術のシンボル：蠍座）

鎌を手にし、毅然と立つ黒い骸骨は、実りを刈り取る神話上の死神です。それと同時に、死者の魂（霊）が上方へと動き、別の形に生まれ変わる準備をしています。

このカードは浄化の原理を表しています。死んで腐ったものが、これから育とうとしているものの肥料となるのです。『死』は、占星術では蠍座によって表わされますが、サソリは昔、自然研究家によって、窮地に追い込まれると自殺する生き物だとみなされていました。

カードの下のほうには、尾の針で刺そうと身構えているサソリが描かれています。古い皮を脱ぐヘビは、死んだものを手放すことを表し、また死神の冠から現れ出ているフェニックス（不死鳥）あるいは鷲は、死のプロセスにおける変容と、より高次の姿への再誕生を表しています。

死神の冠はエジプトの葬式で頭にかぶるもので、マインドの古い概念や観念を手放すことによって起こる意識の拡大を表しています。枯れかけたユリの花は、命あるもののはかなさを、キリスト教のシンボルである魚は、うつろう感情のみならず、復活も表しています。

147　第1章　大アルカナ

● カレントライフ・リーディングのバリエーション……このカードが次の位置に現れたら

① **物の見方** たぶん、大きな喪失や変化があって、それがあなたの人生の見方全般に影響を及ぼしているのでしょう。あるいは他の理由によって、ひどく「空っぽ」な感じなのかもしれません。

② **コミュニケーション** 何かが切り捨てられたような感じがあります。たぶん古い関わり方、古いパターンを手放し、人とどうつき合ったらいいのか分からないのでしょう。あるいは、交友関係に実際に変化が生じた結果、孤立感や、人から切り放された感覚があるのかもしれません。

③ **仕事** 好むと好まざるとに関わらず、仕事や、これまでしてきたことの何かが終わりました。仕事そのものか、失業したか、その一部を失ったのかもしれませんが、いずれにせよ、大きな変化を意味しています。

④ **内面の自己** 深い内なるレット・ゴー（手放し）が、あなたに強く影響しています。自分の内側に、ある種の死を見ています。

⑤ **性エネルギー** 生のこのエリアに、切り捨てられたような感じがあります。性的な関係が終わったか、執着していた相手がいなくなったと感じているのでしょう。

⑥ **身体** 身体にある劇的なことが起こったか、あるいは人生の何かを手放したことが、肉体のエネルギーに強い影響を与えています。お大事に。

⑦ **主な関係性** あなたの近くにいた人は、もういません。おそらく、この喪失に関するトラウマ（精神的外傷）の感覚があるでしょう。

148

⑧ **新しい見方** 何であれ、今関わっているものは、実は死んでいるか、すでに終わっていると、考えてみたことがありますか。

⑨ **マインド** 何かが終わったり、誰かを失うことについて考えています。それは起こったことか、起こってほしいと思っていることでしょう。

⑩ **ピーク・エクスペリエンス** あなたができる最高のことは、現状において何かが終わったのを体験することです。それはもうすんだことです、手放しましょう。そうすれば、新しいもののためのスペースが生まれます。恐怖のために、このパワフルな現実を避けないように。

⑪ **スピリチュアル・メッセージ** 存在は、あなたに無の中へと動いていくよう勇気づけています。これを手放し、たぶん悲しむプロセスを通り抜けることで、ちょっとわびしく感じられるかもしれませんが、それは再生と霊的な成長をもたらすパワフルな時へと通じているのです。過去はもう役には立たないし、未来はまだやってきてはいません。

⑫ **瞑想** 何か、あるいはある関係性が死んでいます。大きな成長が起こります。気づきとともにそれを行い、瞑想にしましょう。

⑬ **概観** 人生の何かを失ったか、終わったという感じがあって、それがあなたの存在のあらゆる側面に影響を与えています。あなたの未来の方向性は、この死から明らかになっていくでしょうが、今のところはおそらく空っぽな感じでしょう。

14. アート XIV

課題：統合

本質
- 統合、総合
- 錬金術的な変化
- 物事を一つにすること
- 精製する、料理する
- 消化すること

● 描かれている意味

このカードは、異種の、異なる要素を統合、総合するプロセスを示しています。私たちの本性や状況の異なる側面が、変化のプロセスの中でとても微妙に結び合わされるために、錬金術的とも呼べるものです。これは大きな変化（死）の結果として可能となるもので、そこでは私たちの内側の生と外側の生があまりにも違うために、新しい状況の要素を消化して確固たる状態へともたらすのに一定の時間を要するのです。

この統合のプロセスは内なる存在に変化をもたらしますが、とても微妙で内面的なので、私たちには何が起こっているのか把握できません。けれどもそこから、自分自身や自分の人生の大きな変化を体験するのです。ある いは、「何か」が起こっている感じはあるが、その状況がまだ「料理されて」いるところで、よく分かっていないということもあるでしょう。それは存在や状況の粗雑な要素が、より純化された、まとまりのある全体へと精製されるプロセスでもあります。このカードは他のタロットでは、伝統的に「節制」と呼ばれていますが、これは何か、たとえば金属を精錬することを表しています。

ネガティブな意味では、あまりにも手を加えたりして、薄まったり、弱まったりすることを示すこともあります。

● シンボル（占星術のシンボル：射手座）

このカードに描かれている姿は錬金術師で、彼らの技術とは、対極のものを総合することによってさらに高次で純粋なものをつくり出すことでした。彼は『恋人たち』のカード(アート)で結婚した二人が、最終的に合一した存在です。彼らは両性具有の姿となり、一方の側が白い腕を持った黒い顔、もう一方はその反対になっており、この総合が男女間だけではなく、心理的な異なる側面のものでもあることを示しています。ドレスは自然と創造性を表す緑色で、結婚したカップルのローブに見られたミツバチ（自然界の偉大な錬金術師の一つ）とヘビが一面に描かれています。

錬金術師の至高の目標は、卑金属を金に変えることでした。ここで彼は火と水を蒸気に変えていますが、それは黄金の大釜から矢の形として立ち昇り、ケープの形となって肩を覆っています。

このカードにあるシンボルは、すべて対極の統一に関するものです。ライオンとワシは、占星術において火と水のシンボルですが、錬金術によって色が互いに入れ替わり、獅子座のライオンが水の色、蠍座のワシが火の色になっています。黄金の大釜には、死のシンボルである頭蓋骨にとまっている、生のスピリットのシンボルであるカラスが描かれています。頭蓋骨はまた、死に続く純化の錬金術的なプロセスを思い起こさせます。

黄金の太陽には、ラテン語でこう記されています。

「大地の内なる領域を調査せよ。浄化により、内に賢者の石を見出すであろう」。

● カレントライフ・リーディングのバリエーション……このカードが次の位置に現れたら

①物の見方 おそらく人生に、あるプロセスや微妙な変化が起こっている感じがしているでしょうが、それが何なのかはあまり定かではありません。

②コミュニケーション 人との関わり方に、微妙な変化が起こっています。あなたにとってまだ新しい、人とのあり方を統合しているところなのでしょう。

③仕事 あなたがしていること、あるいはそれをやる方法を統合する時です。自分ができることの異なる側面を、統合された状態へとまとめ上げたいと感じているのかもしれないし、あるいは仕事の状況で起こっている、ある変化を消化しているところなのかもしれません。

④内面の自己 今、微妙な内面の統合や料理が起こっていて、おそらくそれがあなたという存在の純化へと導くことでしょう。

⑤性エネルギー 性エネルギーに、錬金術的な変化が起こっています。あなた自身の生命力とプログラミングに関することか、あるいはパートナーとの性的な結びつきに関することでしょう。どちらにせよ、このエネルギーをより精妙な形で使うことへと導かれるでしょう。

⑥身体 肉体的に、微妙な変化が起こっています。身体全体に消化や総合のプロセスが起こり、エネルギーが純化されています。これが肉体的な症状として出ていたら、気遣ってください。けれども心配はいりません。

⑦主な関係性 人生における親密な相手との関わり方、あるいは親密さ全般において、純化のプロセスが起こっ

152

⑧ **新しい見方** 起こっていることを統合するために、ちょっと自分に時間を与えてみてはどうでしょうか。てきています。実質的な変化が起こって、あなたはまだそれを統合しているところか、あるいはそれは、相手といることからやってくる、エネルギーと人格の中での自然な調整なのでしょう。

⑨ **マインド** 自分自身、あるいは、自分の人生において逆説に見えるものを、どう一つにまとめるかについて考えています。あるいは、こういうことが起こっていると信じているのでしょう。

⑩ **ピーク・エクスペリエンス** 現状でできる最高のことは、無理強いしたり、変化を起こそうとする代わりに、何が起こっているにせよ、消化し、統合する時間を自分に与えることです。

⑪ **スピリチュアル・メッセージ** 存在は、人生のこの時を、内なる錬金術のために使うことを勇気づけています。大したことは起こっていないように感じられるかもしれませんが、こうした微妙な総合が起こるためにたくさんのスペースを与えれば、あなたの人格の粗野な部分や、ライフスタイルの中の極端なものはただ溶け去り、自分がもっと全体となり、統合された感じになることが分かるでしょう。

⑫ **瞑想** おそらく消化し、統合する時間が必要な、外的な状況に直面しているのでしょう。あるいは、あなたの人格や人生の中の極端なものにバランスを取る機会があるのかもしれません。いずれにせよ、考えることと感じることの振り子につかまらないことを瞑想にしてください。

⑬ **概観** あなたが今くぐり抜けている統合と総合のプロセスが、あなたの未来への入り口です。

15. 悪魔 XV (デヴィル)

課題：現実の受容

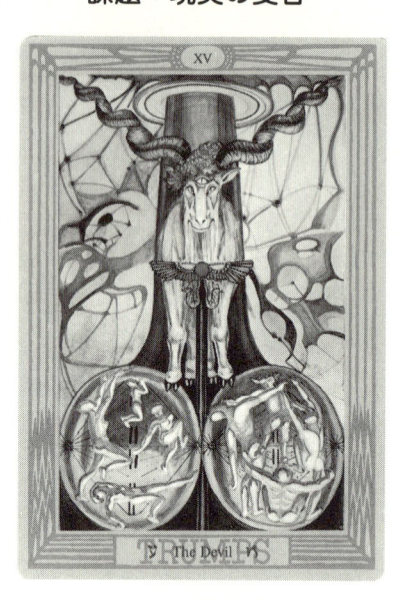

本質
- 基本的な現実
- 如性（あるがまま）
- あるがままを受け入れる
- 制限に対処する

The Devil

● 描かれている意味

このシンボルが、大アルカナの霊性の旅のかなり後で現れているのに目をとめるのは、意味深いことです。これまでの十五枚のカードでとても多くのことが起こって、今、私たちはただあるがままの状態にたどり着いたのです。私たちは、現実とは明らかなものだと考えているかもしれませんが、実際に物事をあるがままに見るためには、大変な明晰さと気づきが必要とされるのです。この受容が本物で深いものならば、そこにはユーモアが感じられるでしょう。なぜなら、どうして物事が実際あるがまま以外のものになりうるというのでしょうか。分かり切ったことではありません！

知識人は哲学的に思索し、理解し、判断を下し、その結果生をつくり変えようと懸命になるあまり、単純な現実との接触をなくしがちです。そして最も単純な現実の一つは、肉体という事実と制限であり、それが私たちを今ここでこの地上に、実際にあるものにつなぎ止めているということです。それによって私たちは、あるがままの事実を受いう現実、人生の事実性、生の純粋な物質的側面に気づかされるのです。このカードは、あるがままの、誕生と死と

け入れ、体験する能力と、そこからやってくる明晰さと洞察を象徴しています。思考と感情に邪魔されないで、純粋に体験するということです。ネガティブな意味では、物質的なものにはまりこみ、制限された状態にもなります。

●シンボル（占星術のシンボル：山羊座）

このカードに描かれている姿は、官能とユーモアのギリシアの神パン（牧羊神）です。中世において、道徳主義的な価値判断を持ったキリスト教会が西洋社会を支配し始め、肉体の歓びやその他の地上的な快楽という質は非難されるようになりました。このため、こうした快楽のシンボルであるパンは、善なる神に対する闇の力である悪魔と結びつけられるようになったのです。

彼の大きく開いたサード・アイ（第三の目）は、身体にいることが教える現実を受け入れた時にやってくる、内的なクリアな視力を表しています。ほくそ笑んだ口元は、この受容からやってくるユーモアを示しています。カードの中央の円柱は、男根のシンボルで、根元は褐色の大地の奥深くにもぐり込み、女性的な開口部を通して天に達し、地上の現実とスピリット霊とを結びつけています。下にある球は睾丸で、四人の男性と女性の形をした精子は身体に閉じ込められていますが、天国に生まれる準備ができています。これは、低次の現実と高次の現実の結びつきと、これを受け入れたときに可能となる崇高な状態を表しています。

パンの前にあるものは、多くのカードに見られるカドュセウスの杖です。

●カレントライフ・リーディングのバリエーション……このカードが次の位置に現れたら

① **物の見方** 物事をあるがままに見て、対処しています。

② **コミュニケーション** 自分なりの人との関わり方を受け入れています。ときとして限界を感じることがあるかもしれませんが、おそらくあなたは他の人たちに対して実際的で、地に足が着き、現実的です。率直にものを言っています。

③ **仕事** 自分のしていることに少し限界を感じているかもしれませんが、状況の現実をありのままに体験し、受け入れています。

④ **内面の自己** 自分に対する見方において、あるレベルでの自己受容があります。あなたは自分の内なる現実と制限を体験しています。ユーモアをもって、そうしているといいのですが。

⑤ **性エネルギー** 性的なパートナーシップについて、あるいは、自分のセクシュアリティのパターンについて、ある種の現実に直面しているのでしょう。

⑥ **身体** あなたは今、しっかり身体の中にいます。それが、ある肉体的な限界を受け入れることを含むとしても、です。

⑦ **主な関係性** ある種の制限を受け入れることを含め、親密な関わりの現実に気づいています。つまり、あなたはロマンチックな夢に我を忘れてはいません。

156

⑧ **新しい見方**　現実を確認してみようと思ったことがありますか。物事は、あなたの考えとは違っているかもしれません。

⑨ **マインド**　物事を現実的に見ていると思っています。

⑩ **ピーク・エクスペリエンス**　現状においては、実際の現実を見て、受け入れること以外、何もすべきことはありません。物事はたんにあるがままであり、あなたがそれを体験しないかぎり、何一つ変わらないでしょう。

⑪ **スピリチュアル・メッセージ**　存在は今、現実を再確認し直すよう求めています。何かをしようとか、変えようとするのではなく、自分と自分の人生のあらゆる側面を見て、実際に何が起こっているのか体験してみることです。今までは見ることができなかった、とても明らかなものが見つかって、びっくりすることでしょう。

⑫ **瞑想**　おそらくあなたは、今起こっていることが気に入らないか、それに制限されていると感じているのでしょう。それゆえ、そうではないというふりをしたり、それを変えようとするのに忙しいのです。実際のところ、自分の判断なしに現実を受け入れ体験するまでは、何一つ変わりません。あなたがそうするならば、今のこの状況から、大きな成長が可能になります。

⑬ **概観**　今あなたは、自分や自分の人生に関する何らかの現実を体験していて、それが未来の方向性の鍵を握っています。

16. 塔（タワー） XVI

課題：崩壊

本 質

◆ 大きな変容
◆ 古いものの崩壊
◆ 物事が崩れ落ちる、カオス（混沌）
◆ より深い真実への道をつくるために、古い自我のパターンが壊れること

●描かれている意味

これは劇的な変化と、強烈な変容を示す主要なカードです。古い状況、古い生き方、古い思考パターンがもはや状況になじまず、新しいものがやってくるために破壊されている、そんな時を表しています。外側や内側の安全が取り去られ、世界に対する従来の見方はもはやふさわしく感じられず、物事がただ崩れ落ちていく時に体験されることでしょう。マインドの中の古い習慣やパターンがはがされることで、現実に対するよりクリアな見通しが起こる時です。

マインドはこんな時、何か悪いことが起こっていると判断しがちですが、このカードは混沌とした状態を許すこと、そして存在が取り去ろうとしているものは、内と外を問わず、もはや時代遅れで不必要だと信頼することを思い出させてくれます。このプロセスは私たちの存在の最も深い部分での気づきの結果としてやってくると覚えておくと、助けになることもあるでしょう。これは、あるレベルで準備ができていなければ起こらないのです。

ネガティブな意味合いでは、『塔』は盲目的で無意味な破壊を表すこともあります。

158

●シンボル（占星術のシンボル：火星）

崩壊している塔は、破壊されていく古い形を表しています。これは、人格の構造や古い条件づけのパターン、あるいは人生の中の実際の状況かもしれません。時代遅れの構造を焼き尽くそうとしています。カードの下の隅に激しい炎を吐いている赤色で、幾何学的なスケッチのような四人の人形が塔から投げ出されていますが、それはもはや必要ではなくなった、存在や状況の中の表面的な精神、感情、肉体、魂という側面を表しています。つまりこの破壊は、現実的な、本質的なものではないのです。

上方にある大きく見開いた目は、ヒンドゥ教の破壊の神シヴァのパワー、あるいはエジプトの知覚の神であるホルスの目と見ることができ、内なる明晰さゆえに、この再構築が起こるにまかせています。ライオンの頭を持ったヘビはアブラクサス神であり、物質と魂、生と死を一つにする拡大した意識（後光）を表しています。オリーブの枝をくわえているハトは、こうした混沌の中でも、気づきを持って起こっていることに明け渡すならば、私たちは安らぎ、自分に優しくあることができると示唆しています。

●カレントライフ・リーディングのバリエーション……このカードが次の位置に現れたら

① 物の見方　人生は混沌として見えます。おそらく物事は何一つあるべき状態ではないように思えて、ひどく気持ちが落ち着かないことでしょう。ほとんど人生そのものが崩壊していくような感じかもしれません。

② コミュニケーション　人生のこの領域に大きな困難があり、きっと人とあまりうまくいっていないでしょう。おそらく普段のつき合いのパターンはもう役に立たず、もっと正直なつき合い方を見つけようとしていますが、その前に、そのパターンが崩れるにまかせるという居心地の悪いプロセスをくぐり抜けているのでしょう。

③ **仕事** 仕事そのもの、あるいは何の仕事をどのようにするかという考えに、大きな変化が起こっています。おそらく今は、古い安心の多くが取り去られ、すべてが崩れていくということ以外、何が起こっているのかよく分かっていないでしょう。

④ **内面の自己** 内なる存在において、大きな再構築が進んでいます。内側のリアルで真正な部分により深くつながる空間をつくるため、古い人格パターンがはがれていっています。おそらく今は混沌とした感じでしょうが、準備ができていなければ、こうしたことは起こらないと思い出すことが助けになるでしょう。

⑤ **性エネルギー** 古い性的条件づけのパターンや、さまざまな演技のゲームが大きく変わろうとしています。もしパートナーがいれば、関係性の土台そのものが崩れ落ちているのかもしれません。いずれにしても、あなたの異性とのつながりが、根本レベルから変容していると知ってください。

⑥ **身体** 肉体のエネルギーが、大きく再構築されつつあります。何らかの病気や不調の原因になるかもしれません。自覚症状があろうとなかろうと、今は身体によく注意を払い、必要なものを与えて、面倒を見てあげましょう。

⑦ **主な関係性** あなたの関係性、あるいは相手との関わり方が、大きく変化しています。相手との古い習慣もうまくいかないので、古いゲームは安全ではなくなっています。この状況からどんなことが起ころうと、より深い真実に基づいたものだと信頼できるといいのですが。

⑧ **新しい見方** 物事をうまくまとめようとするのではなく、ただ崩れるにまかせてみてはどうでしょうか。

⑨ **マインド** 精神的につらい時を過ごしています。おそらくすべてがちぐはぐで、何が起こっているのか、あるいは内面の状態がそうないという感じでしょう。あなたの周りの物事が崩れ落ちていると思っているのか、

⑩ **ピーク・エクスペリエンス** この状況でできる最高のことは、物事はこうあるべきだというあらゆる思い込みが落ちていくにまかせ、後に何が残るか見てみることです。今はあなたにとって、強烈な浄化の時です。概念や安全性、執着や所有物といったものを手放せば手放すほど、この状況においてより真正なものへと近づいていけるのです。

⑪ **スピリチュアル・メッセージ** 今は、あなたにとって大きな変化と癒しの時です。もしあなたが望むなら、そこにトータルに入っていき、人生のある側面が崩れるにまかせましょう。焦点を成長という根本的なコミットメントに向け続け、落ちていくものは何であれ、非本質的なものだということを信頼してください。

⑫ **瞑想** 物事をうまくまとめようとする傾向に屈してしまわないように。困難なことでしょうが、今のあなたの瞑想は、コントロールを落とし、人生のある側面が混沌とするにまかせることです。

⑬ **概観** たくさんの古い「もの」が落ちている激動の時で、未来の方向性はおそらく混沌としているでしょう。これが高次の気づきの場所からやってきているということ、そして事が起こるにまかせることから、人生のより深い真実へとつながる扉が開くということを、あなたが見ることができればいいのですが。

17. 星(スター) XVII

課題：信頼

本質
◆ 信頼
◆ 自己信頼、
◆ 存在を信頼すること

The Star

● 描かれている意味

このカードは、真の信頼を体験した時にやってくる、内なる美と確信を象徴しています。これは、願望の実現を期待するという信頼ではなく、物事がどうなろうと、それは適切に違いない、なぜならシンプルに、それが起こっていることなのだからという、高次の信頼です。こうした信頼は、個人的な意見や、善悪の概念を超えたところへと私たちを連れていきます。それは、私たちの人生は偉大なもの、彼岸のものと分離してはいないという体験的な理解とともに明らかになる境地です。

これは善や高次の力への信頼からやってくるものでもあるし、あるいは私たちが自らの本性とつながっているときに存在に波長が合って一つになっているというシンプルな気づきでもありえます。ここから私たちは、生の旅に起こるあらゆることは、エゴや人格よりも偉大なところから現れると知るのです。自分だけで頑張る必要はありません。これは物事のリアルな姿に対するクリアな知覚だけでなく、内面への大きな信頼と、人生におけるくつろぎの感覚を与えます。この『星』のカードはこのレベルでは、私たちが個人的な欲望や恐怖を脇に置き、

162

人生の出来事に対し、存在が自分を通ってこの地上で形になっていくにまかせることのできる、純粋な信頼の状態を表しています。

一般的なリーディングでは、このカードはあらゆる次元における信頼を表します。そこには、にせものの信頼というネガティブな側面も含まれます。それは真に責任を取ることを避ける破壊的な希望、世間知らずという側面です。また、不信という課題に対処するという意味もあります。

●シンボル（占星術のシンボル：水瓶座）

この人物は空の女神ヌイトであり、また占星術の水瓶座、水を運ぶ人です。彼女は神聖なエネルギーがこの地上で形となるための通路の役割を演じ、両手に感情のシンボルであるカップを手にしています。そこから螺旋状に渦のようなエネルギーが天から大地に注いでいますが、彼女はカップの中に映し出されている星が表す神聖なインスピレーションに焦点を合わせ、トータルな信頼とともに、地上にエネルギーを一瞥もすることなく、そのエネルギーが地上でおのずから形になっていくにまかせているのです。そのエネルギーは地上に届くにつれてクリスタルを形づくっていますが、それはこうした信頼によって生まれる明晰さを表しています。

カードの脇に描かれた花と蝶は、開花と、変容（蝶）の象徴です。興味深いことに、このカードのエネルギーはすべて、アインシュタインが計算によって導き出した宇宙の基本的な運動の形である螺旋を描いています。このカードの色彩は、ヒンドゥ教のエネルギー・システムで高いチャクラを示すために通常使われているものです。

●カレントライフ・リーディングのバリエーション……このカードが次の位置に現れたら

①物の見方　あなたは物事を流れるにまかせ、人生をとても信頼しているようです。これはすばらしいことかもしれませんが、この信頼が本物かどうか、チェックしてみてください。対処したくない問題があって、責任を取ることを避けているのかもしれませんから。

② **コミュニケーション** おそらく自分と周りの人々に対する信頼があって、調和の感覚が感じられます。あなたにはこの信頼が偽物ではないかどうかが分かるでしょう。

③ **仕事** 何をして、どんな方向性へと動いているにせよ、大きな信頼と自信が感じられます。インスピレーションを受け取っている感じがあるか、あるいはどんなプロセスを経ているにせよ、ただそれを信頼しているのかもしれません。この信頼が破壊的な希望でないかどうか、アドバイスのカードをチェックしてみましょう。

④ **内面の自己** 今のあなたには、とてもすばらしい自己信頼と自信の質があります。これはエゴによるものではなく、エゴを離れ、存在があなたを通って現れるにまかせるところからやってくる自信です。

⑤ **性エネルギー** 自分の基本的な生命力を真に信頼し、そのために、性エネルギーがおのずから愛へと動くことができているのでしょう。そんなときには、セックスの行為や相手との関わりを楽しむこともできますが、そうしたことを必要とはしていません。もし性的な関係があれば、パートナーに対し、エネルギーのレベルで深い信頼があります。あるいは、自分のセクシャリティやパートナーを信頼するという課題に向き合っているのかもしれません。

⑥ **身体** 肉体のエネルギーに「イエス」と言っていて、マインドが肉体をコントロールしようとしてはいません。あなたはまさしく身体を信頼していて、そのためにおそらく、自信に満ち、身のこなしに優美さが感じられていることでしょう。

⑦ **主な関係性** 人生の中で最も大切な人を信頼しています。この信頼の質によって、どんなことが起こってきても対処できるでしょう。親密な関係性がなければ、それでいいと信頼し、おそらくその信頼は、あなたの最も親しい人たちへと向けられています。

164

⑧ **新しい見方** 分かろうとか、変えようとかしないで、起こっていることをただ信頼したらいいと思ったことがありますか。

⑨ **マインド** 起こっていることを信頼すると決めたか、少なくともそうしたいと望んでいます。ときには、信頼にかこつけて、責任や行動を避けようとすることもあります。

⑧ **新しい見方の**カードから、それが有効な選択かどうかをチェックしてみましょう。

⑩ **ピーク・エクスペリエンス** 今、この状況においてできる最高のことは信頼です。起こっていることを理解しようとか、変えようとしても、うまくいかないでしょう。マインドが逆のことを言いたがっているとしても、起こっていることは何も悪くないのです。

⑪ **スピリチュアル・メッセージ** 存在は、あなた自身と人生が向かっている方向性について、信頼へと深く入っていくことを勧めています。物事は何の脈絡もなく起こっているように見えるかもしれないし、何が起こっているか、あなたにはまったく分からないかもしれません。けれども分かる必要はないのです。あなたは自分の個人的な欲望や恐怖より高いものとひとつながりになっているということ、そしてすべては起こるべくして起こっているのだと信頼してください。

⑫ **瞑想** おそらくあなたの気に入らない、あるいは理解できないことが起こっていると感じる人が周りにいるのでしょう。けれどもあなたの今の瞑想は、意識的に信頼を持つという行為です。その感覚へと繰り返し気づきを戻し、疑いを脇に置くようにしましょう。

⑬ **概観** あなたが自分の人生の向かっている方向をただ信頼しているといいのですが。確かなのは、人生に起こっていることに対する信頼、あるいは信頼の欠如が、あなたの直面している主な課題だということです。

165　第1章　大アルカナ

18. 月(ムーン) XVIII

課題：未知なるもの

本　質
- ◆ 無意識のマインド
- ◆ 未知あるいは不可知のもの
- ◆ 神秘的あるいは隠れたもの

The Moon

● 描かれている意味

『月』は、無意識、つまり、文字通り私たちの意識的な気づきでは手の届かないマインドの領域の象徴です。実際のところ、私たちはほとんど認識していませんが、マインドのほとんどの部分を占めているこの無意識が人生の大半を支配しているのです。何が起こっているのか、なぜ自分はあることをするのか、私たちは分かっていると思っていますが、実は、私たちの行動や動機や感情的な反応のほとんどは、無意識に貯えられているプログラムや情報からやってきます。この広大な情報の貯蔵庫には、私たちがこの人生で、またおそらくは別の人生で学んできたすべてと、今まで体験してきたすべての状況が含まれています。意識的になるということは、この地下室に気づきの光をもたらすという、ほとんど終わることのないプロセスなのです。

『月』はまた、何が起こっているのかを理解したり知ったりできない状態、そしてこの未知なるもの、このあいまいで不明瞭なスペースを受け入れざるをえないという状態を表しています。たとえば、新しい人生や新しい理解の局面へと移っていく前には、なじみのある古い領域から離れ、今までいたこと

166

●シンボル（占星術のシンボル：魚座）

カードの両側で、二人の番人が見張り小屋に立ち、三日月へと続く狭い道を守っています。月は、未知の、無意識のマインドのシンボルです。ジャッカルの頭をもつこの番人は、エジプトの死の神アヌビスであり、黄泉の国への道を守る、神話上の番人です。足元にいる野犬は、準備ができる前に門をくぐろうとする者がいれば飛びかかろうと待ち構えています。ふさわしくないとき、たとえば強力なドラッグなどを使って、未知の、無意識の次元へと入っていくのは、危険なことになりかねません。文字通り、気が狂ってしまいかねないのです。カードの下の、濁った水にいるスカラベは、エジプトの、生の変容と復活の神ケプリの象徴です。スカラベは一生の間、前にある糞の玉を押しますが、ここでは光のシンボルである太陽を押して、隠れたものがあらわになるよう、無意識が意識化されるよう、黄泉の国の暗闇へと入っていこうとしています。カードのこの部分にある波形は、睡眠中の夢見のステージにある脳波を連想させます。

●カレントライフ・リーディングのバリエーション……このカードが次の位置に現れたら

① **物の見方**　人生はあなたにとって、ちょっと神秘になっているようです。何が、どうして起こっているのか分かっていません。たぶんちょっとあいまいな、混乱した感じがあるでしょう。これは事実かもしれないし、あるいは物事をはっきり見たくないという習慣なのかもしれません。

② コミュニケーション　人との関わり方に、なじみのない、未知のものがあります。たぶんたんに他の人とどうつき合ったらいいのか、ここで何が起こっているのか分からないでいるのでしょう。あるいは、他人のマインドの中の、表現されていないものを無意識的に拾っていて、そのために二重のメッセージを受け取っていると感じているのかもしれません。

③ 仕事　今、このエリアははっきりしない感じです。おそらく何が起こっているのか、どの方向に動いているのかがはっきりしない状態なのでしょう。

④ 内面の自己　以前よりもより深い次元に降りていっています。今、無意識への扉がかなり開いており、マインドの隠れた深みを探求する用意ができています。これは気づきとともに進んでいる限りにおいては、すばらしいことでしょう。説明を見つけようとか、理解しようとはしないように。

⑤ 性エネルギー　このエリアでは、これは受容的で神秘的なエネルギーです。あなたは陰のエネルギーの深みにあり、新しい、おそらくは「奇妙な」性の次元へも動いていけるでしょう。あるいは、性に関する無意識的なパターンに対処していて、たんにこのエネルギー、あるいは異性との関わり方に何が起こっているのかが分からないのかもしれません。

⑥ 身体　あなたの理解できないことが、肉体のエネルギーに起こっています。それはおそらく、無意識のマインドからのもので、あなたが見たり感じたりしたくないので、身体に現れざるをえなかったのでしょう。

⑦ 主な関係性　特定の相手がいるにせよそうでないにせよ、関係性の中で何が起こっているのか分からないという感じがあります。今、親密な関わり全体が、あなたにとって神秘のように感じられているかもしれません。たぶんそれは、そのままにしておく必要があるのでしょう。

郵便はがき

167 8790

料金受取人払郵便

荻窪郵便局承認
2463

差し出し有効期限
令和6年9月22日
まで
切手は不要です

東京都杉並区
西荻北 1-12-1
エスティーアイビル
市民出版社 編集部行

フリガナ お名前			男 女	歳

ご住所	〒 都道 府県	郡 市 区		

TEL　　　　　　　　　　　　FAX

E-mailアドレス

ご職業または学校名

過去に弊社へ愛読者カードを送られたことがありますか
　　　　　　　　　　　　ある・ない・わからない

新刊案内のお知らせ（無料）　　希望する・希望しない

ビデオ・オーディオ・CDのカタログの郵送(無料)
　　　　　　　　　　　　希望する・希望しない

ご購入の本の書名　**直感のタロット**

ご購入書店名

　　　　都道　　　　　市区
　　　　府県　　　　　郡　　　　　　　　　　書店

お買い求めの動機

(イ) 書店店頭で見て　(ロ) 新刊案内を見て　(ハ) カタログを見て
(ニ) 広告・紹介記事・書評を見て (雑誌名　　　　　　　　　)
(ホ) 知人のすすめで　(ヘ) OSHOへの関心　(ト) その他 (　　　　　)

●この本の中で、どこに興味をひかれましたか？

a. タイトル　b. 著者　c. 目次・内容を見て　d. 装幀　e. 帯の文章
f. その他 (　　　　　　　　　　　　　　　　　　)

●本書についてのご感想、ご意見などをお聞かせください。

●これから、どんな本の出版がご希望ですか。

●最近読んで面白かった本は？
　書名　　　　　　　　　　著者　　　　　　　　出版社

● OSHO関係の瞑想会、イベント等の案内をご希望ですか？
　　　　　　　　　希望する・希望しない
　　　　　　　　ご協力、どうもありがとうございました

⑧ **新しい見方** 分からないままでいるという神秘のなかにただくつろいで、うまく事を運ぼうとすることをやめてみてはどうでしょうか。

⑨ **マインド** マインドにはそれは分からないということ、それは意識的な理解を超えた領域にあるものだと分かっています。もし、これにゆだねることができれば、たぶん無意識のマインドは自らを明かすことができるでしょう。

⑩ **ピーク・エクスペリエンス** この特定の時期にできる最高のことは、何が起こっているのか自分は分かっていないということを知り、何が現れてくるか、待ってみることです。今、あなたの人生を方向づけているものが何であるにせよ、それは意識的なマインドのコントロールの中にはありません。もしそのことにくつろぐことができれば、マインドという神秘のより深い次元を体験するか、あるいは外の人生において未知の方向へと入っていく準備ができることでしょう。

⑪ **スピリチュアル・メッセージ** 何が起こっているのか、あなたの意識的なマインドではもはや理解できないという霊的成長の地点にやってきました。マインドが知っているのはただ、過去に体験したことだけであり、今はたぶんマインドが踏み込んだことのないスペースへと動いています。少し奇妙に感じるかもしれませんが、不可知のものを知ろうとすることだけが問題をつくります。たくさんのことが現れてくるでしょうが、それらはすべて、未知のスペースからやってくるのです。

⑫ **瞑想** あなたにとっては不快でしょうが、今のあなたの大きな成長は、人生が解決すべき問題ではなく、生きる神秘であるにまかせるところにあります。

⑬ **概観** 今、生きることはちょっとした神秘です。人生は普通に続いているかもしれないし、そうでないかもしれませんが、そうしたすべての底辺で、何が起こっていて、自分がどこに向かっているのか、自分には分かっていないということにあなたは気づいています。

19. 太陽(サン) XIX

課題：関わることにおける全体性

本　質

◆ 関係性の中で全体となることを学ぶ
◆ 関係することのプログラム
◆ 契約に基づく関係性のパターンと制限

● 描かれている意味

『太陽』は、私たちのお互いの関わり方を扱っています。純粋な形では、それは、世の中での自分の表現の、異なった側面すべてを内に含み、照らし出す能力を表しています。それは他者とともに、私たちのエネルギーが創造的に、外へと輝き出すことです。人間関係は私たちにとって、自分が認めていない隠れた自分の一部を認め、抱きしめる方法を学ぶ主な道です。他者との結びつきという鏡をのぞき込み、それを通して学ぶのです。真の形で人と和合するとき、意識と創造性に拡大が起こります。

けれども私たちは、ほとんどの関係性において、どう行動すべきという一定の契約と合意にとらわれています。そうすれば安全だからです。

幼い頃に私たちは必然的に、人に合わせ、欲しいものを手に入れるために、人に対するふさわしい振る舞いを身につけます。ですから母親とはこのやり方、父親とはまた別のやり方を身につけるのです。後になって、教師とはまた別のやり方を身につけます。こうしたパターンになって、この同じ条件づけが大人の関係性の中でのふさわしい振る舞いへと持ち込まれます。こうしたパター

●シンボル（占星術のシンボル：太陽）

太陽がカードの中央で輝きを放ち、全体を構成している異なる部分を表す十二の占星術のシンボルすべてを照らし出しています。自由の中での他者との合一が、有頂天で踊る二人の子どもに象徴されています。背中の羽根は、束縛を避けるために関係性に必要とされる自由の可能性を表しています。他者とのこうしたダンスはとても喜ばしいものですが、太陽への道をブロックしている山の頂上の壁は、契約による関係性の危険と限界について警告しています。それは、安全を気にかけることで、関係性の中で私たちの表現と広大さを制限するとき、統一と全体性へ至る自分自身の道をブロックしてしまうことを描き出しています。

●カレントライフ・リーディングのバリエーション……このカードが次の位置に現れたら

① 物の見方　関係性という鏡を通して、人生を見ています。これは、たくさんの役割を演じている自分に気づいているという意味でしょう。

② コミュニケーション　人との関わり方が、とてもはっきりしています。こうした関わり方によって、どうコミュニケーションすべきかという古い観念に縛られてしまい、自在に、真実から関わる自由が制限されていないかどうか、確認してみましょう。

③ 仕事　仕事のエネルギーは主に、他人とのパートナーシップに関わっています。こうしたつながりが真正なものなら、それはたくさんの創造的なエネルギーを生み出し、今のプロジェクトに注ぎ込んでいるでしょう。けれども、もし安全な役割を演じるという関わり方ならば、おそらくそれはあなたの仕事の可能性とあなた自身を制限しているでしょう。

④ 内面の自己　あなたは主に他者との関係性という鏡を通して自分と関わっているか、あるいは、自分の演じている関係性の役割に関して、自分をじっくり見つめているのでしょう。

⑤ 性エネルギー　おそらく、誰かとの性的な関係性にコミットし、パートナーシップを安全に保つためにある役割を演じているのでしょう。もし関係性にいなければ、自分の性的な役割について自分の内面を見ているのでしょう。

⑥ 身体　これは、エネルギー的な内なる全体性の状態かもしれませんが、おそらくはあなたの肉体のエネルギーが、関係性のパターンと役割による制限を映し出しているのでしょう。

⑦ 主な関係性　エネルギー的に確固とした、コミットした関係性にいます。ということは、あなたの行為のほとんどは相手の影響を受けるだろうということですが、それを楽しんでいるのならいいのですが、そうでなければ、関係性を安全に保っておくためにあなたの演じている役割があなたの個人的な自由を制限していないか、確認してみることです。

172

⑧ **新しい見方** あなたの行動がどれほど役割を演じることや、どうふるまうべきかという観念からやってきているかを見るために、人との関係性をじっくり見つめてはどうですか。

⑨ **マインド** 人との関わり方が、今、あなたの思考のほとんどを占めています。

⑩ **ピーク・エクスペリエンス** 現状でできる最高のことは、他人との関係性によって提供された鏡をトータル見つめることを許し、自分と、自分の関係性のパターンについて何ができるかを見ることです。偽りの自立を装って、自分を抑え込まないように。

⑪ **スピリチュアル・メッセージ** 存在はあなたに、人との関わり方に気づきをもたらすよう促しています。あなたのある側面は、親密な人間関係を通してのみ探求できるものです。ですから、ただ安全で居心地がいいからという理由で、人との関わりを避けたり、リアルなものを見せないでおく傾向に気づいている必要があります。

⑫ **瞑想** 関係性が今のあなたの瞑想です。これはおそらく、あまり見たくない自分自身の条件づけのパターンに直面しているということでしょう。けれども現在にいて、この領域にやってくることを何でも体験するのがあなたの主な学びだと受け入れてください。

⑬ **概観** あなたが対処している主な課題は、人との関わり方です。たぶんそこで、自分にあまりスペースを与えていないということに気づいてきているのでしょう。この領域で自分にとって何が真実なのか見極めることが、あなたの未来の方向性の扉を開きます。

20. 永劫 XX (アイオーン)

課題：高次の見通し

本質

◆ 高次の理解からくる新しい見通し、そこからやってくる新しい始まりや方法
◆ 概観をつかむこと、広大な見方
◆ 再誕生

● 描かれている意味

　ある時期、多くの場合に強烈な内外の変化があったあとで、私たちは自分の人生をもっと高い、もっと深い見通しをもって見ることのできるスペースにいることがあります。それはあたかも、ちっぽけなエゴを超えた、時に縛られない、広々とした知覚が可能となるよう、狭くて限定された、個人的判断が取り去られてしまったかのようです。私たちは物事を広大で、普遍的で、高い視点から見ることができるのです。それは時として、夜、満天の星空を見上げ、宇宙の果てしなさ、自分という存在の小ささと取るに足らなさを感じるときに体験する見方でもあります。この気づきは、私たちの価値観を変えます。大きな明晰さと、ときには生まれ変わったようななみずみずしいヴィジョンと理解をもって、物事を知覚するのです。

　このカードは、物事を新しい、高次の見通しをもって見る能力を表しており、新しい方向へと動いていくこと、あるいはこのヴィジョンの結果として、事に対処していく新しい方法を見出すことを表しています。これはまた、状況の中でシンプルに概観をつかむということでもあります。

174

ネガティブな意味合いでは、広大な見方にあまりにもとらわれ過ぎて、細部との接触を失うという意味にもなりえます。

●シンボル

カードを取り巻く暗い青色の形は、エジプトの空の女神ヌイトが様式化された姿であり、地球を抱きかかえるように身体を支え、星が輝く背景を提供しています。

大きな透き通った人物は、エジプトの知恵の神オシリスと見ることができ、ここでは子どものような姿をしていて、知恵と新鮮な観点には無垢さが必要だということを表しています。彼の背後の、子宮のような形の中にいるのは、タカの被り物をつけた、彼自身の後年の姿であり、個人的な意見や信念を脇に置く時に生み出すことのできる、いにしえの知恵を表しています。

カードの下部に見える三人の胎児は、このみずみずしい理解から生まれる、新しい形と知覚を表しています。

●カレントライフ・リーディングのバリエーション……このカードが次の位置に現れたら

① 物の見方　世の中に対するあなたの見方が変わりました。それが何なのかさえ、よく分かっていないかもしれません。一歩下がって、起こっていることを、より広い見通しをもって見ている感じがするだけです。

② コミュニケーション　人との関わり方に何か新しいことが起こっています。あなたは古い習慣や主観的な見方から一歩身を引いていて、それによって、より幅広い視野から相手を見、つながるようになっています。

③ 仕事　ここでは、あなたのために何か新しいことが開いてきています。あるいはたんに自分のしていることを、異なった広い、広大な領域へと動いて行っているのかもしれません。どちらにしてもそれはおそらく、ポジティブな変化をもたらすでしょう。視点から見ているのかもしれません。

④ **内面の自己** 自分を新しい見方で見ています。自分が誰で、どうあるべきかという古い観念が落ちて、新鮮にクリアに自分の内側を見ることができています。内なる扉が開かれています。

⑤ **性エネルギー** 性生活に誰か新しい人が現れたか、あなたのパートナー、あるいは異性全般と、今までとは違った、より成熟した見方や関わりをするようになっています。あなたのエネルギーは今、とても豊かだろうということに気づいてください。

⑥ **身体** エネルギーを、みずみずしく新鮮に体験しています。それは、日課の変化と関係があるかもしれません。あるいは、マインドのパターンがシフトし、オープンになって、それが肉体のエネルギーに影響しているのかもしれません。マインドと体は分離してはいないので、一方で起こることがもう一方に影響を及ぼすことを覚えておきましょう。

⑦ **主な関係性** 愛する人に対する古い判断がなくなったのか、あるいは、あなたの内側の何かが変化したでしょう。いずれにせよ、今、親密な関係性に対し、より高い、より非個人的な視点に基づいた、新しい見方をしています。

⑧ **新しい見方** 自分とは違った別の視点を考慮し、新しい見方で自分の状況を見ることもできると、考えてみたことがありますか。

⑨ **マインド** 物事に対するよりよい見方、対処の仕方を見つけようと思っています。これはおそらく、古いものが変わる必要があるという認識からやってきているのでしょう。

⑩ **ピーク・エクスペリエンス** 今できる最高のことは、現状に対するまったく新しい対処の仕方や見方を見つけるこ

176

とです。起こっていることをより広く、おそらくはあまり主観的でない視点から見ることができるよう、視野の狭い物の見方をやめる必要があります。

⑪ **スピリチュアル・メッセージ**　存在は、新しいことが起こるよう、あなたのものの見方を変えるよう奨励しています。個人的なエゴという小さな枠組みと、それが持つ意見や信念で動いているだけでは十分ではありません。人生はあなたが思っているよりももっとずっと大きなものです。それを思い出す必要があれば、しばらくの間、広大な星空を眺めて過ごしてみることです。ある種のワークショップや冒険も、見方を変えるいい刺激になるでしょう。

⑫ **瞑想**　何が起こっていようと、あまり個人的ではないスペースから見るよう、繰り返し思い出す必要があります。新しいことが起こり始めていますが、あなたを古いものに引きとめる主観的判断や視点に後戻りしてしまわないよう、気づきを保つ必要があります。

⑬ **概観**　人生が新しい方向へと動いています。おそらく、人生とはいったい何なのかについて、新鮮な見通しを得た結果なのでしょう。優先したいものが変わったという感じがあるかもしれず、これがあなたにより広大な視点を与えているのでしょう。あたかも人生から一歩下がり、そのために生、あるいはその一部を、異なる背景の中で見ているかのようです。

177　第1章　大アルカナ

21. 宇宙 XXI
ユニバース

課題：完結

本質
◆ ある状況の有機的な完結や自然な開花
◆ 避けられない結果
◆ 全体へと溶け去ること

The Universe

● 描かれている意味

このカードで、『愚者』から始まった旅が完結します。彼が未知の中へと自発的に足を踏み入れたことで、種が植えられ、それを『魔術師』が取り上げ、今、この『宇宙』で結実を迎えています。種の形としての始まりの瞬間から、自然で有機的なものには花になるのと同様に、自然で有機的なものには花になるしかできません。つまり、マリーゴールドの種はマリーゴールドの花を生み出すことができるだけ——それは必然であり、これが、このカードが表している状況なのです。それが何であれ、動かしがたい必然であり、正当性なのだということ——物事は終わりを迎え、過去にあったものが完結に至る——それは避けられないのです。

このカードは、必ずしも何かの終わりを表すとは限りません。けれども今までの事のあり方は、まるで花びらが散り、実った果実が落ちる以外ないように、必ず変化していくでしょう。霊性の旅の究極的なレベルにおいては、これは大海に一滴のしずくが落ちる時であり、部分が全体に溶け込む時、個人が存在と一つになる時です。これは、あらゆる存在における霊性の旅の必然的な帰

178

結です。この完結の地点から、私たちはふたたび、『愚者』となります。存在と一つで、何であれ存在が与えるものに対して応える用意のできている、瞬間にあって自由で自発的な『愚者』に。

一般的なリーディングにおいては、『宇宙』は、何かの有機的な完結、結実です。

●シンボル（占星術のシンボル：土星）

裸の女性が、細い網だけで区切られている子宮のような空間で踊っています。この網は、個人を全体から切り離しているものは、実のところ実体がないということを表しています。手にした鎌は、この細い網を切り裂くことのできる能力を表しています。鎌の柄は、エジプトの知覚の神のシンボルであるホルスの目から出ていて、分離というこの網を切り裂くのに必要なのは、知覚と気づきだけだということが示されています。大きなヘビの頭上に立っているのは、変容（ヘビ）が今や飼い慣らされ、完結したという印です。

カードの下方にスケッチされたパンテノンは、神々の住まいを表すギリシアのシンボルです。これは、進化のこの段階においては、私たちは基本的に神々と同じだということを表しています。四隅のケルビムは、このスペースで統一されている人間の本性の四つの側面、つまりエネルギー―獅子座、ライオン、身体―牡牛座、雄牛、感情―蠍座、ワシ、精神―水瓶座、人間の顔です。『教皇』においては、これらのケルビムは空虚な知識の空っぽの仮面でした。ここでは、彼らは存在への通路になっています。

●カレントライフ・リーディングのバリエーション……このカードが次の位置に現れたら

① **物の見方** 人生におけるある局面や何かが自然に完結しつつあって、ただこれが起こるにまかせる以外、できることはないと感じています。

② **コミュニケーション** 人との関わり方の何かが、自然に終わりを迎えている地点にいます。

③ **仕事** 仕事の状況の何か、またはあなたがエネルギーを注いでしてきたことが、結実の時を迎えています。この帰結や結果が気に入ろうと気に入るまいと、以前あったものの自然な実現を目の当たりにし、これが物事の展開する唯一の在り方なんだと認めることができます。

④ **内面の自己** 内なる存在に、ある開花が起こっています。あなたにはすべきことは何もない、ただそれが育つにまかせ、見守るだけだということが分かっています。何かをしようとすることは、どんな花になるのかを見ようとして、咲きかけの花びらを引っぱるようなものです。

⑤ **性エネルギー** パートナー、あるいは異性との基本的なエネルギーの結びつきが、ある局面において自然な開花を迎えています。あなたには、すべてはそのままで完璧であり、変化はおのずからやってきているのだと分かっています。

⑥ **身体** ある自然なエネルギーの周期が終わりつつあります。これはあなたがしてきた肉体的な何かかもしれないし、あるいは身体との関わり方に関することかもしれません。あるいは、年を取るといったような有機的な出来事と関係した自然な変化の時なのかもしれません。

⑦ **主な関係性** 親密な関係性において、自然な変化の時を迎えています。何も悪いことはありません。どんな関

180

⑧ **新しい見方** 今起こっていることは、それ以外にありようがない、以前にあったものが自然に発展しただけだと、考えてみたことがありますか。

⑨ **マインド** 何かが実現することについて考えています。これが起こってほしいのか、あるいは起こってほしくないのかもしれませんが、いずれにせよ、これは必然だという思いでいっぱいです。

⑩ **ピーク・エクスペリエンス** 今できる最高のことは、物事がそれ自身の道を進み、それなりに育っていくにまかせることです。自然な実現や結末を迎える必要がありますが、あなたはまだその地点に至ってはいません。それが起こったとき、それと知ることでしょう。

⑪ **スピリチュアル・メッセージ** 存在はあなたに、人生のある局面が自然な結末を迎えることを認めるよう勇気づけています。いいとか悪いとか判断しようとしても何にもなりません。そうではなく、起こっていることの必然性を見て、忍耐を持ち、この開花がそれなりのタイミングで起こることを許すよう、求められています。

⑫ **瞑想** 何であれ、人生に起こっていることが熟し、自然な結実を迎えるにまかせるよう、時間をかける必要があります。プロセスを早めようとか、切り捨てようとしたりすれば、この状況でまだ必要な成長を逃してしまうでしょう。

⑬ **概観** 今、人生における何かが自然な結末を迎えているという感じがあります。おそらく物事がおのずと形を成していくという必然性を受け入れ、ここからどんな方向へ発展していくのか、見届けようとしているのでしょう。

係性も、さらに成長し、発展していけるように、ある局面が完結するのは必然なことです。変化の必然性を信頼し、起こるにまかせましょう。

第 2 章
小アルカナ

　小アルカナは4つのスート(組)に分かれます。
　ワンド（棒）、スウォード（剣）、カップ（杯）、ディスク（円盤）です。それぞれが自然界の基本元素を表すと同時に、人間の本性の1つの側面を表しています。
　ワンドは火のシンボルで、純粋なエネルギーと、意志の加わったエネルギーの使い方を、スウォードは風のシンボルで、思考とその働き方を表します。カップは水のシンボルで、感情とフィーリングの状態とその表現を、ディスクは地の元素のシンボルで、生の肉体的、現実的、物質的な側面を表しています。
　エースから10までのカードは、存在のこうした異なる領域で起こる状態や体験を表しています。コートカードは、状態そのものではなく、その使い方、そうした状態との関わり方を表しています。つまり、あなたがエネルギーや思考、感情や身体とどう関わるのか、ということです。

小アルカナの詳細を学ぶ前に、スートごとに全部のカードを表に向けて並べてみることをお勧めします。コート・カードを見てみると、カードの色やシンボルが、どのように異なる元素を表しているのか、とてもクリアに分かるでしょう。ワンドの人たちは赤くて、火に包まれ、スウォードの人たちは灰色や白で、空中にいます。カップの人たちは青みがかっていて、水と関係し、ディスクの人たちは、大地の豊かな緑と茶色に彩られています。

また、スートの残りのカードを眺めているうちに、それぞれのカードの意味が、シンボルの形や色、それらの配置によってどう表現されているのか、感じがつかめてくることでしょう。

コート・カード

コート・カードは、ある元素の独特な使い方やその習得の仕方を表しています。

ナイト（騎士）はこのタロットで、ほとんどのタロットカードにおけるキング（王）の代わりに使われているもので、その元素の、成熟し確立された陽の（男性的な）質や使い方を表しています。彼はまた、その元素における火の側面として見ることもできるでしょう。

184

クイーン（女王）は、その特定の元素の、成熟し確立された陰の（女性的な）質や使い方を表しています。陰のエネルギーは、内向的で、受容的で、静かで深まっていくものです。彼女は、その元素における水の側面と見ることができるでしょう。

プリンス（王子）は、このタロットで多くのタロットカードにおけるペイジ（従者）の代わりに使われているもので、その元素のまだ若く、未熟で不安定な質を表していて、外向的で、活動的なものです。彼は十代の若者の質を持っており、その元素における風の側面と見ることができるでしょう。

プリンセス（王女）は、ほとんどのタロットカードでは用いられていませんが、その元素のまだ若く、未熟で、不安定な陰の（女性的な）質を表していて、内向的で、静止し、センタリングし（中心に定まって）、受容的です。彼女はその元素における地の側面と見ることができるでしょう。

もしもあなたがこのようにカードを使おうと決めれば、コート・カードは、あなたの人生で今、その元素を映し出している特定の人を表すこともできます。その場合には、ナイトとクイーンはあなたと同年代か年上の人、プリンスとプリンセスは子どもや、あなたが自分より若いと感じる人を表すことになります。

ただしこのテキストでは、こうしたカードの使い方は採用していません。

WANDS
ワンド

ワンドは火のシンボルで、
エネルギーや生命力、
意志の使い方を表す

ワンドのナイト

本質
◆ 明確な外への方向性を持った動き
◆ 焦点の合ったダイナミックな動き

●意味とシンボル

『ワンドのナイト』は、エネルギーや意志の、成熟した陽の使い方を表しています。彼は馬にまたがり、肩から外へと溢れ出している炎の厚いマントに身を包み、手にはワンドのエースの燃え盛る松明をたずさえ、前進の構えです。彼は自分の動きや方向性を制限しかねないあらゆる障害物を焼き尽くすために、火の純粋なエネルギーを使っているのです。そして自分の行く先を知る視覚を備え、何物にもそれを邪魔させようとはしません。エネルギーの使い方と、行きたいところへたどり着く能力において、彼は成熟し、ゆるぎがないのです。爬虫類の甲冑は、蛇が皮を脱ぐように、古いものや、もはやそぐわなくなったあらゆるものを脱ぎ捨てる能力を象徴しています。それによって彼は、さらに動き、成長していくことができるのです。

『ワンドのナイト』は、焦点の合った、強力な外向きのエネルギーや意志の使い方を表しています。それは、特定の方向へ動くという質です。

ネガティブな意味として、動いたり、行為しないではいられない状態、じっとしていられない状態を表すこともあります。

● カレントライフ・リーディングのバリエーション……このカードが次の位置に現れたら

① **物の見方** 人生に対して断固とした見方を持ち、それがあなたを動かし続けています。おそらくマインドにある方向性があって、エネルギッシュにそちらへ向かっているのでしょう。

② **コミュニケーション** 外向きに、おそらくは力強く人と関わっています。あなたには何を言いたいのか、物事がどうあってほしいのかが分かっていて、エネルギッシュに強く、断固とした口調で話しています。

③ **仕事** 今、何をしているにせよ、固い決意をもって、成熟したエネルギーを注ぎ込んでいます。物事は動いています。あるいは、ある仕事場から別の仕事場へと動いているのは、あなたなのかもしれません。

④ **内面の自己** 自分の陽のエネルギーにチューニングを合わせ、ポジティブに成長する方向へと活発に動いています。おそらくあなたの焦点は内側よりも外側で、何をするかという観点から自分と関わっているのでしょう。

⑤ **性エネルギー** 性的なパートナーがいようといまいと、異性に対して、活発で自信に満ちた陽のエネルギーがあります。

⑥ **身体** 肉体のエネルギーは今、強く、活発で、外向的です。たぶん、目的を持って、よく身体を動かしているでしょう。

⑦ **主な関係性** 特定の相手がいようがいまいが、関係性のエネルギーは外向的で断固としています。相手とどこへ行きたいのか、物事がどうあってほしいのか、分かっています。

ワンド

189　第2章　小アルカナ

⑧ **新しい見方** エネルギーを集中し、動く必要があると考えたことがありますか。

⑨ **マインド** 特定の方向へと、動くことや、成長することが必要だと考えています。

⑩ **ピーク・エクスペリエンス** この状況でできる最高のことは、なぜ、どこへ行こうとしているのかよく分かっていないとしても、明確で断固とした方向へとエネルギーを出し続けることです。あるいは、あなたに何らかの動きが必要なのかもしれません。

⑪ **スピリチュアル・メッセージ** 存在は、集中した形でエネルギーを動かしなさいと促しています。これはつまり、自分の本性のポジティブな陽の側面を見出し、あなたの進歩を制限している古い概念や意見を後にする準備をするように、ということです。自分の欲しいものへと向かっていけるように、そんな内なる強さと成熟を内面に見出してください。

⑫ **瞑想** エネルギーをポジティブな方向へと集中すること、あるいはまさしく自分が動くことが必要です。これは今のあなたには難しいに違いありません。でなければ、このカードを瞑想として引くことはなかったでしょう。

⑬ **概観** 人生においてどこへ向かいたいのかが分かっている、ポジティブで断固とした動きの感じがあります。

190

ワンドのクイーン

本質
◆ 受け取るエネルギー、内側に向けられたエネルギー
◆ エネルギーの内なる気づき
◆ 自己の気づきのためにエネルギーを用いる

● 意味とシンボル

『ワンドのクイーン』は、エネルギーに対する成熟した陰の関わり方を表しています。彼女は炎の玉座に静かに座り、目を閉じて内面に注意を向けています。周りを囲む炎は、彼女の存在へと吹き上げています。彼女は周りのエネルギーを取り入れ、体験しているのです。豹にそっと置かれた手は、自分自身の自然なエネルギーとのつながりと、本能と情熱を愛をもって受容していることを表しています。頭の周りで王冠を形づくっている光線は、彼女が自分の体験しているエネルギーを内面で理解していることを示しています。

このカードは受容的、内面的にエネルギーと関わる質を象徴しています。これは陰の（女性的な）エネルギーの使い方です。取り入れ、起こっていることとともに静かにあるところから、内なる気づきのためのスペースが生み出されます。『ワンドのクイーン』は状況に対して、取り入れ、体験するという応答の仕方をしますが、それに対し、『ワンドのナイト』ならば、それに対して何かをしようと慌ただしく出ていくことでしょう。

ネガティブな意味合いでは、消極性、動きや意志の欠如を表すこともあります。

● カレントライフ・リーディングのバリエーション……このカードが次の位置に現れたら

① **物の見方** 人生に対し、何が起こっているにせよ、それを受け入れて体験し、それを通して自分について学ぶことにオープンでいるという姿勢でいます。

② **コミュニケーション** 人との関わりにおいて、オープンで受容的で成熟しています。少し受け身で、表現するよりも聞き役になりがちかもしれません。

③ **仕事** 仕事に受容的なエネルギーがあり、そのために自分の内面で起こっていることに気づき、自分のしていることから学ぶことができています。

④ **内面の自己** 自分の陰のエネルギーと強く結びついています。そのため、内なる存在と心地よくいて、自分の本能と結びつきを保つことができています。

⑤ **性エネルギー** これは、異性がそこにいても、欲しがることなくオープンでいられる、受容的なスペースです。消極的になりがちかどうか、確かめてみましょう。

⑥ **身体** 柔らかいが力強い肉体のエネルギーがあり、起こっていることと動いていきながら、内面の自己につながっていることができます。

⑦ **主な関係性** 親密な相手との関係は、オープンで受容的です。それは、自分の女性エネルギーに心地よくいる感じから来ています。ときには自分の欲望を抑えてしまうことがあるか、確かめてみましょう。

192

⑧ 新しい見方　起こっていることに「イエス」と言い、それを受け取り、自分の発見のために使うこともできると、考えてみたことがありますか。

⑨ マインド　今の状況で何が起こっているにせよ、それを受け取り、自分の成長のために使っていると考えています。

⑩ ピーク・エクスペリエンス　この状況でできる最高のことは、自分の内側に成熟した受容性を見出し、何であれ起こっていることを取り入れ、そこから学ぶことです。

⑪ スピリチュアル・メッセージ　存在はあなたに、内側を見て、あなた自身の自然な陰のエネルギーを体験する時だと伝えています。自分に「イエス」と言うことで、成熟した自分を認め、それを生きる時であり、あなたの内なる女性にスペースを与える時です。

⑫ 瞑想　あなたの今の主な学びは、何であれ起こっていることを取り入れ、自分を見るための機会として使うことです。これは、あなたにとって難しいことに違いありません。でなければ、このカードを瞑想として選ばなかったでしょう。

⑬ 概観　あなたは、人生があなたを必要なところへと連れていくにまかせています。あなたは何であれ、その道で出会うものを受け取り、応えることにオープンで、それを自分の気づきのために使っています。

ワンドのプリンス

●意味とシンボル

『ワンドのプリンス』は、裸で無防備なまま戦車に乗っている、パワフルな若者に象徴されています。腕を大きく広げ、胸にある花開いた蓮によって表現されている、オープンなハートをさらけ出しています。彼の戦車は、決然とした形相のライオンに引かれていますが、それは、無垢なハートを自由に動かす、パワフルで動物的なエネルギーを象徴しています。マントの炎には外向きな動きがありますが、ナイトのものよりもずっと短く、厚さもありません。彼は、強烈に、熱狂的に外へと動くエネルギーを表します。不死鳥のワンドは、彼の状態が古いものから現れたみずみずしく新しいエネルギーであることを表しています。固定化したアプローチを持てこと表しています。

『ワンドのプリンス』は、まだ十分に育っていないティーンエイジャーで、ときには体験からやってくる用心深さをまだ学んでいないし、エネルギーの陽の使い方では、何が起ころうとも、必ずしも始めたことをやり遂げ、終えることを当てにはできないのです。むしろ熱狂的に広げ、終えることを当てにはできないのです。
ネガティブな意味合いでは、彼はあまりにも性急すぎたり、強烈すぎたりすることもあります。

本質
◆ 熱狂や熱中
◆ 強烈さや切迫感
◆ 新鮮なアプローチ

Prince of Wands

194

● カレントライフ・リーディングのバリエーション……このカードが次の位置に現れたら

① 物の見方　生を熱狂的に、ポジティブに見ています。ときには少し性急になってないか、確かめてみましょう。

② コミュニケーション　外向きに、熱心に、人と関わっています。ときには自分の激しさにあまりにも振り回されていないか、気づいていましょう。

③ 仕事　何をしていようと、熱心で、創造的なエネルギーを注いでいます。

④ 内面の自己　自分への気づきと自分の生へのアプローチは、新鮮で無垢です。

⑤ 性エネルギー　まるでティーンエイジャーのような、異性に対する、熱いけれども無垢なエネルギーがあります。あるいは性的なパターンを見直すことに没頭しているのかもしれません。

⑥ 身体　肉体のエネルギーは、激しいけれどもポジティブに、外に向かって動いています。

⑦ 主な関係性　特定の相手に対してであろうとなかろうと、親密さを求める熱いエネルギーがあります。たぶんつき合いたいと思う人がいるのでしょう。ただ自分の性急さに気づいていましょう。

⑧ 新しい見方　何に関わっているにせよ、もう少し強烈さや熱意を注いでみてはどうでしょう。

⑨ マインド　新鮮な考え方をしているのか、あるいは、自分の人生の何かにもっと熱意が必要だと考えているのでしょう。

⑩ **ピーク・エクスペリエンス** 今できる最高のことはただ、その状況にもう少し熱く、激しいエネルギーを注ぎ込んでみるということです。

⑪ **スピリチュアル・メッセージ** 存在は、たとえて言えば、お尻を蹴り上げ、動くようにと勧めています。エネルギー・レベルを高く保ち、ハートを開いて、無垢な熱意を持って生へと入っていくようにと。もしどこから、どうやって始めたらいいのか分からなかったら、子どもたちと過ごしてみるか、ちょっとばかばかしいことをしてみたらいいでしょう。たとえば、スコットランド民謡を踊ってみるとか。

⑫ **瞑想** たぶんあなたは少し無気力だったり、怠惰だったり、くたびれたりしているのでしょう。今のあなたの主な成長は、自分のしていることにもっとポジティブな熱意をもたらすことにあります。

⑬ **概観** 今、人生に対して、みずみずしくオープンな熱意があって、それが、あなたを行く必要のあるところへと導いています。

ワンドのプリンセス

本質
◆ エネルギーとともに流れる
◆ 何であれ起こっていることにイエスと言う
◆ 流される

● 意味とシンボル

『ワンドのプリンセス』は、あまり確立されていない、エネルギーとの関わり方を表しています。恐れ知らずの彼女は、裸で無防備のまま、自分を取り巻くエネルギーを表す燃え盛る炎の中へ、楽々とくつろいでいます。恐れからくるエネルギーのブロックを解放していて、まさしくトラ（恐れのシンボル）の尻尾を捉え、トラはなすすべもなく彼女に従っています。

彼女にはエネルギー的に自分を守ったり、操作したりする必要がなく、何がやってこようと、それとともに流れていくのです。長く伸びたシカの角のようなかぶり物は、実際的な、地についたやり方で周りのエネルギーに波長を合わせることのできる、研ぎ澄まされた能力を表しています。ワンドの頭にある太陽は、エネルギーの源泉との結びつきを示しています。

このカードは、何があろうと、誰が周りにいようと、その流れへとくつろぐことのできる能力、何が起ころうと、ためらうことなく、それに波長を合わせ、まかせることのできる能力を象徴しています。それは、コントロールしようとするのではなく、エネルギーの自然な流れに「イエス」と言い、ともに流れていく質です。

197 第2章 小アルカナ

ネガティブな意味では、意志薄弱で、ひ弱なこと、自分のエネルギーにつながるのではなく、外側のものに流される傾向を表すこともあります。

● カレントライフ・リーディングのバリエーション……このカードが次の位置に現れたら

① **物の見方** 何であれ、生が提供するものとともに、ただ流れています。もしも少し目的がない感じがあれば、外側のものよりも自分のエネルギーに耳を傾ける必要があるか、確認してみましょう。

② **コミュニケーション** 困難なく、楽に流れるように他人と関わっています。あまりに簡単に同意したり、人に合わせ過ぎる傾向があるかどうか、確かめてみましょう。

③ **仕事** 何であれ、する必要のあることをする用意があり、何が起こっていても「イエス」を言っています。

④ **内面の自己** 自分自身との、新鮮で、気楽な、流れるような関わりがあります。ただ、あまりにも簡単に外から揺さぶられてしまうかどうか、確かめてみましょう。

⑤ **性エネルギー** このエネルギーは流れていて、新鮮で、何であれ起こっていることに「イエス」と言うことに開いています。

⑥ **身体** 肉体のエネルギーは自由で、流れています。

⑦ **主な関係性** 特定の相手がいてもいなくても、あまりにも簡単に相手に合わせがちかどうか、気づいていましょう。ただ、自分の声を聞く代わりに、親密さのエネルギーは楽に、派手なドラマもなく流れています。

198

⑧ 新しい見方　もう少しリラックスして、ただ気楽に、何が起こっていても「イエス」と言ってみてはどうでしょう。

⑨ マインド　必要なのは、起こっていることと流れていくことだけだと思っています。

⑩ ピーク・エクスペリエンス　状況に「イエス」と言い、ともに流れていくこと以外、ほとんどすることはありません。

⑪ スピリチュアル・メッセージ　存在はあなたに、人生にもっとくつろいで、楽にやっていくよう提案しています。事を起こそうとする代わりに、起こっていることにただ「イエス」と言ったら何が起こるかを見る機会を自分に与えてください。「楽なことが正しいこと」という姿勢から動くことを試してみるといいでしょう。

⑫ 瞑想　今のあなたの成長は、「イエス」と言うことを学び、生の流れにくつろぐことにあります。それは簡単に聞こえますが、あなたには難しいに違いありません。でなければ、このカードを瞑想として引きはしなかったでしょう。もし自分が緊張しているのに気づいたら、深呼吸をして、緊張と恐怖を手放してみましょう。

⑬ 概観　あなたは複雑にではなく、単純に、未来へと流れています。それがいい感じなら、すばらしいことです。もしそうでないなら、流されるのではなく、方向感覚を見つける必要があるかどうか、見てみてください。

ワンドのエース

本質
◆ 純粋な、なまの、強いエネルギー
◆ 創造的な生命力や意志

● 意味とシンボル

このカードは、何かがなされる前の、あるいは形となる前の純粋なエネルギーの質を表しています。それは創造的な衝動や生命力であり、物事にまさしく命を与える質です。巨大なたいまつは、カバラの生命の樹を形づくり、あらゆる方向へ炎を送り出しているパワーの爆発のようなものです。それをどう使い、どう形にしていくのかは私たち次第ですが、こうした高いエネルギーは、事を起こすのに必要とされる原料です。手を加えない電力のような質と言えるでしょう。

● カレントライフ・リーディングのバリエーション……このカードが次の位置に現れたら

① 物の見方　方向感覚はないかもしれませんが、人生へのアプローチの仕方には、強いエネルギーと激しさがあります。

② コミュニケーション　人との関わりに、たくさんのなまのエネルギーがあり、おそらくかなり強烈な感じでしょう。たくさん話をしているか、あまり話さなくても、あなたがそこにいると人は気づくことでしょう。

③ 仕事　仕事や、あなたのしていることが何であれ、強くてダイナミックなエネルギーがあります。新しい方向性への衝動は、まだ形になってないのかもしれません。知性と気づきがあれば、このすべてのエネルギーを、とても創造的に使うことができます。

④ 内面の自己　あなたは内側で燃えています。落ち着かなく感じて、外に発散するのでなく、このエネルギーとともにじっとしてることを自分に許せば、それは強烈な変容の力となるでしょう。

⑤ 性エネルギー　今、たくさんの純粋な性エネルギーがあります。つまり、ホットなんです！これはたんにエネルギーだということを覚えていてください。もし性的な関係性がなければ、そのままにしておきましょう。そうすれば、エネルギー・ボディを上昇するにつれ、そのエネルギーは創造的な、愛に満ちた力へと変容することができます。

⑥ 身体　身体に大きなエネルギーがあります。それをどうしたらいいのか分からず、居心地が悪い感じがしているか、あるいはそれとともに動いて、ワクワクしているでしょう。

⑦ 主な関係性　親密な関係に対する大きなエネルギーがあります。お目当ての人がいるのか、あるいは誰かいい

ワンド

201　第2章　小アルカナ

⑧ 新しい見方　とにかくエネルギーが動くように、自分をしっかりプッシュしてみてはどうでしょう。

⑨ マインド　そわそわしていて、自分のエネルギーで何かをしようと思っているか、あるいはもっとエネルギーが欲しいと思っています。

⑩ ピーク・エクスペリエンス　現状でできる最高のことは、あなたの気づきを絶えずエネルギーに向けて、何であろうと、したいようにしてみることです。つまりは、思考、あるいは感情にさえ耳を傾けないように。あなたの基本的な生命力にチューニングを合わせ、それがあなたをどこに連れていくか、見てみてください。

⑪ スピリチュアル・メッセージ　エネルギーは私たちの基本的な生命力であり、今、存在はあなたに、エネルギーに波長を合わせ、それに従いなさいと伝えています。理解とかフィーリングに構わないで、ただ身体を動かしましょう。踊る、走る、活動的な瞑想をする—何にせよ、あなたが自分の純粋なエネルギーともう一度つながる助けになることをしてください。

⑫ 瞑想　エネルギーの次元を体験することが、あなたの瞑想です。たぶんエネルギーがありすぎるか、十分ないか、どちらかでしょう。いずれにしても、こうしたやり方で絶えず自分の存在を体験することへと気づきをもたらすことで、多くを学ぶでしょう。瞑想として、決まった形にはまらずに身体を動かしてみてください。

⑬ 概観　今、あなたの周りとあなたを通して、たくさんのエネルギーが動いています。何が起こっているのか、どこに向かっているのか、分かってないかもしれませんが、あなたは目的地に着こうと急いでいます。

202

ワンドの2 - 支配(ドミニオン)

本　質

◆ 新しい方向性、ダイナミックな新しい方法

Dominion

● 意味とシンボル（牡羊座にある火星）

「ドミニオン」という言葉は統率を意味し、この場合、自分自身や状況に対するものです。二本の力強い赤いワンドは雷を表すチベットのシンボルのドルジェで、聖なる力を意味します。それはここで、とてもバランスが取れた、センタリングした状態において、存在の奥深くからやってくるパーソナル・パワーを表しています。ワンドの頭にある馬の頭のついた悪魔の仮面は、古いものを一掃する破壊的なエネルギーのシンボルです。矢の先にあるヘビは、この破壊に続く再生と復活を示しています。新しいものがやってくるためには古いものは去らなくてはなりません。このカードは内なる強さとセンタリングの状態から、新しい方向や方法へと動くことを象徴しています。

● カレントライフ・リーディングのバリエーション……このカードが次の位置に現れたら

① 物の見方　あなたは、人生を新しい見方で見ているか、あるいは人生が新しい方向へ動いていると見ています。

② コミュニケーション　人と新しいやり方で関わっています。これが何なのかも分かっていないかもしれませんが、あなたは関わりにおいて、何か違ったことが起こっていることに気づいています。

③ 仕事　仕事に、何か新しいことが起こってきています。まったく新しい分野へ動こうとしているのか、あるいは、古いことを新しいやり方でしているのかもしれません。

④ 内面の自己　新しいやり方で自分自身と関わっているか、内なる存在が新しい方向へ動いているのを感じています。

⑤ 性エネルギー　性エネルギーに、変化があります。異性全般に対し、新しい関わり方をしているか、あるいは、新しいパートナーができたか、今のパートナーとの基本的な結びつきに何か違ったことが起こっているのでしょう。

⑥ 身体　肉体のエネルギーにいつもと違ったことが起こっています。ダイエットやエクササイズといった新しいことを始めたか、あるいは内側からエネルギーの変化がやってきているのでしょう。

⑦ 主な関係性　新しい関係に移ったか、あるいは今のパートナーシップにおいて、新しい関わり方をしています。もしそういった関係がないのなら、あなたは人生のこの分野を、新しい目で見ています。

204

⑧ **新しい見方** 新しい方向へと動くか、起こっていることに対して、新しい関わり方を見つけてみてはどうでしょう。

⑨ **マインド** 人生で新しい方向性を取ることや、新しい動きをしようと考えています。

⑩ **ピーク・エクスペリエンス** 今できる最高のことは、今のあなたの特定の状況に対して、まったく新しい見方や関わり方を見つけることです。古いやり方は、もはやうまくいきません。

⑪ **スピリチュアル・メッセージ** 存在はあなたに、人生においてすっかり新しい方向を取ることができるし、その用意もできていると告げています。内面で準備ができていることを認め、古いものになじみがあって居心地がいいとしても、それにしがみついてももう得るものは何もないと知ってください。

⑫ **瞑想** 少し抵抗があるかもしれませんが、今のあなたの成長は間違いなく、新しいものへと動いていくことにあります。慣れない領域へと動いていくのは少し不安だとしても、あなたには用意ができているに違いありません。でなければ、このカードを引かなかったでしょうから。

⑬ **概観** 内にも外にも新しい方向性があって、あなたの生の方向性全体に影響を与えています。

ワンドの3 - 美徳(ヴァーチュー)

本質

◆誠実、真正、自然、普通、リアル

● 意味とシンボル（牡羊座にある太陽）

このカードに描かれた三本の有機的な感じのそっくりのワンドは、調和の中で一つとなり、一緒に働く身体、精神、感情を表しています。この内なる合一から、深い開花が起こっていきますが、それがワンドの重なったところから現れている花の形の炎と、ワンドの頭にある蓮の花のつぼみによって表されています。真正で、リアルである状態とは、思考、感情、行動のすべてが同調している存在の状態から動くことを意味します。

このスペースでは、いかなる理由があろうとも、自分自身の内なる真実に対して妥協することはありえません。ただありのままでいて、何であれ自然に起こってくることを許すだけです。これが基本的には、誠実であること、正直であることです。内面的な正直さとともに、この絵のオレンジ色によって表されている普通さ、新鮮な活力がやってきます。

ネガティブな意味合いでは、うぶさを表すこともあります。

206

● カレントライフ・リーディングのバリエーション……このカードが次の位置に現れたら

① **物の見方** あなたはとても自然で、リアルなやり方で人生に取り組んでいます。

② **コミュニケーション** 誠実で純粋に人と関わっています。つまりただ自分自身でいて、何かを隠そうとかごまかそうとかせずに、ありのままを口にしています。

③ **仕事** 仕事の状況で、誠実で、どんな理由のためにも自分の真実を曲げてはいません。

④ **内面の自己** 自分を見る見方は、真っ正直で、誠実です。

⑤ **性エネルギー** 性的なことに関して、とても真正でリアルです。何かの目的のためや人を喜ばせるために、妥協したりしないでしょう。

⑥ **身体** 肉体のエネルギーと波長が合い、自然体で、身体からのメッセージを素直に受け取っています。

⑦ **主な関係性** 親しい人々とのつながりにおいて、すばらしい真正さがあります。あなたはつねに「良い人」ではないでしょうが、リアルです。

⑧ **新しい見方** ただ自分自身でいよう、正直でいようと思ったことがありますか。

⑨ **マインド** 誠実さ、真正さについて考えています。たぶんそうなりたいのか、あるいはすでにそうだと思っているのでしょう。

⑩ **ピーク・エクスペリエンス**　現状でできる最高のことは、何であれ起こっていることや、感じていることに、ただリアルで自然でいるということです。他のことをしようとしても、何も得るものはありません。

⑪ **スピリチュアル・メッセージ**　存在は、見栄やごまかしを落とし、もっともっと本物のあなたへと動いていくことを勇気づけています。メッセージはまさしく、リアルであれ！ということです。誠実さと自然な平凡さを、あなたがすべてのゲームを手放したとき、あなたは生きて学ぼうとしているのです。これは育てられるものではなく、残るものです。

⑫ **瞑想**　この時期、あなたにとって明らかに楽ではないでしょうが、内側に本当に起こっていることにくり返し立ち返って、そのままでいる必要があります。違う振りをしないで、ただリアルでいることが、あなたの瞑想です。

⑬ **概観**　あなたは、リアルで真正に自分の人生に直面しています。これがあなたの未来への扉です。

208

ワンドの4 - 完　結(コンプリーション)

◆完結する、解決、終わる

●意味とシンボル（牡羊座にある金星）

ここでワンドは、輪になってつながり、途切れてはいません。出来事は完結へともたらされています。ワンドの一方の端には雄羊の頭があり、もう一方の端のハトがありますが、雄羊は新しい始まりの男性的なシンボルである牡羊座を表し、ハトは、美と愛の女性的なシンボルである金星を表していて、それらが一つになっているのです。対極が溶け合うことで、ハートの中から美しいやり方で、古いものが真に完結を迎えることができます。

これが、新しいことが始まる前に必要なのです。

このカードは、何かを完結させるために、すべきことを何でもするという必要性を表しています。それは完結したり、解決するプロセスです。

209　第2章　小アルカナ

●カレントライフ・リーディングのバリエーション……このカードが次の位置に現れたら

①物の見方　人生において、ある物事やある段階を完結しているという感じがあります。

②コミュニケーション　人との古いつき合い方の何かが終わってきています。以前のようにふるまったり、話したりすることはできないと感じているかもしれません。

③仕事　仕事のエリアの何か、あるいはあなたがしてきたことが、終ろうとしています。仕事自体か、たんにそれまでの段階ややり方が終わりを迎えているということでしょう。

④内面の自己　ある内なる状況を解決し、完結させるというプロセスにいます。

⑤性エネルギー　性的なエネルギーの古い使い方、異性との古い関わり方が完結しようとしています。あるいは、古い性的なつながりを完結させようとしているのかもしれません。

⑥身体　身体に、終わりを迎えようとしているプロセスがあります。病気が治りつつあるのか、あるいはもっと微妙なエネルギーのプロセスかもしれません。

⑦主な関係性　関係性のある局面が終わろうとしています。おそらく別の局面がやってこようとしていますが、まずは、これを好意と理解を持って完結することが必要です。もしも今、親密な関係性がなければ、新しい関わり方のスペースをつくるために、古い関わり方や古い関係性を終えているところなのでしょう。

⑧新しい見方　自分のために、この状況を完結する必要があると考えたことはありますか。

210

⑨ **マインド** 何かを解決することや、完結させることを考えています。

⑩ **ピーク・エクスペリエンス** 今の状況を完結させるために、何であれ必要なことを優美なやり方でする必要があります。あなたはまだこれをしていないということを知ってください。

⑪ **スピリチュアル・メッセージ** 人生において、今までの物事を完結する必要のある時期に来ています。これは心配や不安をもたらすかもしれませんが、これを解決するまでは、次の段階へ移ってはいけないと知ってください。

⑫ **瞑想** 人生において、今、何かを解決したり、終える必要があります。おそらくあなたは気が進まないでしょうが、これが最も大切で、大きな成長をもたらすものです。

⑬ **概観** 内側から、あるいは外側からやってきている完結の感覚があって、それがあなたの人生全体の方向性に影響を及ぼしています。

ワンドの5 - 闘争（ストライフ）

本質

◆ 問題、葛藤、困難、ブロックされたエネルギー、行き詰まり

Strife

● 意味とシンボル（獅子座にある土星）

ここで使われている三つの異なるワンドは、続く三枚のカードにさまざまな配置で現れてきます。ワンドはクローリーがチーフ・アデプトと呼んでいるもので、大アルカナの『魔術師』と『悪魔』のカードにも使われています。それは、古代エジプトで王を意味する、翼のついた太陽のシンボルを持ち、ここでは背後にある鉛のような鈍い色の弱々しいワンドのエネルギーを支配し、抑え込む強いエネルギーを表現しています。二本の似たワンドの頭には、浄化と復活のシンボルであるフェニックス（不死鳥）の頭がありますが、互いにそっぽを向いています。他のワンドの頭にある蓮の花は、誠実なハート（『ワンドの3』から）を表していますが、それも灰色で、枯れたように見えます。カードの背景の鮮やかな黄色は、表現されたがっているエネルギーが、何かによって制限され、ブロックされていることを示しています。

このカードの意味するところはまさしく、ブロックされた、滞ったエネルギーです。これはたいてい、自分の内面であれ、外の世界であれ、問題や葛藤や困難として体験されるものです。

212

● カレントライフ・リーディングのバリエーション……このカードが次に位置に現れたら

① 物の見方　人生を、問題志向の目で見ています。対処すべき現実的な問題があるのか、あるいは、何が起こっても、困難なこととして見るということでしょう。

② コミュニケーション　人との関わり方に、葛藤と欲求不満があります。あなたはこれを、人とのケンカや緊張として体験しているか、あるいはたんに、自己表現が難しいと感じているのかもしれません。

③ 仕事　仕事、あるいは何であれあなたのしていることに、大きな困難があります。おそらく、制限と不満を感じていることでしょう。

④ 内面の自己　内面にたくさんの葛藤があります。自分のある側面と戦っているのかもしれません。あるいは何らかの問題に対処しているのでしょう。

⑤ 性エネルギー　性エネルギーのブロックを体験しています。性的なパートナーや異性全般との問題だと感じているかもしれませんが、おそらくその根本は、あなた自身の性的な条件づけにあります。

⑥ 身体　今、肉体のエネルギーには明らかなブロックがあります。これを体験し、解放する必要があります。もしもすでに身体に問題があれば、それはブロックされたエネルギーと関係があると知ってください。身体を動かすか、何であれ、わき上がってくる感情を表現するスペースを与えてあげましょう。

⑦ 主な関係性　これは今のあなたにとって、困難な領域です。パートナーとの間、あるいはパートナーシップに

ワンド

213　第2章　小アルカナ

⑧新しい見方 自分には問題がないというふりをするのでなく、それがあるとただ認め、それに対処してみてはどうでしょうか。関して問題がありますが、ブロックされたエネルギーのせいで明晰さが曇っているので、何が起こっているのかを見るのは難しいでしょう。

⑨マインド 人生を問題としてとらえていて、とても気がかりです。これは現実かもしれないし、あるいはマインドの想像かもしれません。

⑩ピーク・エクスペリエンス 今、ある状況に、本当に対処する必要があります。起こっていることに直面し、制限と問題にまっすぐ向き合うことです。それは、自然になくなるものではありません。

⑪スピリチュアル・メッセージ 存在は、あなたが人生の中でしばらくの間避けてきたある困難な状況に対処するよう勇気づけています。あなたには、その準備ができているに違いありません。でなければ、このカードを引かなかったでしょう。

⑫瞑想 今のあなたの瞑想は、起こっている困難や問題の中にしっかりいることです。おそらくそれは楽しくはないでしょうが、あなたの成長にとっては、間違いなくいいことです。

⑬概観 人生にある問題があって、その他のすべてを染めています。楽な時ではありませんが、あなたはおそらく未来の方向性をクリアにするために見る必要のある物事に対処しているのです。

214

ワンドの6 - 勝利(ヴィクトリー)

本質

◆ポジティブ、いい、複雑でない、問題ない、オーケー

● 意味とシンボル（獅子座にある木星）

先のカードの困難は過ぎ去って、状況はポジティブな解決を迎えました。ワンドは調和とバランスを取り戻し、お互いにサポートし合い、交差したところには、エネルギーの炎が上がっています。ワンドの頭には、『闘争』のカードと同じシンボルが現れていますが、中央の二本のワンドにある、意識的な知覚を表すワンドの頭はもはやブロックされておらず、クリアな視力が戻っています。再生を象徴するフェニックスの頭は、調和を持って向き合い、蓮の花（オープンなハート）は、ワンドと同様に、金色で生き生きとしています。背景の明るい紫色は、古代エジプトで勝利を表す色として用いられていました。

このカードは、正しく事が起こっている、あるいは、事がうまく解決されたというエネルギーを表しています。状況は首尾よく運んだのです。それは何か大層なことではなく、ただ問題がないということで物事はOKです。

ネガティブな意味では、より深い課題を扱うのを避けている、浅薄な状態を表すこともあります。

●カレントライフ・リーディングのバリエーション……このカードが次の位置に現れたら

① **物の見方** 人生に対し、明るい見方をしています。何が起ころうと、ポジティブに見ることができます。

② **コミュニケーション** 一般的な人づき合いに、気楽で幸せな感じがあります。何か困難がポジティブに解決したか、あるいは、今はたんにこの領域には問題はないということでしょう。

③ **仕事** 何をしているにせよ、ポジティブなエネルギーが流れ込んでいます。何かが達成されたところか、問題が落ち着いたか、あるいは、起こっていることに対して、ただいい感じなのでしょう。

④ **内面の自己** 自分をOKだと感じています。今はどんな内的な問題にも対処していません。何か問題があるとしても、です。

⑤ **性エネルギー** 性エネルギーは、複雑でなく、問題もなく動いています。

⑥ **身体** 身体のエネルギーは、楽に楽しく動いています。

⑦ **主な関係性** 親密な関係は一つか、それ以上あるかもしれませんが、このエネルギーの結びつきは、ドラマや困難もなく、安定しています。

⑧ **新しい見方** 起こっていることの明るい面を見ることもできる、それが問題である必要はないかもしれない、と考えてみたことがありますか。

⑨ **マインド** あなたの思考は、何が起こっていようと、ポジティブで気楽です。

216

⑩ ピーク・エクスペリエンス　この状況においてできる最高のことは、物事をポジティブに見ることです。問題がないのに、あると思っているのかもしれません。

⑪ スピリチュアル・メッセージ　「楽なことが、正しいこと」というモットーが、存在からあなたに与えられたものと言えるでしょう。あなたは、問題やドラマをつくり出す必要はないと知るよう勇気づけられています。すべてはあるがままでOKです。「ほら、問題ないさ」という、オーストラリア人の哲学を生きる練習をしてみたらどうでしょう。

⑫ 瞑想　問題や奮闘の方がなじみがあるでしょうが、何が起こっていようとも、ただOKだということを見出すところに、今のあなたの成長があります。物事を困難にしがちな傾向に気づいて、それを手放す用意があるかどうか見てみましょう。

⑬ 概観　全般的に、人生はうまくいっているという感じがあります。なぜとか、何かさえ、分かってはいないかもしれませんが、ただ、近い将来に直面すべき問題はありません。すべてはいい調子です。

217　第2章　小アルカナ

ワンドの7 - 勇敢(ヴァラー)

本　質

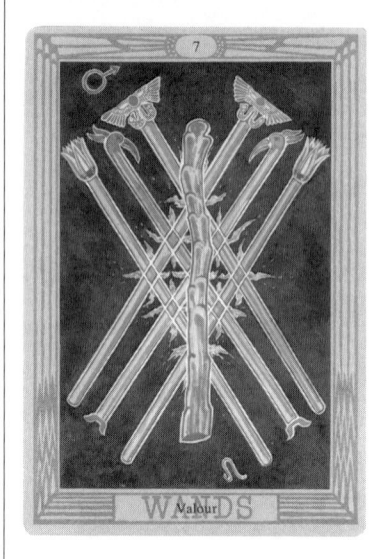

◆ 勇気、力強くある、努力する

Valour

● 意味とシンボル（獅子座にある火星）

ワンドの5と6のカードに現れていたのと同じワンドが、ここで最後の発展を迎えています。『闘争』のカードでブロックされていたエネルギーは、『勝利』でポジティブな解決を迎え、今やエネルギーがより勇気や努力を必要とする領域に入ってきました。新しい中央のワンドは、力強く有機的な、ごつごつしたこん棒の形で、生の体験が刻まれています。道は容易でないとしても、自分の知っていることを信頼する必要があります。かなり居心地のいい『勝利』から動いていくためには、勇気と努力が必要なのです。

火星の男性的な戦士のエネルギーが入ってきているために、安らかな淡い紫だった前のカードの背景は、ここでは濃く強烈になっています。

このカードは、困難にめげずに前進していく、断固とした意志と強さを象徴しています。そしてこの動きは、努力、勇気を必要とします。

ネガティブな意味では、自然な流れに逆らって無理強いするエネルギーを表すこともあります。

218

● カレントライフ・リーディングのバリエーション……このカードが次の位置に現れたら

① **物の見方** あらゆることに少し努力がいるという感じで人生を見ています。あるいは、この調子で行くには、勇気が必要だと感じているのかもしれません。

② **コミュニケーション** 人との関わりは、今あなたにとって少し努力がいることです。たぶん自分を表現するのに勇気がいるとしても、とてもがんばってそうしようとしているのでしょう。

③ **仕事** 仕事のエリアで何かをしたり、達成したりするのに一生懸命です。そのせいで、少し緊張を感じているかもしれません。

④ **内面の自己** 今、自分にくつろいではいません。何らかの努力や無理強いがあって、おそらくあまり居心地よくは感じられないでしょう。これは何か内面の困難にポジティブに向かい合っているのか、あるいは自分自身を受け入れていないところからきているのでしょう。

⑤ **性エネルギー** 性エネルギーに、努力や無理強いがあります。誰かとの間で事を起こそうとしているか、あるいは、古い性的な条件づけのパターンを切り払うために勇気や努力を使っているのかもしれません。

⑥ **身体** 自然な流れに逆らって、肉体のエネルギーを強いています。その状況で必要なのかもしれないし、あるいはそうではないのかもしれません。

⑦ **主な関係性** おそらく今、とても近くに感じる誰かとの間に事を起こそうとしているか、ある。あるいは、親密さの中で、あなたにとってリアルなことにとどまったり、分かち合ったりするために、勇気を出しているのかもしれません。

⑧ 新しい見方　起こっていることについて、もっと努力したり、もう少し勇気を出すこともできるかもしれないと、考えてみたことがありますか。

⑨ マインド　何かをしようと努力することについて考えています。

⑩ ピーク・エクスペリエンス　現状においてできる最高のことは、必要な努力や主張をする勇気を持つことです。物事が自然に起こってくるのを待っているのはよくありません。

⑪ スピリチュアル・メッセージ　存在は、あなたの本性にある戦士の質を育てるよう、勇気づけています。おそらくあなたは十分長い間、物事が流れるままにまかせてきたのでしょう。今は、恐れや困難さがあっても、折れる時ではありません。努力と勇気が必要です。

⑫ 瞑想　必要なことをする勇気を見出すことが、今あなたにとっての主な成長です。くじけそうになるたびに、自分をまた押しやることです。

⑬ 概観　自分の人生を今の状態に保っておくために、ある程度の努力をしています。これは、行くべきところへたどり着くために必要なことかもしれないし、あるいは、あるがままとともに流れていくことから、あなたを引き離しているのかもしれません。

220

ワンドの8 - 迅速(スイフトネス)

本　質

◆ゲシュタルトの変化、新しい観点、コツを見つける

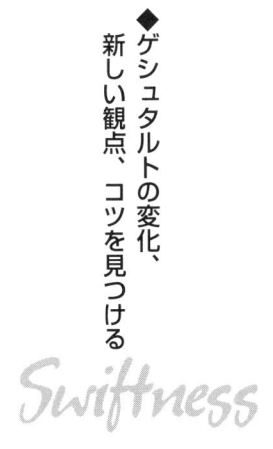

Swiftness

●意味とシンボル（射手座にある水星）

このカードは、ある状況への新しい明晰さや新しい観点がもたらされたときに困難が解決され、ブロックされたエネルギーが瞬間的に解放されることを象徴しています。こうしたゲシュタルトの変化、つまり、起こっていることへの見方が変わることによって、状況が動き、望んでいた結果が起こるようなことをしたり、言ったりできるようになるのです。

ブロックされたエネルギーは、四角形で象徴されていますが、ほんの少し向きが変わると、それはクリスタルのダイアモンドになり、赤いエネルギーの稲妻が解放されます。その稲妻を、インスピレーションととらえることもできるでしょう。このシンボルの上にある虹は、この転換が可能となる、夢や欲望の成就を表しています。

私たちは人生の中で、人や状況に対して克服しようのない困難を抱えていると思うことがありますが、そんなとき、古い概念や観念を手放し、みずみずしい明晰さをもって物事を見るコツを見つけられれば、困難がただ消えてしまうような、新しい見通しを得るのです。これは「ああ、そうか！」というひらめき体験でもあって、す

●カレントライフ・リーディングのバリエーション……このカードが次の位置に現れたら

① **物の見方** 人生をみずみずしい、新しい見方で見ています。

② **コミュニケーション** 人とのつき合い方の何かが転換しました。たぶん人とどう関わるかという一定のパターンを、新しい光の元で見ているのでしょう。

③ **仕事** 内面的、あるいは外面的な変化によって、仕事でどんなことをしているにせよ、新しい見通しがあります。突然、自分の状況がまったく違って見えたり、感じられたりしています。もうそこには困難はないでしょう。

④ **内面の自己** 自分を見る見方に、意外な発見がありました。自分について問題だと思っていたことが、別の観点から見たらもはやそうではなく、先に進む用意ができたということでしょう。

⑤ **性エネルギー** 性エネルギーに、ある転換やエネルギーの変化がありました。これは性的なパートナーとの関係についてかもしれないし、自分の中の基本的な生命力とのつながりについてかもしれません。それは、異性全般との関わり方に影響を及ぼすことでしょう。

⑥ **身体** 肉体のエネルギーのあるブロックが解放されました。おそらく身体には解放感があるでしょう。あるいは、肉体に起こっていることに対し、新しい見通しがあるということかもしれません。

222

⑦ **主な関係性** 親密な関係性において転換や動きがあり、それによって、物事を新しい見方で見ることができるようになっています。起こっていることや、自分が望んでいることを、あなたがクリアに見る助けとなることでしょう。

⑧ **新しい見方** この状況が問題ではなくなるような、別の見方があるかもしれない、と思ったことがありますか。

⑨ **マインド** 人生の中でのある状況への関わり方や、自分がしていることに、新しい見方を見出したと思っています。

⑩ **ピーク・エクスペリエンス** この状況においてできる最高のことは、起こっていることに対するあなたのとらえ方をただ変えてみることです。そうすれば、物事がおのずから変化していくのが分かるでしょう。

⑪ **スピリチュアル・メッセージ** 存在は、人生を新鮮な見通しをもって見るよう勧めています。ただ物の見方を変えることで、以前は問題に見えていたことが、最悪でも学びの状況であり、最良なら祝福のようなものだと分かるでしょう。このような時には、カウンセラーのような、外からのアドバイスが助けになるかもしれません。よいカード・リーディングをする人に心当たりはありますか？

⑫ **瞑想** 特定のやり方で物を見たり、何かをしたりという古い習慣のパターンに直面させられています。問題だと感じるものも、本当はそうではないということ、実際のところ、あなたはよりよい対処の方法を知っていて、自分の望みを達成できることを、絶えず思い出すようにしましょう。

⑬ **概観** 人生に対する見方が変わり、それがあなたの将来の方向性全体に深い影響を与えています。

ワンドの9 - 強さ(ストレングス)

本質

◆ 自立、個であること、自分自身のエネルギーに立つことからくる強さ

Strength

● 意味とシンボル（射手座にある太陽）

中央の力強いワンドが、月と太陽を結びつけています。月は存在の無意識的、内的部分のシンボルであり、太陽は外面的、意識的部分のシンボルです。これは、内面と外面、意識と無意識が結びつき、協調して働いている真の合一状態を表しています。背景にある八本の矢は、四本ずつに分かれ、中央の一本を協調してサポートしています。存在の四つの部分、つまり精神、肉体、感情、魂がまとまり、一体となったとき、内なる全体性と力強い状態が生み出されます。それぞれの矢の先にある上弦の三日月は、この強さが主に内面のスペースからのものであることを暗示しています。

このカードは、内面が一つにまとまった存在の状態の象徴で、そのために外から何も必要としていない状態です。この内なる全体性から、あらゆる人や物から自立し、自分自身でいることが可能になります。このように自己充足し、自分自身のエネルギーに立つときには、自分を守ったり、コントロールしたり、防御することなく、あるがままの個人でいられる強さを手にするのです。

ネガティブな意味では、このカードは繊細さに対する防御や、反依存のスペースからの自立の状態を表すこと

224

● カレントライフ・リーディングのバリエーション……このカードが次の位置に現れたらもあります。

① **物の見方** あなたは自分自身を、周りの人々の考え方や影響から自立した、一人の個人としてとらえています。

② **コミュニケーション** 人と関わる際に、自分のエネルギーに根づいています。これはおそらく、自分の意見や物の見方を保っていて、他人に影響されないということでしょう。

③ **仕事** 仕事で何をしているにせよ、自分で、自分のためにそれをしています。誰かの元で働いているとしても、人生のこの領域ではあなたは自立していて、おそらくどうすべきか指示されてはいないでしょう。

④ **内面の自己** とても健やかで、一つにまとまっていると感じています。自分の個性を受け入れています。

⑤ **性エネルギー** 性的な関係性があるとしても、あなたの性エネルギーは自分自身のままで、パートナーシップに縛られたり妥協したりしていません。

⑥ **身体** 自分の肉体のエネルギーにセンタリングしていて、簡単に他人に自分を見失ったりしません。もし関係性の中にいるなら、これがあなたに内なる強さと全体性の質をもたらしています。

⑦ **主な関係性** あなたの親密なエネルギーは、他人から自立して作用しています。もし関係性の中にいるなら、これが純粋な内なる全体性によるものか、あるいはオープンで繊細になるのがいやで自分を閉ざしているのか、確かめてみてください。

⑧ **新しい見方** 他人や状況にかかわらず、自分のしたいことができると、考えてみたことがありますか。

⑨ **マインド** もっと自立し、自分のスペースとエネルギーに根づくことで頭が一杯です。

⑩ **ピーク・エクスペリエンス** 現状でできる最高のことは、自分のエネルギーに立ち戻り、自分を一人の自立した人間として感じることです。他人に影響されないで、他の人の意見がどうであろうと、自分が何を望んでいるか、はっきりさせることです。

⑪ **スピリチュアル・メッセージ** 存在はあなたの内側に、関係性や、あるいは社会にさえ影響されず、また依存することなく、自分を一人の自立した個人として体験できるスペースを見出していくよう勇気づけています。自分の道を歩む時です。

⑫ **瞑想** 自立と個であることを主張するのが今のあなたの瞑想です。たぶん自分の足で立たなければならないのが不安なのでしょう。あるいは、依存関係から抜け出したところで、自分自身にセンタリングする時だと、くり返し思い出す必要があるのかもしれません。

⑬ **概観** あなたは今、他の人から自立して、自分なりのやり方を見つけ、我が道を行っています。

ワンドの10・圧迫(オプレッション)

本質

◆ 圧迫されたり、抑圧されたエネルギー
◆ 抑えたり、窮屈な感じの状態
◆ 抑制、憂うつ

● 意味とシンボル (射手座にある土星)

前面にある二本のワンドは、ワンドの2の『支配』に現れていた聖なる力を持つチベットのドルジェと同じものです。『支配』では、新しいものをもたらすために、調和をもって働いていましたが、ここでは、それは硬く、金属的で、背後にある弱く、もろい八本のワンドを抑えつけています。エネルギーが新しい方向へと動くのを許す代わりに、動きを制限しているのです。

オレンジの色と中央の炎のほとばしりは、強烈なエネルギーが抑え込まれていることを表しています。四つのワンドのグループに表されている感情的、肉体的、精神的、霊的な次元へと動いていけたであろうエネルギーは圧迫され、私たちは自分とのつながりを失ってしまいます。この制限されたエネルギーは内側で不毛になり、自己破壊的になるか、表現したりする能力がブロックされると、私たちを落ち込ませます。体験したり、表現したりする能力がブロックされると、私たちを落ち込ませます。

このカードは内側からであれ、外側からであれ、抑圧されたり、抑制されたり、制限されていると感じる状態を表しています。また、抑うつ状態も表すこともあります。

●カレントライフ・リーディングのバリエーション……このカードが次の位置に現れたら

①物の見方　あなたは抑え込まれ、制限されていると感じているか、おそらく人生全般が憂うつでさえあるでしょう。これは、実際の外側の状況によるものかもしれないし、あるいはたんにマインドの状態なのかもしれません。

②コミュニケーション　自分を抑えているか、あるいは人に抑えられるがままになっています。言いたかったり、表現したいことがたくさんあるのに、飲み込んでいます。

③仕事　仕事の状況において、制限され、抑圧されていると感じています。おそらくしたいように事を進めることができないのでしょう。

④内面の自己　窮屈な感じで、たぶん内側では落ち込んでいるでしょう。あまりに自分を抑圧しているので、動くためのパワーはおろか、自分を感じることもできないのかもしれません。

⑤性エネルギー　性エネルギーは抑圧されていて、あなたは異性との結びつきから身を引いています。

⑥身体　肉体のエネルギーは抑え込まれ、窮屈になっていて、おそらく身体の内側はとても硬く重く感じるでしょう。これは現実的な制限からきているかもしれませんが、もし内側からきているならば、このままの状態では、病気になりかねないことに気づいてください。身体を動かして、抑圧しているものを解放する努力をする必要があるでしょう。踊る、走る、エクササイズをする―何であれ、エネルギーを動かして、感情を吐き出すことです。

228

⑦ **主な関係性** 親密な人から、あるいは誰かと親密になる可能性から、エネルギーを引っ込めてしまっています。あなたは自分が一体何を隠そうとしているのか、見つけたいと思っているかもしれません。

⑧ **新しい見方** 自分を少し抑えることもできると、考えてみたことがありますか。いつも何かに向かって走っている必要はないのです。

⑨ **マインド** 窮屈さや抑圧について考えています。

⑩ **ピーク・エクスペリエンス** この状況においてできる最高のことは、今、向かっている方向に動くのを抑えることです。少し自分を抑えることが、今まさに必要とされています。

⑪ **スピリチュアル・メッセージ** 存在はこの時点で、あなたの人生に制限の手を伸ばしています。あなたはいつもの「何かをする」パターンを続けたくてしかたがないかもしれませんが、このパターンを崩し、まさしく自分を抑えることを勧められています。

⑫ **瞑想** 今、制限されたスペースにいて、あなたにはそれが気に入りません。しかし、行き詰まり、抑圧され、制限されている、それが現状なのです。あなたにできるのは、それを体験し続け、瞑想にすることだけです。あなたはこの学びに対し、後で感謝を感じることでしょう。

⑬ **概観** 特定の原因や理由があるにせよ、そうでないにせよ、抑圧のエネルギーがあなたの方向性を制限しています。その制限が外の状況によるものであれ、内面的な原因によるものであれ、たぶん重く、憂うつな感じがあるでしょう。

ワンド

229　第2章　小アルカナ

SWORDS
スウォード

スウォードは風の元素のシンボルで、
さまざまな思考(マインド)の状態と、
その使い方を表す

スウォードのナイト

本質

◆ 集中、焦点の合った思考、マインドの固い意志、一点集中

Knight of Swords

● 意味とシンボル

『スウォードのナイト』は、成熟した男性的な（陽の）思考を表します。彼は、自分がどこへ向かっているのかをわきまえ、確固とした方向性や目的を持って動いている人の強烈さを備えて、全速力で空中を駆けています。このような固い意志を持つためには、思考の焦点が合い、集中し、非常に回転の早い思考を表しているのです。それは身体と精神、感情の統合からもたらされますが、ここではそれは、ナイトの背後に一定の情熱が必要で、それは身体と精神、感情の統合からもたらされますが、ここではそれは、ナイトの隣で陣形を組んで飛んでいる、三羽のツバメによって表されています。ヘルメットの上にあるプロペラは、彼を宇宙に保っていますが、それは彼の思考の高尚さを表しています。ネガティブな意味合いにおいては、彼は現実と結びつきを持たないこともあります。

このカードは、ポジティブな形では、焦点が合った、集中した、決然とした思考の使い方を表しますが、ネガティブな形では、攻撃的で視野が狭い状態となります。

● カレントライフ・リーディングのバリエーション……このカードが次の位置に現れたら

① 物の見方　あなたは自分がどこへ向かっているのか分かっていると思っていますが、人生において、思考を目的や方向性に集中する傾向は、どうしてそうなのかさえ分からないままに、少し忙しく駆り立てられたような感じがあるということかもしれません。

② コミュニケーション　人との関わりは、激しく情熱的です。同時に、ときには少し攻撃的になったり、自分の見方に固執したりしていないか、チェックしてみましょう。

③ 仕事　仕事に、断固とした、集中した精神力を注ぎ込んでいます。おそらくあるアイデアや目標を持っていて、それを達成することに情熱を傾けているのでしょう。

④ 内面の自己　精神の強烈さを通して、自分と関わっています。独りでいる時間を、自分の考えに集中して過ごしているのかもしれません。

⑤ 性エネルギー　今は、性エネルギーに従うのは難しいでしょう。なぜなら、あなたのマインドには、このエネルギーが向かうべき方向について、非常に強固な観念があるからです。あるいはまた、自分の性的パターンに焦点を合わせ、じっくりと見ているところかもしれません。

⑥ 身体　肉体のエネルギーは、マインドの焦点に影響されています。あることをすべきだと思ったら、身体のメッセージがどうであれ、あなたはおそらくそうするでしょう。

⑦ **主な関係性**　親密な人との関わりを、マインドの焦点を通してどうこうしようとしています。ということはおそらく、たくさんの思考の交換が行われていて、物事のあるべき姿についていろいろな観念があるのでしょう。こうした状態では、思考以外何も可能ではないことに気づいてください。

⑧ **新しい見方**　自分の意図や焦点をもっと明確にする必要があると、考えたことがありますか。

⑨ **マインド**　焦点を合わせ、集中することについて考えたでしょう。おそらくある特定のことに関してでしょう。

⑩ **ピーク・エクスペリエンス**　今できる最高のことは、現在の状況について、思考を用い、強い意志で集中して考えてみることです。何が起こっているのかを本当に見て、あいまいな考えを捨てる必要があります。

⑪ **スピリチュアル・メッセージ**　存在は、マインドの集中力や目的意識をもっと育てるよう勧めています。つまり自分のマインドの強さを見出す必要があるのです。物事への確固とした集中した思考がいつでも使える状態にならなければ、霊的な旅をさらに進んでいくことはできません。

⑫ **瞑想**　マインドの焦点を保つアートが、今のあなたの瞑想です。たぶん集中を失い、スペースアウトしてしまう傾向を断つために、断固とした努力をする必要があるのでしょう。

⑬ **概観**　あなたは人生が向かっている方向性に、とても焦点を合わせています。おそらく何か目的や目標があって、それに集中しているのでしょう。ただ、この固執した見方が、ときには実際に周りで起こっていることを見えなくしてしまっていないか、チェックしてみましょう。

234

スウォードのクイーン

本　質

◆ 偏見のない、明晰、客観的思考、マスク・カッター（仮面を剥ぐ人）

Queen of Swords

●意味とシンボル

『スウォードのクイーン』は、成熟した陰の（女性的な）思考を表しています。片手に剣を、もう一方の手には仮面を手にしています。彼女は空中で雲の玉座に座り、片方の仮面を切り捨て、背後にあるリアリティを見るために剣を使うことができるのです。外面的な見せかけや人格の層という仮面を切り捨て、背後にあるリアリティを見るために剣を使うことができるのです。頭上の巨大なクリスタルの王冠は、こうしたマインドの状態が持つ明晰性と洞察力を、そしてその上にある子どもの頭は、みずみずしく純真な子どものマインドへの回帰を表しています。子どもは往々にして大人よりクリアに物を見ることができますが、本当にそこにあるものを見るためには、自分の持っている観念や信念体系という雲を切り払う必要があるのです。

このカードは、カウンセラーの役割を連想させる思考の質を表しています。防御することなしに起こっていることを受け入れる無垢さとオープンさ、感情的に巻き込まれない客観性があるのです。ここから見せかけを切り払う明晰さと、リアルなものを見て、ともにあるための真正さがやってきます。ネガティブなスペースでは、このエネルギーは辛らつで、意地悪くもなりえます。

●カレントライフ・リーディングのバリエーション……このカードが次の位置に現れたら

① **物の見方** 今、人生に対して客観的でクリアな見方をしています。防御も虚飾もなしに、起こっていることを見ています。

② **コミュニケーション** 人とのつき合いは正直で、客観的で、とてもクリアです。あなたは実際に起こっていることを誠実に、オープンに見たり言ったりできているのでしょう。ときどき辛らつで、意地悪くなりすぎていないか、気をつけましょう。

③ **仕事** どんな仕事をしていようと、起こっていることに関してクリアで客観的な見通しを持っています。

④ **内面の自己** 今、自分自身を客観的な見地から見つめています。それによって、人格という仮面の裏にある自分につながり、あるがままの自分を見ることができています。

⑤ **性エネルギー** 性エネルギーや性的な関係性に何が起こっていても、それに対してクリアで、理性的です。とはいえ、それはエネルギーというよりは、あなたの思考の中のことですが。

⑥ **身体** 自分の身体や、そこに起きているプロセスに客観的なクリアさがあります。そのせいで、身体に対して一定の距離があるかもしれませんが、あなたは身体の状況を現実的に見ています。

⑦ **主な関係性** 親密な結びつきにおいて起こっていることに、オープンでクリアなヴィジョンがありますが、それはただ思考を通してです。おそらく、親密な関係について、たくさんのことを話しているか、考えているのでしょう。

236

⑧ **新しい見方** 信じ込みを脇に置いて、本当に起こっていることを、オープンに客観的に見てみてはどうでしょうか。

⑨ **マインド** 人生をクリアに客観的に見ていると思っています。

⑩ **ピーク・エクスペリエンス** この状況でできる最高のことは、自分自身の観念と防御と仮面を脇に置いて、何が起こっているのかを理性的、客観的に見るのにオープンでいることです。

⑪ **スピリチュアル・メッセージ** 存在は、人生を、新鮮でクリアなまなざしで見るよう勧めています。今こそ、うわべを装ったり隠したりしないで、何が実際に起こっているのか、本当の自分は誰なのかを見る時です。

⑫ **瞑想** 偏見を持たず、客観的でいることを瞑想にする必要があります。自分を安全にしておくために使っている自分の仮面や防御の陰に隠れていては、そうはできないでしょう。

⑬ **概観** あなたは人生と自分の向かっている方向性を、クリアに、客観的に見ています。それは少し無味乾燥な感じかもしれませんが、あなたはあるがままを見ています。

スウォードのプリンス

本　質
- ◆ 制限のある観念や思考形態を切り捨てる
- ◆ 批判的、いら立ち

● 意味とシンボル

『スウォードのプリンス』は、あまり確立していない陽の、思考との関わり方を象徴しています。彼は、激しく、しつこく剣を振り回し、パワフルな若者によって表わされていて、みずみずしく創造的に考える自由を制限する、過去の思考パターンや態度（戦車を引いている人影）を攻撃しています。戦車の前面にあるクリスタルは、マインドの自由を制限し、抑えつけるものには我慢ができない、若いエネルギーなのです。彼の緑色は、こうしたマインドの使い方の創造的な可能性を表していにつれ、知覚の明晰さが増すことを象徴し、彼が古いものを取り除いています。

このカードが表しているのは、人生を制限している古い観念や思考パターンを認識し、それを切り払うことでもあります。こうしたパターンはたいてい、私たちがいまだにしがみつき、信じている、子どものころからの古い信念です。一般的には、無用の、限定的な思考を切り払うマインドの使い方を表しています。ネガティブな側面としては、それは他人の物の見方や観念、制限の感覚にいら立ち、我慢できない、批判的なとげとげしいマインドを象徴することもあります。

●カレントライフ・リーディングのバリエーション……このカードが次の位置に現れたら

① **物の見方** 自由やスペースを制限する自分や人のマインドの姿勢にいら立つ傾向があります。一般的に、人生に対して批判的な見方をしているかもしれません。

② **コミュニケーション** おそらく今は、他人の物の見方にあまり寛容ではなく、人との関わりにいら立ち、批判的な傾向があるでしょう。あるいは、このいら立ちは自分自身と、人との関わりに関する自分の制限に向けられているのかもしれません。

③ **仕事** 自分や人の観念の制約を取り除こうとしているために、仕事に向かうエネルギーに精神的な切迫感が感じられます。

④ **内面の自己** 自分のなりたいものになったり、したいことをするのを制限している古い信念体系に気づいているせいで、おそらく内なる存在に不満を感じることでしょう。

⑤ **性エネルギー** 性エネルギーには、異性にいら立ちやじれったさを感じるようなマインドのフィルターがかかっています。あるいは、この領域に関して、自分を制限していると感じられる、古い観念を取り除こうとしているのかもしれません。

⑥ **身体** 肉体のエネルギーにはおそらく、不快さ、いらいらした感じがあるでしょう。エネルギーの自然な流れを抑制してきた思考パターンに気づいてきているのかもしれません。

⑦ **主な関係性** 親しい相手とのエネルギー的なつながりに、かなりいら立っています。古い抑制のパターンから抜け出そうとしているために、少し批判的になったり、寛容でなくなったりしているのでしょう。

⑧ **新しい見方** 自分を制限している古い抑制された観念やパターンをただ払いのけ、何が起こっているのかを新鮮な目で見ることもできると、考えてみたことがありますか。

⑨ **マインド** 制限や抑制を切り払うことについて考えています。いら立ちを感じているかもしれません。

⑩ **ピーク・エクスペリエンス** この状況においてできる最高のことは、創造的でみずみずしいアプローチを見つけられるよう、物を見る古いやり方を払いのける、断固とした努力をすることです。

⑪ **スピリチュアル・メッセージ** 存在は、世の中でのあり方を抑制するような自分や自分の人生についての古い観念を切り払うよう、勇気づけています。もしあなたにこうする準備ができていなければ、このカードを引くはしなかったでしょう。どちらにせよ決して実際には自分のものではなかった、これらすべての古い信念を捨てることに情熱を注ぐように。

⑫ **瞑想** 今のあなたの瞑想は、新しい創造的な方向に向かうのを止めている古い観念や姿勢を捨て去り続けることです。

⑬ **概観** 人生の方向を制限していると感じられる物事や観念を切り払おうとしているせいで、あなたは自分の人生を、緊迫した、いら立った感じで進んでいます。

スウォードのプリンセス

本　質
- ◆ 実際的、現実的な考えを覆っている雲を払いのけること
- ◆ ムード・ファイター（気分のむらと戦う人）
- ◆ マインドのワイパー
- ◆ 雲がかった、不安なマインド

●意味とシンボル

『スウォードのプリンセス』は、思考に対する、若い陰の関わり方を表しています。彼女は、コインあるいはディスクに覆われた堅固な台にもたれていますが、それは彼女が大地あるいは実際的なものにグラウンディングしている（地に根づいている）ことを表しています。彼女の周りの空気は、マインドの乱れによって騒然としています。雨や雲は、明晰さを覆い隠す気分や、取るに足りない無駄な思考を表していますが、彼女は剣を使って、それを払いのけています。彼女は、現実を見、実際的に物を考える能力を曇らせる思考や感情、気分を払いのける精神力を象徴しています。自分の行き先を見られるように、雨や霧を払う車のワイパーのように働くことができるのです。むら気な気分が明晰さを曇らせるがままにする代わりに、プリンセスは何が本当に起こっているかを見ることができるよう、それを払いのけるのです。

ネガティブな意味では、彼女はむら気でそわそわした、不安なマインドを表すこともあります。

● カレントライフ・リーディングのバリエーション……このカードが次の位置に現れたら

① 物の見方　概して、物の見方はちょっと雲がかった感じですが、人生に実際に何が起こっているのかを見ることができるように、マインドのもやを払いのけようとしています。

② コミュニケーション　人といる時に、少し不安でそわそわした感じでいるが、取るに足らない思考や気分を払いのけようとしています。

③ 仕事　仕事のエネルギーがどういう状態なのか、あまりよく分かっていないかもしれません。あるいは、人とのつき合いの中での明晰さを妨げている、取るに足らない思考や気分を払いのけようとしているのでしょう。

④ 内面の自己　自分に対する知覚は、ちょっと雲がかってぼんやりした感じですが、クリアに見ることを妨げているむら気や感情を払いのけようとしています。

⑤ 性エネルギー　異性との間で起こっていることを現実的に見ることができるように、性エネルギーを覆っている気分のむらを払いのけようとしています。

⑥ 身体　肉体のエネルギーとのクリアなつながりを妨げている暗い気分やむら気の層があります。あなたはそれをぼんやりとした感覚や肉体的な不快感として感じていて、それを解消しようとしているかもしれません。

⑦ 主な関係性　表面的な気分のむらや暗い気分があなたの知覚を覆っているので、親密な関係で本当に何が起こっているのかを見ることがちょっと難しくなっています。おそらくあなたは、そうしたマインドの乱れを払いのけようとしているでしょう。

242

⑧ **新しい見方** 現実を見られるように、表面的な考えや気分のむらを振り払うこともできると、考えてみたことがありますか。

⑨ **マインド** マインドを曇らせている気分や居心地の悪さを払いのけたいと考えています。

⑩ **ピーク・エクスペリエンス** 現在の状況でできる最高のことは、起こっていることに実際的、現実的に対処できるように、気分のむらや感情のもやを絶えず払いのけることです。

⑪ **スピリチュアル・メッセージ** 存在は、人生の実際の状態を見ることを妨げている、つまらない観念や気分に無駄な時間を注ぐのをやめるように、勇気づけています。現実を見ることができるように、知覚を浄化する断固とした努力をする時です。

⑫ **瞑想** あなたの瞑想は、現実的に何が起こっているのか、何をする必要があるのかを見る能力を覆っている、マインドの雲や気分のむらを絶えず払いのけることです。こうした思考にふけるのはやめましょう。あなたはいつそうしているのか、分かっているはずです。でなければ、このカードを引きはしなかったでしょうから。

⑬ **概観** 多少の不機嫌やクリアさの欠如が今、あなたにつきまとっています。あなたは自分の行き先を見られるように、それを脇に置こうとしています。

スウォード

243　第2章　小アルカナ

スウォードのエース

●意味とシンボル

このカードは、下方にある雲が表しているあらゆる疑いや混乱が払いのけられたときに起こる、思考の鋭さや、純粋な明晰さを象徴しています。意識の太陽が無意識の海から昇り、不確かさを焼き払っています。太陽、つまり意識的なマインドと一体になっているのは、柄に巻きついた蛇に表される、意識の変容を表す三日月でできていて、剣の先が王冠（高次の意識）の中に入っているのは、この変容が、拡大した、高次の気づきによるものだという象徴です。刀身には、ギリシア語で、明晰さや意志に相当する言葉が彫られています。

『スウォードのエース』は、「ああ、そうか！」という体験、新しい洞察、あるいはマインドの中でクリアになった気づきと見ることができるでしょう。これはたいてい、決断に先立つところから、このカードは往々にして決断するという行為を表してもいます。ときとして私たちは、人生において、そうしていると気づきさえしないで決断していることがあり、そうした決断が、私たちの現実に非常に大きな影響をもたらすと覚えておくのはいいことです。

本　質

◆ 決断する、思考の純粋な明晰さ、洞察のひらめき

Ace of Swords

● カレントライフ・リーディングのバリエーション……このカードが次の位置に現れたら

① 物の見方　ちょうどある決断をしたところか、あるいはする必要があるということが、あなたの人生に対する見方全体に影響を与えています。

② コミュニケーション　おそらく人との関わり方について、決断をしたか、洞察を得たところでしょう。それは、誰かとのあいだのことかもしれませんが、おそらくはもっと一般的なことでしょう。この決断が、自在に表現することを妨げていないか、確かめてみましょう。

③ 仕事　仕事に関して、決断をしたか、洞察を得たところでしょう。あるいは、決断をしようとしているのかもしれません。

④ 内面の自己　自分の内なる本性について、洞察を得たところか、あるいは意識的であれ無意識的であれ、自分とどう関わるかということに影響を与える決断をしたのかもしれません。

⑤ 性エネルギー　性エネルギーの現実や、異性との関わり方に影響を与える決断をしたところです。あなたはこれを意識しているかもしれないし、していないかもしれません。

⑥ 身体　身体に関する何らかの決断をしたのでしょう。このことはよくも悪くもありませんが、ただあなたの意志がエネルギーに強い影響を与えるような決断をしたのでしょう。このことはよくも悪くもありませんが、ただあなたの意志がエネルギーを支配していることに気づいていましょう。

⑦ **主な関係性** これは洞察か、あるいは決断かもしれません。どちらにせよ、確かにあなたは主な関係性について、あるいは、関係性を持つことにオープンでいることについて、ある結論に達しています。

⑧ **新しい見方** 今起こっていることに、はっきりとした決断を下す必要があると、考えたことがあります。

⑨ **マインド** 人生の何かについて、ある決断をしたい、明晰さを得たいと思っています。

⑩ **ピーク・エクスペリエンス** この状況においてできる最高のことは、はっきりした決断をし、それを変えないということです。つまり、あれこれ迷うのをやめるということです。

⑪ **スピリチュアル・メッセージ** 存在は、あなたにはこれまでマインドを曇らせてきた疑いや混乱を手放すことができる、そして今後の人生に大きな影響を与える、ある結論づけや決心をする必要があると言っています。たぶんあなたにとって決断するのは概して難しいことなので、結果的にずるずる引き延ばす癖がスピリチュアルな成長を抑えているのでしょう。

⑫ **瞑想** 何か決断をする必要があります。それは、一つ以上かもしれません。おそらくあなたにとって容易なことではないでしょうが、こうしたコミットメントをすることが、あなたを大きく成長させる状況だと気づいて、それを瞑想としてください。

⑬ **概観** あなたはある洞察を得たか、ある決断をしました。それが今、あなたの人生の進む方向を導いています。

246

スウォードの2 - 平和(ピース)

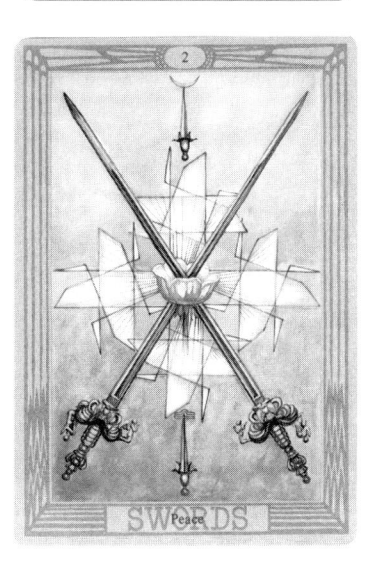

本　質

◆ マインドの安らぎ、運命にまかせること、平和を保つこと

●意味とシンボル（天秤座にある月）

二本の剣が、愛と知恵を表す青白い薔薇を貫き、交わっています。思考がハートの中で休むに至ったのです。剣の柄にある、祈りを捧げる天使は、決断は人のマインドの領域にではなく、運命や神の手の内にあることを示しています。カードの背景の黄色と緑は、霊的な安らぎと、そこからやってくる再生と復活を象徴していて、中央から輝き出している四つの優美な形のものは、身体、精神、感情、魂がこの状態で楽に調和し、一つにまとまっていることを表しています。

このカードは、あなたによって、またはあなたのために、決断はなされたのだという信念を象徴しています。ただ安らぎ、くつろぐこと以外、マインドがすべきことは何もありません。これは、人間が運命にコントロールをまかせた状態であり、思いわずらうことなく安らぐことができるのです。

ネガティブな意味合いにおいては、見る必要がある課題に対処するのをマインドが避けたり、無視したりしている状態を表すこともあります。

● カレントライフ・リーディングのバリエーション……このカードが次の位置に現れたら

①物の見方 今、少なくとも表面上は、自分の世界に安らいでいます。見せかけの無干渉主義やオーケーさを保とうとして、何かを避けようとしていないかどうか、確認してみてください。

②コミュニケーション 人との関わりにおいて、とてもゆったりしています。あなたには人に話を聞いてもらったり、証明したりする必要がありません。これが自分の真実を犠牲にしても平和を保たなくてはという必要から来てはいないか、確認してみたいかもしれません。

③仕事 仕事のエリアでは、何をしているようが、重大な問題にはなってはいません。おそらく今の状況で、気楽でハッピーなのでしょう。

④内面の自己 今、自分自身に安らいでいます。それは、葛藤や優柔不断な状態の後にやってきた、純粋な内なる平穏さかもしれないし、自分をもっと深く見るのを避けているということかもしれません。

⑤性エネルギー 性エネルギーのエリアには、あまり何も起こっていません。葛藤もありませんが、大きな情熱もありません。基本的には、何が起こっていようと、すべてはいい感じです。

⑥身体 肉体に、ある種のくつろぎがあります。葛藤も問題もありません。肉体のレベルで自分に安らいでいます。

⑦主な関係性 主な関係性のエリアには、大きな問題はありません。パートナーと平和な関係にあるのか、パートナーがいない状態に安らいでいます。あるいはパートナーと平和を保つことが、身についているのかもしれ

248

⑧ **新しい見方** 心配したり、物事を分かろうとしないで、自分に休みをあげてみては。物事は自分の手の内にはないとみなし、運命にゆだねる時期なのでしょう。

⑨ **マインド** マインドの安らぎを見つけたいと思っているか、あるいは今、本当にマインドが安らいでいるのでしょう。

⑩ **ピーク・エクスペリエンス** あなたにできる最高のことは、心配をやめ、そのままの状況で、マインドを休めることです。

⑪ **スピリチュアル・メッセージ** 存在はあなたに、人生において理解しようとか、決断を下そうとするのをやめるよう勇気づけています。たぶんあなたには心配したり判断したりする癖があって、そのために不安な状態でいるのでしょう。何が起こっているのか、どこへ向かっているのか分からなければ、人生はただうまく続いていくという信念を持ってもいいんだと、自分に言ってあげることが助けになるかもしれません。

⑫ **瞑想** あなたの瞑想は、マインドの安らぎです。ということは、おそらく、それを見出すのは難しいのでしょう。今、マインドにできることは本当に何もないのだと、絶えず思い出すようにしましょう。そしてそれがくつろぐ助けとなりますように。

⑬ **概観** あなたの人生の向かっている方向には、安らぎの感じがあります。未来を見るときに、葛藤や問題はありません。

スウォードの3 - 悲しみ(ソロー)

本　質

◆痛み、欲求不満、怒り、ネガティブなもの

●意味とシンボル（天秤座にある土星）

　三本の剣はすべて、ハートの薔薇の真ん中を貫き、傷つけ、そのために花びらが散っています。これはマインドのネガティブなエネルギーの象徴であり、それが存在における感情の部分へと深く入り込み、悲しみを生み出しています。剣は不均等で、調和が取れていません。二本の小さな剣は、曲がっていてちっぽけです。これは、ネガティブなマインドが不調和であることを、カードの暗い陰うつな色と背景のとがった模様や不規則な渦巻は、重い感情の状態を表しています。
　このカードは、痛み、怒り、欲求不満というネガティブな状態を表しています。こうした感情はすべて互いに強く結びついています。怒りは活動的で外に向かった痛みで、その状況に対し、何かできると考えている状態です。痛みや悲しみは、無力感やふがいなさとなって内向した怒りやネガティブさです。あらゆる怒りの根底には痛みがあります。欲求不満、恨み、いら立ちは、十分に認められていない、形になりかけた怒りの一種です。このカードは、こうしたネガティブな状態すべてに対応しています。

250

● カレントライフ・リーディングのバリエーション……このカードが次の位置に現れたら

① **物の見方** 人生をネガティブなフィルターを通して見ています。痛みや怒りの原因が実際にあるのかもしれませんし、たんにあなたの姿勢の問題である場合もあるでしょう。どちらにしても楽なスペースではありません。

② **コミュニケーション** 人との関わりは今、とても困難です。コミュニケーションに関して漠然とした欲求不満があるのか、あるいは、他の人に腹を立てたり、人から傷つけられたりすることが多いのかもしれません。

③ **仕事** あなたのエネルギーを使って何をしていようと、欲求不満でいるか、でなければ困難な時を過ごしています。仕事自体が問題なのか、あるいは、一緒に仕事をしている人との間に葛藤があるのかもしれません。どちらにしても、楽ではありません。

④ **内面の自己** 内なる存在に、大きな痛みや怒りがあります。今、間違いなくあなたは幸せではありません。自分をジャッジするという余計な重荷を負わせないで、ただそれを体験することができればいいのですが。

⑤ **性エネルギー** この時点で、セックスセンターに、怒りや痛みが居座っています。おそらくそれはパートナー、あるいは、元のパートナーに直接関係しているのでしょう。あるいは、幼児期の性的な条件づけによる古い痛みや欲求不満が、異性への嫌悪感として表面化してきているのかもしれません。

⑥ **身体** 肉体のエネルギーに、痛みがあります。これは実際の身体の痛みかもしれないし、認められてこなかった怒りやつらい感情が、肉体レベルに表面化してきているのかもしれません。いずれにしても、これはすぐに注意を向け、ケアしたり、表現したりする必要があります。さもないと、本当に病気になりかねません。

⑦ **主な関係性** 主な関係性において、怒りか痛みを感じています。リーディングのアドバイスを注意深くチェッ

スウォード

251　第2章　小アルカナ

⑧ 新しい見方　状況を悪化させずに、これに対して何ができるかを見てみましょう。

⑨ マインド　マインドにたくさんのネガティブな考えがよぎったことがありますか。

⑩ ピーク・エクスペリエンス　この状況でできる最高のことは、そこにある痛みや怒りをよく感じようとか、いい感じになろうとする時期ではありません。そのネガティブな現実をそのまま感じることを許しましょう。

⑪ スピリチュアル・メッセージ　存在は、一生とは言わないまでも、長年に渡って避けてきた痛みや怒り、欲求不満を感じるようにと勇気づけています。これらのいわゆるネガティブな感情は悪いものだと教わってきたために、私たちはそれを抑圧しがちです。けれども実際のところ、多くの場合において、痛みは多くを学ぶでしょう。このエネルギーが表面化し、表現されるように、泣いたり、枕を叩いたり、ジベリッシュ（訳注：意味をなさない声を出すことで、エネルギーを解放する瞑想法）をしたり、何か身体を動かす時間を意識的に自分に許すことが助けになるかもしれません。

⑫ 瞑想　それが気に入らないというのは自然なことですが、あなたの今の主な成長は、存在の中にある痛みや怒りを認め、それを感じることにあります。まさしくそれを瞑想にすることで、あなたは多くを学ぶでしょう。

⑬ 概観　今、人生は困難です。ネガティブなエネルギーの層があって、あなたの人生全般に影響を与えています が、それを避ける道はありません。その体験を、あなたの教師にして、それが、あなたの行く必要のあるところへと導いてくれると知ってください。

スウォードの4・休戦(トゥルース)

本質

◆あるがままを受け入れること、現実を許すこと、あるがまま

●意味とシンボル(天秤座にある木星)

同じ大きさと強さを持った四本の剣が、公認の印であるローゼット(薔薇の花飾り)で出会っています。剣の背後にある聖アンデレの十字架(訳注：Xの形の十字架で、十二使徒のひとりであったアンデレが磔にされたと言われている)は困難を表していますが、緑色は、この状況の受容へと導いた創造性によって可能となる創造性を示しています。背景の青は明晰さの象徴ですが、入り組んだクモの巣模様があって、葛藤や複雑さがまだ周りにあることを物語っています。これは和解や解決ではなく、休戦であり、合意からくる一時的な休息です。合意が起こるためには、カードの上方にある木星のようにオープンで柔軟になり、カードの下方にある天秤座のように、固定した立場をもたずにバランス感覚を保つ用意がなくてはなりません。四は真の受容のために必要な身体、精神、感情、魂の統一を表しています。

このカードは、物事があるがままにあるにまかせるという状態を象徴しています。これは、判断し、変えようとすることなく、そこにあるものをただ認識できる、マインドの受容的な状態です。それは精神的な「あるがまま」の状態なのです。

●カレントライフ・リーディングのバリエーション……このカードが次の位置に現れたら

① 物の見方　好むと好まざるとにかかわらず、人生をあるがままに受け入れています。これは純粋な受容であるかもしれないし、あるいは、行動を起こすよりも、受け入れる方が楽だからそうしているのでしょう。

② コミュニケーション　人との関わりは、今あなたの人生において、あまりワクワクするエリアではありません。コミュニケーションのとき、「そう」とか、「いいねぇ」といった決まり文句を連発しているような状態です。人といて、ちょっと退屈な感じでしょう。

③ 仕事　仕事の状況をただ受け入れています。ワクワクもしないけれど、問題もありません。本当にそれが現実なのか、あるいは、現実を見るのを避けているのでしょうか。

④ 内面の自己　自分自身をあるがままに受け入れています。必ずしもそうだとは言えませんが、より深い部分や変化を進んで見ようとか、変わろうとはしていないということかもしれません。

⑤ 性エネルギー　あなたに性生活があるとしても、この間に起こっていることをただ甘んじて受け入れて、それを脇に追いやっているようです。むしろ、異性との性エネルギーに位置するこのカードは、今の身体の状態を受け入れているということか、あるいは、

⑥ 身体　肉体のエネルギーにあきらめの感じがあって、そのせいで、身体のエネルギーにあまり元気がない感じなのかもしれません。

ネガティブな意味では、忍従という側面を含むこともあり、行為しないですませるための受容でもありえます。

254

⑦ **主な関係性** 親密な関係があろうがなかろうが、あるがままの状態を受け入れています。これは問題ではありませんが、あまり喜びも活気もありません。

⑧ **新しい見方** ただ物事をそのまま受け入れることができるんだと、思ってみたことがありますか。

⑨ **マインド** あるがままを受け入れることを考えています。ということは、まだ戦っている部分があるのかもしれません。あるいは、あきらめの状態なのかもしれません。

⑩ **ピーク・エクスペリエンス** この状況でできる最高のことは、物事をあるがままの状態にあるにまかせることです。現実に起こっていることと戦っても、何の役にも立ちません。事実は事実なのです。

⑪ **スピリチュアル・メッセージ** 存在は今、あなたの生のあるがままに直面することを勇気づけています。戦おうとか、変えようとすることなく、現実をそのまま受け入れるように。今いるところからしか、旅は始まらないのですから。

⑫ **瞑想** ただ起こっていることを受け入れることが、今のあなたの瞑想です。おそらくあなたには今、そうすることは難しいのでしょう。

⑬ **概観** あなたは人生の流れを、そのまま受け入れています。問題はありませんが、あまり熱意もありません。

スウォードの5 - 敗北(ディフィート)

本質

◆敗北、失敗、希望がない

●意味とシンボル（水瓶座にある金星）

曲がって欠けて不均衡な五本の剣は、明晰さと調和を欠いたマインドを示しています。剣は、中央のピンクの薔薇を粉々にしていますが、それは、ハートにあるすべての愛を破壊してしまう、こうした精神状態を表しています。花びらは散り散りになり、それが不安定な、ネガティブな思考を象徴する逆向きの五芒星形を形作っています。そうした思考は、喪失や無力さ、捨てられることという、最も深い恐怖に触れるものです。

このカードは、失敗を認識し、望んでいたことは起こらなかった、負けたのだと認めざるをえない時点を表しています。もう希望はありません。あなたは敗北を認めるのです。

同時に、カードの中央から光が輝き始め、背景に創造性を表す緑がほのかに現れてきています。それは、マインドが古い観念を手放すとき、何か新しいことが起こる余地があることを示しているのです。

● カレントライフ・リーディングのバリエーション……このカードが次の位置に現れたら

① **物の見方** 敗北感があなたの人生を見る見方を彩っています。これには特定の理由があるかもしれないし、あるいは、たんなるマインドの姿勢なのかもしれませんが、これでは実際にすべてがうまくいかなくなるでしょう。

② **コミュニケーション** 人との関わり方に、敗北の姿勢があります。古い関わり方の何かがうまくいっていないのか、あるいは、話を聞いてもらおう、理解してもらおうとするのをあきらめたのかもしれません。

③ **仕事** 仕事に関するエネルギーに、敗北や負けの感じが漂っています。何をし、何を望んできたにしろ、それはうまくいっておらず、これによってかなり無力感を感じているのでしょう。

④ **内面の自己** 内なる存在に、失敗や絶望の感じがあります。過去に見捨てられたという課題や、自分はだめだという感覚に向き合っているのかもしれません。こうした内面の状態に対処しないかぎり、外側の物事は何もうまくいかないと、分かることでしょう。

⑤ **性エネルギー** 性エネルギーに敗北感があります。ある性的な関係性がうまくいっていないか、あるいは、自分の性的な自己像に敗北感があるかでしょう。

⑥ **身体** 身体にある敗北感は、自分にはどうすることもできない肉体的な障害という現実からきているか、あるいは、肉体のエネルギーに浮かび上がってきた古い無力感なのでしょう。

⑦ **主な関係性** 親密な関係性において、敗北の状態にいます。物事が望んだように運ばず、失敗に直面せざるを

スウォード

257　第2章　小アルカナ

⑧ **新しい見方** あきらめて、敗北を認める時だと、思ってみたことがありますか。負けたという感じは、あなたが勝とうとか、あるやり方で事を起こそうという姿勢でいたことを示しているのでしょう。

⑨ **マインド** 敗北したと感じる、ある状況について考えています。

⑩ **ピーク・エクスペリエンス** 現在の状況でできる最高のことは、敗北を認めることです。ただ、他に行くべきところも、それについて他にすべきこともありません。それはうまくいきません。

⑪ **スピリチュアル・メッセージ** マインドの中で、人生との戦いをやめるスペースを見つけるよう、勧められています。深い内面の敗北感を感じるにまかせ、それがいかにつらいものであるとしても、敗北したものはただ、あなたの存在の中のエゴのレベルのものにすぎないと知ってください。個人的な欲望や目標をあきらめることによってのみ、存在のより高次の流れにチューニングを合わせることができるのです。

⑫ **瞑想** あなたは、おそらく必死に避けようとしている、敗北感に直面するよう強いられています。この中に本当に入るにまかせれば、それは変容となるでしょう。

⑬ **概観** 敗北感や絶望感が、今のあなたの人生を彩っています。すべきことは何もありません。それに気づき、それがどこへあなたを導くのか見ていましょう。これはあなたの人生の新たな夜明け前の、最も暗い時間かもしれません。

258

スウォードの6 - 科学（サイエンス）

本　質

◆客観的な明晰さ、分析、科学的な研究、非個人的な思考

Science

● 意味とシンボル（水瓶座にある水星）

カードにある六本の剣は、精巧に描かれ、バランスが取れて調和しています。剣の先は、十字の中央にあるハートの薔薇の真ん中で出会っていますが、それは真正な理解を表しています。この十字は、このタロットカードの裏面を特徴づけているものですが、秘教的で神秘的なものに、合理的で客観的な思考をもたらすという、薔薇十字会の願望の象徴なのです。十字を囲んでいる円は、ホリスティックなマインド、あるいは、物事を広く、普遍的に見る能力を象徴しています。

カードの落ち着いたグレーの背景は、釣り合いの取れた小さな形に覆われていますが、これはこのマインドの状態の精密な正確さを表しています。「科学」が示しているのは、あらゆる次元において、明晰で合理的になれるマインド、何が起こっていようと、そこに客観的な思考をもたらす能力、私見なく科学的に分析する能力なのです。

● カレントライフ・リーディングのバリエーション……このカードが次の位置に現れたら

① 物の見方　自分の生を、とても冷静に、非個人的なスペースから見ています。

② コミュニケーション　人との関わりは、かなり冷静で、実際的です。コミュニケーションをするときにかなり分析的になって、事実を見つけようと、探ったり調べたりしているのでしょう。あるいは、人との関わりのパターンをこのように見ているのかもしれません。

③ 仕事　合理的で実際的に仕事に取り組んでいます。たぶん今、何かを調べているのか、あるいは自分の状況をとてもクリアに分析的に見ているのかもしれません。

④ 内面の自己　探究と客観的明晰さを持って、内なる存在を見つめています。これはかなりの達成ですが、少しドライでよそよそしい感じでしょう。

⑤ 性エネルギー　クリアなマインドの観点から、性エネルギーに何が起こっているかを体験しています。そこに何が起こっているのか、理性的に見られるのはすばらしいことですが、たいていはあまりワクワクすることではありません。

⑥ 身体　肉体のエネルギーに起こっていることに、客観的気づきがあります。これは、あなたが身体に対して少しよそよそしく、距離を感じているということかもしれません。

⑦ 主な関係性　親密な関わりにおいて、公平で、理性的です。つまり、あなたはとても客観的でクリアですが、あまりワクワクした感じや温もりはないでしょう。あるいは親密な関係の中でのあなたの習慣や関わり方を、客観的に見ているということかもしれません。

⑧ **新しい見方** 合理的で、客観的な見方で状況を調べてみたら、何が起こるでしょうか。

⑨ **マインド** 自分が理性的で分析的である、あるいはそうでありたいと思っています。

⑩ **ピーク・エクスペリエンス** この状況においてできる最高のことは、主観的な意見やフィーリングからちょっと身を引いて、より冷静で客観的な見地から何が起こっているのかを見ることです。

⑪ **スピリチュアル・メッセージ** 存在は、客観的な見地から、人生をよく分析してみるよう勇気づけています。起こっていることを、クリアに、非個人的な見方で見る必要がある時です。これはおそらく、たくさんの古い意見や判断を脇に置くことを意味しているのでしょう。

⑫ **瞑想** 客観的な明晰さを保つことが、今のあなたの瞑想です。おそらく、ただそうすることが難しいのでしょう。自分の感じや望みに同化することで、明晰さがどう失われてしまうのか、見てみてください。

⑬ **概観** 人生で何が起こっているのか、どこへ行こうとしているのか、冷静で理性的な見方をしています。何が起こっているにせよ、客観的に探究するという感じかもしれません。それがあなたの未来の方向性に影響を与えるでしょう。

スウォードの7 - 無益（フューティリティ）

本質

◆ 無益、無意味、時間の無駄

Futility

●意味とシンボル（水瓶座にある月）

明晰さ、自分の望みが分かっている状態を表している中央の剣が、異なったネガティブな意見を表す六本の小さな剣に攻撃され、それによって、明晰さや目的感覚が妨げられています。六本の剣の柄には、異なる惑星のシンボルがありますが、それは、どうして物事がうまく行かないのかという、さまざまな無意識のごまかしを表しているのです。「ツイてない」、「くたびれた」、「どうでもいい」、「大変すぎる」「よく分からない」。

このカードは、「どっちにしろどうでもいい。意味なんかないさ」とあなたに語りかけ、やる気をなくさせるマインドの側面を象徴しています。それは人生において、何をしても時間の無駄で無益に思える、活気のない状態をつくり出します。

これは必ずしもネガティブなスペースであるとは限りません。どこかへ行ったり何かをしたりすることが、本当に時間の無駄だったり、無意味だったりすることもあります。これを体験することで、エネルギーがより価値のあることに時間の無駄に向かうスペースがつくり出されるのです。

● カレントライフ・リーディングのバリエーション……このカードが次の位置に現れたら

① 物の見方　人生に対する全般的な見方は、暗く単調です。おそらくあなたは、朝、ベッドから出ることさえ無意味だと感じているでしょう。これは、たんにマインドの姿勢なのかもしれないし、あるいは、人生に対するある見方はもはや無意味だと、純粋に認識しているのかもしれません。

② コミュニケーション　今、人と関わろうとすらしていません。たぶん誰も理解しようとしない、誰も知りたいと思っていない、だから無意味だと感じているのでしょう。あるいは、人との関わりのなかで、あなたがもう望んでいない、ある側面を見ることができているのかもしれません。

③ 仕事　仕事で何をしているにせよ、無意味で、時間の無駄だと感じています。あるいは、何もしていなくて、とても退屈しているのかもしれません。今は、確かに、あまりやる気はありません。

④ 内面の自己　内なる存在の深みに空しさがあって、おそらく内面は活気がなく退屈な感じでしょう。そのために人生のある側面を問い直しているのかもしれません。

⑤ 性エネルギー　性エネルギーに関する何かに、空しさがあります。たぶんそれは、あなたのある特定の関係性か、あるいは、自分の性的なプログラミングのある側面かもしれません。あるいは、セックスの行為自体かもしれません。

⑥ 身体　肉体のエネルギーは無気力で、おそらく身体には、活気も生気もない感じでしょう。たぶん何をするとも、動くことさえも無意味だと感じていることでしょう。

スウォード

263　第2章　小アルカナ

⑦ **主な関係性** 特定の誰かとの関係か、親しい人との関係全般か、どちらにせよ、今はすべてがちょっと空しい感じです。「かまうもんか」という感じです。あるいは、どうせうまく行かないだろうから、何をやっても無駄だという感じかもしれません。

⑧ **新しい見方** あなたがしている何かがまったく意味がなく、時間の無駄だと思ってみたことがありますか。

⑨ **マインド** 何かが意味がない、あるいは、たぶん人生には意味がないと思っているのでしょう。

⑩ **ピーク・エクスペリエンス** 現状においてできる最高のことは、その無益さを見ることです。あなたは時間を無駄にしています。その気づきとともにいましょう。

⑪ **スピリチュアル・メッセージ** 存在は、あなたを取り巻いている空しさの状態にスペースを与えるよう勇気づけています。ときとして、この無意味さの感覚は実存的なリアリティであり、あなたが以前には重要に思えた浅薄な願望を超えていき、より深い動機を見出すようになるのに必要なものです。おそらく退屈で無意味に感じられるでしょうが、そこにとどまってください。

⑫ **瞑想** 今体験しているこの無益さは、あなたにとっての大きな成長のしるしです。その感覚を避けようとしたり、空白を埋めようとさらなる欲望に走ったりするのではなく、くり返しそれに戻り続け、それを抱きしめてください。

⑬ **概観** あなたの人生には今、退屈で無意味な感じがあります。たぶんあなたは先を見て、同じやり方を続けていっても無駄だと、見て取っているのでしょう。

264

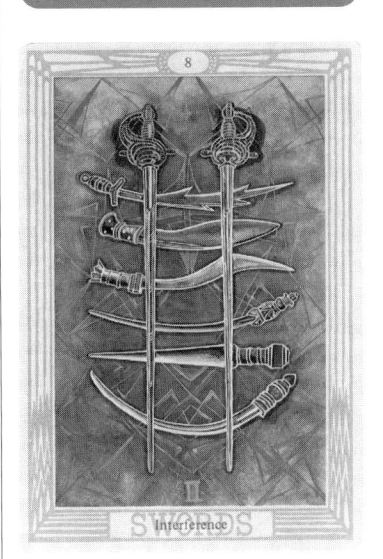

スウォードの8・妨害（インターフェレンス）

本　質

◆ 混乱、分からない、
優柔不断、相反する考え

Interference

● 意味とシンボル（双子座にある木星）

マインドは、その本性からして、反対のものの間を動きます。二つの極を行き来することなくしては存在しません。善と悪、是と非、上と下、内と外、白と黒などなど、これこそがマインドの働き方なのです。中央の二本の剣は、そうした二元的なマインドの両極か、あるいはたんに、同じ価値があるようにみえる二つの選択肢と見ることができるでしょう。後ろにある、サイズも形もバラバラな六本の剣は、最初の選択肢を、それから別の選択肢を支持するために持ち出される、さまざまな意見を表しています。これは混乱し、分からないというマインドの状態です。多くの場合、背後にあまりに多くの無関係な想念があるせいで、明晰に物事を見ることができないのです。ある可能性についての賛成と反対の理由の両方を持ち出すという状態で、状況を分析しようとすればするほど、さらに混乱は増すばかりです。懐疑的なマインドが、その懐疑的な性質によって、こうしたスペースに陥ったら、答えは見つけられないということが分かっていきます。クリアな洞察や直感がやってくる余地は、分からない、混乱しているというこのスペースをそのままにすることから生み出されるのです。

●カレントライフ・リーディングのバリエーション……このカードが次の位置に現れたら

① 物の見方　人生を混乱した目で見ています。おそらく、何が起こっているか分からないけれども、分かろうとしているということでしょう。

② コミュニケーション　今、人とどうつき合ったらいいのか、よく分かりません。たぶん古いやり方がもううまくいかなくなったのでしょう。自分を表現しようとすると混乱してしまい、何を言ってもしっくりこない感じがあるかもしれません。

③ 仕事　仕事や行為のエネルギーが、とても混乱しています。二者択一の決断をしようとしているのか、あるいはたんにどうしていいのか分からないのでしょう。頭で分かろうとすればするほど、もっと混乱することでしょう。あなたには分かっていない、というのが現実です。

④ 内面の自己　あなたの存在の深みに、混乱があります。自分が誰か分からない、あるいは人生で起こっていることが理解できないと感じているのでしょう。

⑤ 性エネルギー　性エネルギーや性的なパートナーとの関係が、とても混乱しています。たくさんの観念があって、エネルギーの真実を感じていくことができません。

⑥ 身体　身体に起こっていることについて混乱しているのかもしれません。あるいはマインドの言うことに耳を貸すのをやめ、肉体のエネルギーに波長を合わせられないのでしょう。マインドが混乱しているせいで、肉体のエネルギーの現実にとどまることをしなければ、身体の問題をつくり出すかもしれません。

266

⑦ **主な関係性** 親しい関係が、混沌とした状態にあります。それが現在のパートナーに関することにせよ、あるいは一般的な親密さという課題に関することにせよ、答えはありません。何が起こっているのかを見出すために、現実のエネルギーと感情に戻ってくる必要があるでしょう。

⑧ **新しい見方** ただ分からないということを認め、そこから何が起こってくるかただ見守ることもできると、考えてみたことがありますか。

⑨ **マインド** 混乱や、分からないという状態を気にかけています。

⑩ **ピーク・エクスペリエンス** 現状においてできる最高のことは、分かっていないということを認め、理解しようか、解決策を見つけようとすることなく、マインドが混乱するにまかせることです。

⑪ **スピリチュアル・メッセージ** 存在は、分からないでいるという状態にくつろぐよう勇気づけています。マインドを越えて知るスペースを見出すことができるよう、ときにはマインドに混乱してもいいと言ってあげることが必要です。自分には分からないと分かってはじめて、この深いマインドのスペースを見出すことが可能になります。

⑫ **瞑想** 混乱し、分からないでいるという状態が、今のあなたにとっての瞑想です。何とか頭で分かろうとして、この状態を避けようとしないこと。どれほどそうしたくなっても、この現実にくり返し戻り、そこで休んでみましょう。

⑬ **概観** あなたには自分がどこへ行こうとしているのか、人生で何が起こっているのか、分かっていません。あなたがこれを受け入れれば、人生は解決すべき問題ではなく、生きるべき神秘になることでしょう。

267 第2章 小アルカナ

スウォード

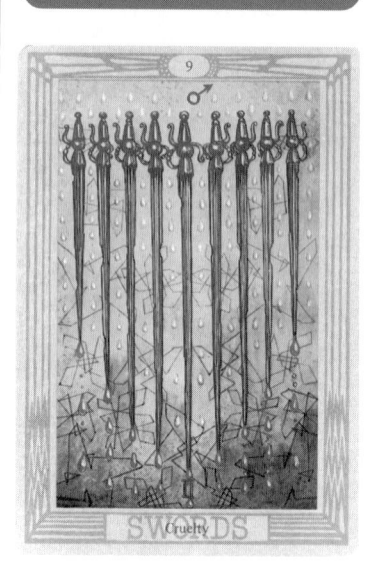

スウォードの9‐残酷（クルエルティ）

本質
- 自己不信、自己批判、罪悪感、精神的な不安感
- 自省

Cruelty

● 意味とシンボル（双子座にある火星）

長さの違う、欠けてぼろぼろの九本の剣が、下向きに吊り下がっています。剣の先からは血が滴り、背景には、たくさんの涙が流れています。これは、マインドが自分自身に向かい、疑ったり裁いたりする際に生じる、痛みや傷を表しています。これは一般的に、自分の考えや感じを信頼できないことから、絶えず不安で不確かな状態にいることからやってきます。自己批判的な態度として体験されるものです。それはまた、私たちの存在から自然に現れてくるものが何か悪いものだと思い、そうであるべきではないと信じるときには、罪悪感として体験されるものでもあります。こうしたマインドの状態は通常、幼児期に受け取った批判や評価が内面化するところからやってきます。

ポジティブな意味では、このカードはまた自分を疑う必要性、つまり自分の信条や確信を問い直す必要性をも象徴しています。

● カレントライフ・リーディングのバリエーション……このカードが次の位置に現れたら

268

① 物の見方　自己不信と確信のなさというベールを通して世界を見ています。おそらく現実のありのままの姿を見ることは困難です。

② コミュニケーション　人といる時に自分が何を言いたいのか、あるいは自分そのものを信頼していません。そのためにおそらく人と関わることは困難でしょう。このことを内気さや社交への不安として体験していることでしょう。

③ 仕事　何であれ、自分がしていることに対して、強い自己不信と不確かさがあります。たぶん自分が何か悪いことをしたか、あるいは自分はだめだと感じているのでしょう。何であれ、自信が非常に欠けています。

④ 内面の自己　疑いと批判で自分を傷つけています。おそらくこのためにとても不安で不確かな感じで、本当の自分について明晰でいることは困難でしょう。もしこのパターンが古いものならば、それが何かを知るためにこの機会を使い、どこからきているものなのか、理解するようにしたらいいでしょう。

⑤ 性エネルギー　自分の性について、あるいはパートナーとの性関係について不安を感じています。どちらにしても、この不安はおそらくマインドの観念から来ていて、あなたの生命エネルギーの真実ではないでしょう。

⑥ 身体　自分の存在や身体を批判しがちなマインドの傾向が、肉体のエネルギーを妨害していて、このことにより意識的に対処しなければ、本物の病気のもとになりかねません。あるいは身体に実際に何か起こっているとから、もろくて不安な感じなのかもしれません。

⑦ 主な関係性　自分に対して、とてもネガティブなエネルギーがあるために、人があなたに親しみをもって近づくのはほとんど不可能です。この自己不信が親しい人との間に壁をつくり出していることに気づいてください。

⑧ 新しい見方　自分がいつも完璧で正しいわけではないと、考えてみたことがありますか。自分自身や自分の信条を問い直してみてはどうでしょうか。

⑨ マインド　自分の考えを疑ったり、問い直したりしています。あるいは、自信のなさや罪悪感について考えているのかもしれません。

⑩ ピーク・エクスペリエンス　今できる最高のことは、現状に対する自分の考えや信条のすべてを問い直すことです。自分が正しいと思い込んでいたことが、実はそうではなかったということに気づく準備ができたようです。

⑪ スピリチュアル・メッセージ　存在は、あなたが考えてきた人生の枠組みそのものを問い直し、疑う境地へとあなたを優しく押し出しています。真剣に自省をし、自分が誰で、何をし、どこに行こうとしているのか、再評価をする時期が来ています。自分は悪い人間だとか、悪いことをしたとか、判断することなくそうすることを、今あなたは学んでいるのです。

⑫ 瞑想　今のあなたの瞑想は、自己不信や、罪悪感を押し退けようとしないで、その感じとともにいることです。それはたぶんひどい感じでしょうが、あなたのマインドの構造の一部にただ気づいていることが、今のあなたにとって大切な学びです。

⑬ 概観　自分の人生の方向性について、不安で確信がありません。それが現実なのですから、今はそうである必要があるのです。

スウォードの10・崩壊(ルイン)

本　質

◆ レットゴー（手放す）、あきらめるとき、執着を断つこと

● 意味とシンボル（双子座にある太陽）

九本の剣が中央にある十本目の剣に先を突きつけ、完全に壊しています。これは、思考ではどこにも行けないという精神状態です。あきらめ、手放す以外、することはありません。あらゆることを試み、今やあきらめるしかありません。この壊れた剣には、ハートのシンボルがあります。そのあきらめは、ハートの深層と自己の感覚そのものに突き刺さります。

『崩壊』のカードは、大アルカナの『死』のカードに示されているような、実際の出来事の終わりではありません。マインドの執着を切るということで、『死』のある出来事が終わるという意味ではないのです。たとえば私たちはある関係性への執着を手放しても、その中に一生とどまることさえあるでしょう。けれども、そこに執着はないのです。

● カレントライフ・リーディングのバリエーション……このカードが次の位置に現れたら

① **物の見方** 何かを手放したという観点から、人生を見ています。おそらくあなたにはそれが何かは分かっているでしょうが、もしもはっきりしなければ、内面に向かい、最近、どんな姿勢や希望を手放したかを見てみて、それがあなたの人生への姿勢を色づけしていることを理解してください。

② **コミュニケーション** 人との関わりには、あきらめが漂っています。たぶんある方向で議論や討論をしていて、もう勝とうとか、表現しようとかすることを手放すところにいるのか、あるいは、一般的に人とつながろうとしてきたやり方がうまくいかなかったので、あきらめているのかもしれません。

③ **仕事** あなたは仕事において、あきらめるところにいます。たぶんあらゆる可能性を試してみたのでしょうが、今では手放す以外に行き場がありません。

④ **内面の自己** 内側で、手放しやあきらめのスペースにいます。それは何か、今までに起こってきた具体的なこと、マインドの思い込みに関することを、頭で自分について理解することを、たんにあきらめたということかもしれません。

⑤ **性エネルギー** おそらく、誰かとの性的な関係やきずなを手放しているところでしょう。そうでなければ、異性との関係にまつわる古い観念や思い込みを手放しつつあるのでしょう。

⑥ **身体** これはたぶん、身体に対するマインドのコントロールを手放しているということで、身体が解放されたと感じられていることでしょう。あるいは、深い精神的、感情的な手放しが身体に反映しているのかもしれません。

272

⑦ **主な関係性** おそらく、親密な関係性に対する執着、あるいは、その一部を落とすプロセスにあるのでしょう。そうでなければ、親密な関わりにまつわる、何らかの希望やプログラムを手放しているのでしょう。

⑧ **新しい見方** ただ手放し、あきらめる時だと、思ったことがありますか。

⑨ **マインド** 手放すことについて考えています。ということは、まだしがみついているということでしょう。

⑩ **ピーク・エクスペリエンス** 現在の状況においてできる最高のことは、ただ手放し、あきらめることです。まさしく手を離してください。マインドにできることは他に何もないし、他に行くべきところもありません。

⑪ **スピリチュアル・メッセージ** 存在は、あなたに手放し、人生に対するコントロールや理解をしようとするのをやめるよう、そうでなければ、何かをしようとすることをやめるよう勇気づけています。たぶんあなたは自分の知っていることにしがみつきすぎる傾向があって、それが人生の自然な流れを止めているのでしょう。あきらめることによってのみ、新しいものへのスペースをつくり出すことができるのです。

⑫ **瞑想** 今のあなたの瞑想は、手放すというプロセスすることでしょう。ここにあなたの成長があることを知り、この状態にまかせるところへと戻り続けてください。手放すことは決して容易なことではありませんが、あなたはそれを学んでいるのです。

⑬ **概観** 何かを手放すこと、あきらめることが、あなたの人生全般に影響を与えています。それは外側のことか、あるいは内なるプロセスかもしれません。どちらにせよ、それがあなたの方向性に深く影響しています。

CUPS
カップ

カップは水のシンボルで、
存在における感情の側面を表す

カップのナイト

本質
◆ 与えること、感情の表現や分かち合い
◆ ハートを何かに注ぐこと

● 意味とシンボル

『カップのナイト』は疾走する白馬にまたがり、背中に翼を持っています。それは、彼の感情が活発な外向きの動きを持っていることを表しています。彼は、自分の感情をみんなに見えるよう目の前に捧げ持っています。その中にいるカニは、自分のハートを分かち合うことに安心感と喜びを持っていることを表しています。色あせたクジャクは虚栄心の象徴で、彼がこうした行為にプライドを持っていることや、与え、分かち合う人と見られたいと思っていることを示しています。彼は、ヘルメットをかぶっていない唯一のナイトですが、それはあるがままの自分、自分の感じていることを快くさらけ出そうとしていることを示しています。このカードは、感情を外に出したり、表現したり、さらけ出すという質、あるいはハートから分かち合う質、つまり感情の成熟した陽の側面を象徴しています。

ネガティブな側面では、与え、愛に満ちた人だというプライドを持つこと、また安心したい、好かれたいという思いから与えようとする質を表すこともあります。

276

● カレントライフ・リーディングのバリエーション……このカードが次の位置に現れたら

① 物の見方　与え、分かち合う人という役割を通して、自分の人生を見ています。純粋でハートフルなスペースから、自分の感じていることを分かち合いたいと思っているのかもしれないし、あるいは、自分を安全に保ち、欲しいものを手に入れるために、人に与えなければという思い込みがあるのかもしれません。

② コミュニケーション　人との関わりで、たくさんのものを与え、分かち合っているのか、あるいは自分が感じることをたくさんさらけ出しているのでしょう。どちらにしても、あなたのエネルギーは感情的で外向きです。

③ 仕事　仕事あるいは、今、していることに、ハートのエネルギーを注いでいます。

④ 内面の自己　自分に多くを与えているとも取れますが、むしろ、たいていは他人に与えるという能力を通して、自分自身とつながっているのでしょう。もしも後者ならば、どうしていつも与える必要があると感じるのか、見てみたいと思うかもしれません。

⑤ 性エネルギー　性エネルギーは、愛に満ち、与えるスペースにあります。おそらくそれは特定の相手に対してでしょうが、もっと一般的な、異性と分かち合いたいという愛にあふれたフィーリングであるかもしれません。

⑥ 身体　肉体のエネルギーを、外向的な、与えるパターンで分かち合っています。これはすばらしいことでもありえますが、与えることがいつもほんとうにあなたのエネルギーからのものなのか、あるいは、そうしなければと思っているのか、確認してください。

⑦ 主な関係性　親密な関係において、与え、分かち合うスペースにいます。あるいは、愛されるに値すると感じたいために与えるという習慣からしているのかもしれないし、合っているかもしれないし、自分が感じている真実をただ分かち合っているかもしれません。

カップ

277　第2章　小アルカナ

ことかもしれません。

⑧ 新しい見方　感じていることを、もっと分かち合えるかもしれないと、考えてみたことがありますか。

⑨ マインド　感情をさらけ出すこと、愛を分かち合うことについて考えています。あるいは、自分のハートを何に注ぎ込みたいのか、考えているのかもしれません。

⑩ ピーク・エクスペリエンス　現状において今できる最高のことは、何を感じているにせよ、それを外に出すことです。理性的でいようとしたり、起こっていることを抑圧しようとしても、何も得るものはありません。

⑪ スピリチュアル・メッセージ　存在は、感情的に自分にどんなことが起こっているかを分かち合い、さらけ出すはどういう意味なのか、学ぶように勇気づけています。感情を表現するのは無作法で、安全ではないとしつけられてきたかもしれませんが、あなたはスピリチュアルな成長において、リスクを冒していく必要のあるところにやってきています。

⑫ 瞑想　今のあなたの瞑想は、何であれ起こっていることを分かち合うことです。これはあなたにとって、おそらく容易なことではないでしょう。けれども、表現し、さらけ出すことによってのみ、そこに何があるのかクリアになることもよくあるのです。

⑬ 概観　世の中でいかに自分自身を分かち合い、ハートを表現するのかが、今のあなたの人生の主な課題です。何かハートを注ぎ込めるものを探しているのか、あるいは、あなたの未来の方向性に影響しているのは、与える人という役割なのかもしれません。

カップのクイーン

本質
- ◆ ハートのオープンさ、受容性、傷つきやすさ
- ◆ 依存、犠牲者

●意味とシンボル

『カップのクイーン』は、感情に対する成熟した陰の関わり方——主として、受け取り、反映する能力を表しています。彼女は非常にオープンで受容的なので、渦巻く光の背後にほとんど隠れるような、デリケートでぼんやりとした姿でしか現れていません。こうして彼女はまた、感情の持つあいまいさ、神秘的な性質をも表現していますが、それは人を支配することもありうるのです。頭はもっとも隠されていますが、これは感情の領域では、思考は重要ではないことを示しています。目の前の静かな水面は、彼女の姿をほとんど完璧に映しています。自分を脇に置き、外にある人や物が映し出される感情を認め、それが外の世界に映し出されるにまかせる能力を象徴しています。白い蓮の花は、愛のシンボルです。愛が無意識の深みから育つように、蓮の花もまた、湖の泥から成長します。コウノトリは母性愛と、新しいものへと開いていく意志を示しています。

このカードは感情の女性的な側面、つまり主としてオープンさ、受容性、繊細さ、傷つきやすさ、優しさを表しています。

ネガティブな意味合いでは、感情に溺れる、消極的、依存、パワーを明け渡す、犠牲者になるといった、陰の

ハートの破壊的な側面を表すこともあります。

● カレントライフ・リーディングのバリエーション……このカードが次の位置に現れたら

① **物の見方** とても傷つきやすくオープンな状態で人生を見ています。それはすばらしいことかもしれませんが、そんなに繊細な自分を見るのはいつも楽だとは限らないでしょう。自分を人生の犠牲者のように感じていないかどうか、ちょっと確認してみましょう。

② **コミュニケーション** 人との関わりは、受容的で繊細です。かなり内気で、このスペースから自分を表現することは難しいので、主に聞き役になっているでしょう。

③ **仕事** 仕事のエネルギーに、繊細なオープンさがあります。それはすばらしいことかもしれないし、あるいは自分のパワーを明け渡して、あまりにも受け身になっているかもしれません。

④ **内面の自己** 内側で、優しく、繊細に感じています。防御の必要性を感じることなく、この内なる繊細さとともにいることができているか、あるいは、依存を感じ、結果として犠牲者になっているでしょう。

⑤ **性エネルギー** あなたが男性であろうと女性であろうと、異性に対して、というよりはおそらく特定の誰かに対して、感情のレベルではオープンで準備ができています。これはホットな情熱ではなく、繊細な、愛に満ちたエネルギーで、相手に依存しがちでもあるでしょう。

⑥ **身体** 肉体のエネルギーは今、傷つきやすくオープンです。おそらくこの繊細な感受性をケアする必要があるでしょう。

280

⑦ **主な関係性** 親密な関係性でオープンになっています。とてもすばらしいことかもしれませんが、あなたの明け渡しは愛に対してであって、相手に対してではないということを忘れないように。さもないと、自分のパワーを手離し、相手に依存する犠牲者になってしまうでしょう。

⑧ **新しい見方** ただオープンでいて、そこから何が起こるかを見ることもできると考えてみたことがありますか。

⑨ **マインド** 繊細でいること、依存することについて考えています。あるいは犠牲者のように感じることについて考えているのかもしれません。

⑩ **ピーク・エクスペリエンス** 現在の状況においてできる最高のことは、優しく受容的でいて、湧き上がってきたものを感じるにまかせることです。ハートをオープンにしておくことは、自分の感情を知る唯一の方法ですが、私たちは思考を使って見つけようとしがちです。

⑪ **スピリチュアル・メッセージ** 存在は今、あなたのハートに働きかけています。防御を落とし、繊細でいられるように、表現するよりも取り入れ、感じることにもっと関わっていくように勇気づけられています。受け取ることは与えることよりも微妙なアートです。それはエゴを帳消しにしますから。

⑫ **瞑想** あなたの成長は、おそらくは避けて通りたいことでしょうが、オープンで繊細なままでいることです。怖いと感じるかもしれませんが、それでも自分を閉ざして、守ろうとしないように。それを、まさしくあなたの瞑想にしてください。

⑬ **概観** あなたは人生を、とてもオープンで受け身の状態で生きていて、そのために途方に暮れているかもしれません。あなたは基本的に、何が起ころうともコントロールをしようとせず、あるいはコントロールできずに、ただ起こるがままにまかせています。

カップ

281　第2章　小アルカナ

カップのプリンス

本質
◆ 感情的な欲望、願い、希望、夢、空想

Prince of Cups

●意味とシンボル

『カップのプリンス』は、感情に対する、それほど発達していない陽の関わり方を表しています。貝殻の形の戦車に乗った裸の若者は、大きなワシに引かれ、水面すれすれに飛んでいます。これは、彼が実際に自分の感情（水）に入っていっておらず、むしろその感情が願望や欲望として、空中、あるいはマインドに引き上げられていることを表しています。彼は今ある現実のフィーリングに向き合ってはおらず、むしろ将来の自分の望みを見つめているのです。ワシはまた、情熱と欲望を表す占星術のサインである蠍座のシンボルと見ることもできます。プリンスは愛の蓮の花を手にしていますが、それは下を向いています。彼の関心は、蓮の花ではなく、カップのヘビにあります。つまり、変容を通じて自分の欲しているものへと達したいと思っているのです。ヘビはまた、聖書でイブを誘惑した存在と見ることができます。

このカードは、願望や欲望としてマインドから外に向かって投影されるハートのエネルギーを象徴しています。正しい欲望とは、存在という大地に植えられる種のようなもので、それによって私たちは望む方向へ進むことになるでしょう。誤った欲望とは、本当に起こっていることから逃避するために夢を見ること、空想することです。

282

● カレントライフ・リーディングのバリエーション……このカードが次の位置に現れたら

① 物の見方　欲望や希望でいっぱいで、おそらく何が起こっているのか見ることができないでしょう。少しばかり夢の中で生きています。

② コミュニケーション　どうやって人と関わりたいのかという希望や考えを持っています。それはある事実に基づいているか、あるいはまったくの絵空事かもしれません。

③ 仕事　仕事のエリアで自分がやりたい、達成したいことに関する欲望があります。

④ 内面の自己　独りでいるとき、こういうことが起こってほしいとか、こうなりたいという空想に時間を費やしています。つまり、あなたは白昼夢を見ています。

⑤ 性エネルギー　性エネルギーに、感情的な欲望があります。それは特定の誰かに対するものかもしれないし、あるいはたんにロマンチックなセックスを望んでいるということかもしれません。

⑥ 身体　身体に夢見るような質があって、そのために今ここにいることができず、おそらくちょっとスペースアウトしている感じでしょう。あるいは何かの方法で自分の身体を変化させたいと望んでいるのかもしれません。

⑦ 主な関係性　親密な関係に、欲望があります。特定の人から欲しいものがあるのかもしれないし、あるいはたんに人生において親密さが欲しいのかもしれません。この夢が、実際にいる人や実際にあるものと向き合うことを妨げているかどうか、気づいてみてください。

カップ

283　第2章　小アルカナ

⑧ **新しい見方** 実際のところ、あなたの望みは何なのか、確かめてみる必要があると、考えてみたことがありますか。

⑨ **マインド** 自分の望みは何か、考えています。ということは、おそらくあなたには分かってなくて、夢の中にいるということでしょう。

⑩ **ピーク・エクスペリエンス** 現状においてできる最高のことは、欲望を認め、それがあなたをどこに連れていくのかを感じることです。あなたが本当に望んでいるのは何ですか。

⑪ **スピリチュアル・メッセージ** 存在はあなたに、人生に何を望み、どんな方向へ向かいたいと思っているのか、チェックするよう勧めています。何を優先すべきなのか、見直す時なのかもしれません。あなたの最も高い熱望は何なのでしょうか。それがハートの深みからやってくるにまかせてください。あなたは将来の方向性の種を植えているのです。あなたが求めるもの、それをあなたは受け取るでしょう。

⑫ **瞑想** あなたの今の瞑想は、自分の望みは何なのか、つねに気づいていることです。

⑬ **概観** 行きたいところや人生で起こってほしいことについての考えや夢があって、多くの注意がそちらに取られています。こうした欲望が現実に基づいたものか、あるいは現実からの逃避なのか、チェックしてみるといいでしょう。

284

カップのプリンセス

●意味とシンボル

『カップのプリンセス』は、貝殻のガウンをまとった軽やかな、踊る女性の姿によって表され、ガウンの裾に並ぶクリスタルは、感情の明晰さを表しています。手にした蓮の花はハートを表しますが、身体からずっと離れたところにあります。これは彼女が自分の感情から距離を置いていることを示しています。そしてもう一方の手にある貝殻の上のカメは、自分の感情にくつろぎ、安心していることのシンボルです。それゆえ、彼女には、関係性においてコントロールしたり所有したりする必要がありません。嫉妬とごまかしを超越しているのです。頭の上で翼を広げている白鳥は、自分が感じることから自由で自立していられる能力を、魚は、彼女の感情の深さと、それらをクリアに伝えられる能力をそれぞれ表しています。

このカードは、感じたものに対してオープンで安心しているけれども、それに溺れたり執着したりしないという、感情に対する、それほど確立されていない女性的な関わり方を象徴しています。それはまた、所有のない愛の状態であり、ごまかそうとしたり、執着したり、期待にはまり込むことなく、ハートを感じる能力でもあります。これは友愛、つまり、判断や期待なしに、どんな人や物とも親しくなれる能力であり、それがハートに軽やかさをもたらしているのです。

本質

◆ 感情的な自由、感情に執着しないこと、フレンドリー（友愛）、自由のある愛

●カレントライフ・リーディングのバリエーション……このカードが次の位置に現れたら

① 物の見方　人生を友愛の目で見ていて、そのために、古い感情パターンに我を忘れることなく、周りで起こっていることに、軽やかでハートフルなつながりを持つことができています。

② コミュニケーション　人との関わりは、オープンでフレンドリーです。とてもハートフルですが、軽やかで気楽なつき合いです。ときにはちょっと軽薄かもしれません。

③ 仕事　ポジティブで軽快なハートのエネルギーが、仕事に注がれています。これは、自分がしていることに対する感じなのかもしれないし、あるいは、一緒に働いている人々とのオープンでフレンドリーな関係が、あなたにとっていちばん大切だということかもしれません。

④ 内面の自己　自分に友愛を持って接しています。つまり、内側でどんなことがあろうと、判断することなく、愛をもって自分を受け入れることができるということです。

⑤ 性エネルギー　性的なパートナーあるいは異性全般に対し、愛に満ち、オープンで所有しようとしていません。

⑥ 身体　身体に友情と愛に満ちた接し方をしており、どんなエネルギーがあろうとも、判断したり、抑圧したりしないで、「イエス」と言うことができています。

かさをもたらしています。
ネガティブな意味合いでは、このカードは感じたことを真面目に取らない傾向—それから距離を置き、守ろうとする傾向を表すこともあります。

286

⑦ **主な関係性** これは、親しい関係性にとって、すばらしいカードです。あなたは愛に満ち、オープンでいますが、契約やコントロールの必要がないほど、自分の内面で安定しています。ときには軽率になりすぎる傾向があるかもしれません。

⑧ **新しい見方** 今の人生で一番大事なものや人に、ただフレンドリーになることもできると、考えてみたことがありますか。

⑨ **マインド** 何かあるいは誰かに、もっとフレンドリーでいたいと思っています。

⑩ **ピーク・エクスペリエンス** 現状でできる最高のことは、何が起こっていようと、ただそれにフレンドリーでいることです。あるいは、もしもそれが関係性の問題ならば、相手に対し契約や所有欲によってではなく、オープンで自由に愛することのできる、より高次な新しいスペースへと移っていく必要があります。

⑪ **スピリチュアル・メッセージ** 存在は、内外問わずに起こっていることに対して、友愛を持つスペースを自分の内側に見出すようにと勇気づけています。つまり、何があろうと判断しないで、あらゆる感情の状態や外側の出来事とまさに友だちになるのです。ここでの鍵は、ハートにとどまりながらも、あらゆる感情の状態は来ては去るものと認識し、自分の感じることに執着しないことです。

⑫ **瞑想** あなたの瞑想は、人との関わりや、自分の感情において、愛と自由を共存させる方向へと動いていくことにあります。これはまさしく、契約による安心感の必要性からハートを解き放つことが含まれるので、決して容易なことではありません。

⑬ **概観** 人生に、感情的な自由と、フレンドリーな幸福が感じられます。おそらく今、かなりいい時を過ごしていて、未来に対してポジティブで自由な見方をしているのでしょう。

287　第2章　小アルカナ

カップのエース

本質

◆ 純粋な愛のエネルギー、自己愛、自分自身と自分の感じていることに「イエス」と言うこと
◆ 自分を証明しようとすること

● 意味とシンボル

白い蓮の花に載っている大きく開いたカップは、純粋な愛のシンボルです。天から降り注ぐ光がカップを満たし、さらに底から流れ出ていますが、それは人のハートを通して大地へと注がれる、神聖なエネルギーです。カードの上下のデザインは同じであり、霊の領域が、地にある水に表される感情の領域に反映されていることを意味します。このカードは、分離を超えたところへと私たちを連れていき、聖なるものと一つに結びつける、純粋な愛の質を象徴しています。このシンボルは「神は愛である」という言葉に基づいたものとも言えますし、このカップは、聖杯と見ることもできます。人が神とつながり、神と一つになるのは、この純粋な愛のエネルギーとの結びつくことを通してなのです。

この愛の根本的な体験は、自分自身を愛し、敬うことにあり、私たちの感じる愛は、たとえそれが他人へのものであっても、自分の愛だと気づくことにあります。これは「愛に満ちたふるまいをする」こととは何の関係もありません。それは、愛である状態なのです。自分を愛することによって、自分の内に愛の質を知るまでは、他人を本当に愛することはできません。ですからこのカードはたいてい、自己愛という質、自分自身の存在や感情

● カレントライフ・リーディングのバリエーション……このカードが次の位置に現れたら

① **物の見方** 今のあなたの人生の主な関心事は自分自身です。純粋な自己愛と受容のスペースを楽しんでいるのか、あるいは自分を受け入れることができず、他人に自分を証明しなくてはと感じているのかもしれません。

② **コミュニケーション** 人づき合いの中で、あるがままの自分にたくさんのスペースを与えているか、あるいはあなたの振る舞いは、人に自分を証明しなくてはという必要に基づいているか、どちらでしょう。そのどちらなのか、確かめてみましょう。

③ **仕事** おそらくあなたは人生のこの領域において、自分のしたいことを、自分のやり方で、自分のためにしています。けれども、もし少し無理強いをしているならば、誰かに何かを証明しようとしていないか、チェックしてみてください。

④ **内面の自己** あなたは今、内なる存在において自己愛と受容のスペースを楽しんでいます。もし少し利己的だと感じているならば、他人に対する愛は、自分の中でこの愛を育んだとき、ふさわしい時にそれなりの形で自然にやってくると覚えておきましょう。

⑤ **性エネルギー** 性エネルギーはハートと深くつながっており、それを誰かと分かち合っていたとしても、あなたの中心は、その人ではなく、自分自身にあります。

⑥ **身体** 自分の身体を愛するスペースにいます。だからこそ、エネルギー的に自分自身のハートに落ち着いてい

⑦ **主な関係性** 親密な関係にある人（人々）と、ハートのスペースにいます。けれどもあなたの関心は、他の人が感じていることよりも自分の感情にあります。それもまた、すばらしいことかもしれません。

⑧ **新しい見方** 自分のハートに耳を傾け、感情と結びついて、他の誰かではなく自分を愛し、自分に「イエス」と言うこともできると、考えてみたことはありますか。

⑨ **マインド** 自分を大事にしたいと考えています。

⑩ **ピーク・エクスペリエンス** 今このの状況でできる最高のことは、自分自身と自分の望みに焦点を戻すことです。自分を愛し、何であれ自分の感じていることを尊重しましょう。

⑪ **スピリチュアル・メッセージ** 自己愛が、今のあなたの道です。自分はどこかおかしいし、わがままや自分を優先させることは絶対によくないというマインドのプログラムのせいで、行き詰まりを感じているのかもしれません。他の人に与える影響をあまり気にかけずに、自分に対し、「イエス」を言うことを学ぶ時です。

⑫ **瞑想** 自分を愛し、自分自身の愛を感じることが、今のあなたの瞑想です。どんなに困難でも、くり返しハートに戻ってきて、自分が感じ、望んでいるものに無条件にこれでよしと言いましょう。これは、私たちのほとんどが学ぶ必要のあることです。

⑬ **概観** 今、あなたは我が道を行き、ありのままの自分と自分の望みに「イエス」を言っています。これはすばらしいことですが、ただ、それがあなたの本当の望みなのか、自分を証明しようとしてはいないかどうか、チェックしてみましょう。

290

カップの2 - 愛(ラヴ)

本質
- ◆ 恋する、恋に落ちること
- ◆ ロマンチックな愛
- ◆ 感情的な欲求と愛に関する、条件づけのプログラム

●意味とシンボル（蟹座にある金星）

このカードは、他人と関わるハートの質を描いています。自己充足していたカップのエースがここで分裂し、それゆえ引力が生じ、もう片方を必要としているのです。感情の水は、一つの巨大な蓮の花から勢いよく流れ出て、二つのカップを満たし、あふれさせています。一つの愛が二つのハートを満たしていて、その愛を感じるのに、私たちは相手を必要とするのです。二匹の魚が愛の蓮の回りにからみついていて、こういった愛に伴う絆や束縛の質を表現しています。このカードは恋に落ちるという質を表すこともありますが、私たちのほとんどが体験しているように、その状態は多くの場合、つかの間の幻想であり、必然的に理性が戻ってくるにつれ、はじけてしまう泡にすぎません。そのとき、私たちは愛という課題と、他者へのこの欲求に関するパターンやプログラミングという現実に対処せざるを得なくなります。

こうした刻印は、幼少期の最初の七年間に両親や家族、周囲の環境から私たちの存在に与えられるものです。その結果としてのマインドのプログラミングは、一生涯、人との関わり方だけではなく、自分自身をどう感じるかという感じ方にも影響を及ぼします。このカードは非常に多くの場合、他者への欲求に基づいている、こうし

●カレントライフ・リーディングのバリエーション……このカードが次の位置に現れたら

① 物の見方　古い条件づけのプログラムというフィルターを通して人生を見ています。つまり、あなたはあるがままの現実を見てはいません。

② コミュニケーション　人とのつき合い方は古いプログラムに影響されていて、人と思い込みでつながっています。おそらく自分の癖が分かるでしょう。

③ 仕事　仕事に関する何かがあなたのボタンを押していて、機能不全の感情と思考のプログラムが表面に現れています。ここでどんなことを体験しているにせよ、それは現実ではなく、自分のドラマだと認識することで、より客観的になれるでしょう。

④ 内面の自己　あなたは今、根本的な感情のパターンに非常に深く触れています。それに自分を見失っているかもしれません。

⑤ 性エネルギー　あなたは恋している（熱情に駆られている）のかもしれません。そうならば、とてもよく気づいているでしょう。そうでなければ、異性に関する古い条件づけのパターンに直面しています。

⑥ 身体　幼児期の体験が、身体の細胞にまさしくパターンをつくり出しています。今、肉体のエネルギーはそのプログラムに影響されています。

⑦ 主な関係性　あなたは熱狂的な恋に落ち、それを楽しんでいるかもしれません。そうであれば、あなたには分

292

⑧ **新しい見方** あなたが体験していることが何であれ、それは現実というよりは、自分の条件づけのパターンからきているものだということに気づいていますか。

⑨ **マインド** 古い習慣のパターンにはまっていることについて考えているか、気づいています。

⑩ **ピーク・エクスペリエンス** 現在の状況でできる最高のことは、自分のパターンにはまっていると知り、どんな感情が現れてきても、それに徹底的に入っていくことです。理性的であろうとしないで、何がそこにあろうとも、飛び込んで、感じるがままにしましょう―気づきをもって。

⑪ **スピリチュアル・メッセージ** あなたは、人生をコントロールしてきた根本的な条件づけのプログラムのいくつかに対処する機会を手にしているという、強いメッセージを受け取っています。こうしたパターンは、自分にそれを感じることを許し、気づきをもって体験することを通してのみ、変化します。ですから、判断したり、抑圧したりしないで、意識的に体験してください。

⑫ **瞑想** あなたのトータルな気づきを、今のあなたの人生を操っている古い感情のパターンを見ることにもたらし、それを十分体験することを自分に許してください。そのプログラムへの十分な気づきによってのみ、それからの解放は可能になります。

⑬ **概観** あなたの人生の方向性は今、習慣的な条件づけのパターンに大きく影響されています。つまり、あなたは同じところをぐるぐる回っているのです。この現実に気づくことから、そのパターンを見、変えるチャンスが生まれます。

カップの3 - 豊かさ（アバンダンス）

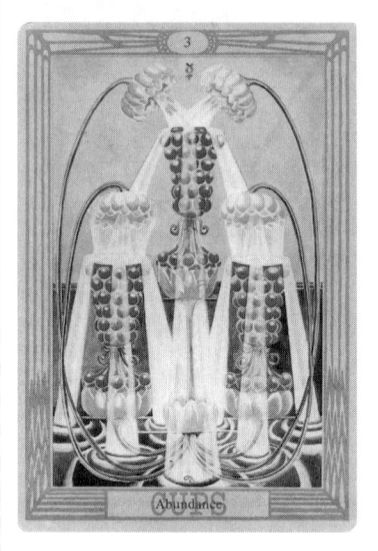

本　質
◆ 遊び心、深刻でない、軽やかなハート
　あふれるような豊かさ、お祝い
◆ 表面的、軽薄

● 意味とシンボル（蟹座にある水星）

たくさんの黄色い蓮の花から、明るい黄金色の感情エネルギーが流れ出し、赤いザクロのカップからあふれ出る豊かさが感じられます。ザクロは希少価値の高い果物で、ある国々では伝統的に富と王族と結びつけられてきました。全体として、赤と黄色には軽やかさと遊びマインドの質もあり、豊かなハートのエネルギーから自然にやってくる、楽しさとお祝いの感じを示しています。

このカードは軽やかで、はちきれそうで、あまりに豊かに満たされているがゆえに、深刻ではないやり方で他者と分かち合い、コミュニケートせずにはいられない感情エネルギーの質を表しています。あらゆる種類の生き物は、子どものころ、ほとんどこのスペースにいます。これは何も深刻に取れない、すべては遊びやゲーム、お祝いだと感じられるフィーリングです。

ネガティブな意味合いでは、リアルなものを隠すために人格が使われるときの、表面的な軽薄さや社会的な行動を表すこともあります。

294

● カレントライフ・リーディングのバリエーション……このカードが次の位置に現れたら

① **物の見方** 生に対し、軽い、遊び心に満ちた見方をしています。おそらく何が起こっていても、楽しめるという感じでしょう。

② **コミュニケーション** 他の人たちと気軽に、陽気につき合っています。おそらく、あなたは一緒にいて楽しい人でしょうが、あまり真面目ではなく、少し表面的でさえあるかもしれません。社交的なゲームを演じる癖があるかどうか、見てみましょう。

③ **仕事** 何をしているにしても、遊び心に満ちたエネルギーがあります。もし楽しくないのであれば、おそらくあなたはリアルであるよりも、表面的なところから動いているということに気づいてください。つまり、ある種の役割やゲームを演じているということです。

④ **内面の自己** 内なる存在に、軽さがあります。自分自身を楽しんでいるのでしょう。あるいは、あなたは深く、意味のある内省をしていないということかもしれません。

⑤ **性エネルギー** 性的なパートナーがいようがいまいが、複数の異性と楽しむことができます。けれどもまた、性的な役割やゲームにはまっているということかもしれません。

⑥ **身体** 身体に陽気な豊かさやエネルギーがあって、気楽な遊び心に満ちているのでしょう。けれどもあなたはおそらく、ハッピーで遊びに満ちた感じでしょう。

⑦ **主な関係性** 親密な関係性は、とても軽く、表面的な演技であまりに深刻なことには入っていきたくないと感じているのでしょう。もし関係性にいるのなら、表面的な演技で自分を隠していないか、確かめてください。

⑧ 新しい見方　もっと遊びに満ちていることもできる、そんなに物事を深刻に取る必要はないのかもしれないと、考えてみたことがありますか。

⑨ マインド　遊びに満ちて、気楽にいることについて考えています。明らかに、深刻になりたがってはいません。あるいは人生のある領域でゲームを演じていることに気づいているのかもしれません。

⑩ ピーク・エクスペリエンス　現在の状況でできる最高のことは、あまりに深刻に物事を受け取らないで、軽さと遊び心を保つことです。

⑪ スピリチュアル・メッセージ　存在はまさしく、「軽くなる」ことをあなたに勧めています。たぶんあなたはあまりにも自分や起こっていることを深刻にとらえ過ぎる傾向があるのでしょう。生はあなたが思っているように深刻で重々しいものである必要はありません。もう少しばかばかしい、あまり強烈でも、意味深くもないスペースにいることを自分に許してみましょう。

⑫ 瞑想　この時点でのあなたの瞑想は、何が起こっていても、それをお祝いする方法を見つけることです。自分自身や、何であれ、起こっていることを大笑いできるか見てみましょう。そして、あまり物事を深刻に受け取らないことです。

⑬ 概観　あなたは軽く、遊び心に満ちたやり方で、人生を生きています。おそらく社交的で、楽しい時を過ごしているのでしょう。もしこのことがしっくりこなかったら、自分の本当の状態や本当の望みとの接触を失ってしまうほど、役割やゲームを演じることにはまりこんでいないかどうか、確かめてみましょう。

カップの4 - 贅沢(ラグジュアリー)

本　質

◆ 安心感の課題、物事を快適に安全に保つこと

Luxury

● 意味とシンボル（蟹座にある月）

ここでは、金色の金属製の四つのカップが、一輪のピンクの蓮の花によって満たされています。ここには快適、満足、感情的に安全な感じがありますが、カップはもはやあふれてはいません。感情エネルギーの源がただ一つしかないからです。蓮の花の根は複雑に絡み合っていて、空はいくらか暗くなり始め、水面にはさざ波が立っています。これは物事を心地よく安全にしておくために、ハートと感情に制限と妥協が押しつけられている状態、あるいは、安定と安心感が私たちの主な関心事になっている状態です。私たちはもはやリスクを冒すこと、自分のフィーリングとともにその瞬間にいることに開いてはいません。ただ所有物や自分自身を無難に保つことに、大きな投資をしているからです。

このカードは、安心を感じているという状態を表すこともありますが、ほとんどの場合には、安全性が最も優先される時に現れる課題と、真実を曲げ、妥協する状態を表しています。

●カレントライフ・リーディングのバリエーション……このカードが次の位置に現れたら

① **物の見方** 全般的に、安全でいたり、安全を確保することが、人生の主な関心事となっています。

② **コミュニケーション** 人との関わりを無難にしておきたいので、現状を脅かすような言動はしていないでしょう。そしておそらく期待されていると思う行動を取るように、自分を制限しているのでしょう。

③ **仕事** 仕事の安全性を気にかけています。これは仕事自体の不安定さから来ているのか、あるいは自信がないので、自分の行動を制限してしまうという内なる不安感なのかもしれません。

④ **内面の自己** 内面で、安全性の課題に向き合っています。安全な状態を維持することに関心があるのかもしれませんが、どちらかと言えば、不安に直面していて、それを解消したいと思っているのでしょう。どちらにしても、今、あなたにはあまり自信はありません。

⑤ **性エネルギー** 性エネルギーについての主な関心は、安心感です。セックスパートナーとの関係を無難で安定したものにしておきたいのか、あるいは、自分をあらわにしたり、人を近づけたりしないことで、安全を保とうとしているのでしょう。

⑥ **身体** 身体に関して、安全性の課題があります。自分の身体に不安があるのか、あるいは、肉体のエネルギーを守るために、安心感が必要だという体験をしているのでしょう。

⑦ **主な関係性** 親密な関係性における主な課題は、安全性です。おそらく安心感を見つけるか、維持するために、自分の真実を妥協しているということでしょう。

298

⑧ **新しい見方** この状況にいて、安全で安心だと感じることもできるということ、そうでなければ、どうしてそうでないのか、理由を見てみたらいいと思ってみたことはありますか。

⑨ **マインド** 安全性や安全を保つことについて考えています。

⑩ **ピーク・エクスペリエンス** この状況においてできる最高のことは、安全に関する課題に対処しているということを受け入れ、物事を安全に保つために支払っている代価に気づくことです。

⑪ **スピリチュアル・メッセージ** 存在は、信頼するハートからやってくる、どんな人や物とも無関係な、真の内なる安全性を見出すよう勇気づけています。あなたの安全性が外側の要因に基づいているかぎり、つねにある程度の不安と妥協がつきまとうでしょう。

⑫ **瞑想** おそらく、不安を感じるような状況に追いやられているのでしょう。これがあなたの主な成長であることを認め、不安があっても居心地よくいるという実験をしてみてください。

⑬ **概観** 今のあなたの人生の主な課題は、安全性に関することです。将来に不安を感じているのか、あるいは人生において、安全を保とうとすることからくる妥協に気づいていて、それを変えたいと思っているのでしょう。

カップの5 - 失望（ディスアポイントメント）

本質
- ◆ 満たされなかった期待、不満足、不満
- ◆ ハートの切望

●意味とシンボル（蠍座にある火星）

この絵のカップは、もろくて壊れやすいガラスでできています。下方の水はよどんで、緑色に濁っていますが、これは感情的な失望の象徴です。望んだこと、希望したことが起こらなかった、ある切望が満たされていないのです。

ハートは空っぽのままで、もろい感じです。感情はこの水のように、よどみ、濁っています。蓮の根は、蝶の形に結ばれていて、この状態から変容が可能になるということを示しています。

アドバイスの位置では、このカードはこうした空虚さがハートにつくり出す切望を表すこともあります。ときには、その切望が高次の意識状態へと導く力として働くこともあるのです。満たされていない、空虚だという気づき、私たちを満足させてくれると信じている特定の欲望をマインドに持つこと以上の何かがあるに違いないという感覚は、スピリチュアルな探求の始まりになりうるものです。

300

● カレントライフ・リーディングのバリエーション……このカードが次の位置に現れたら

① **物の見方** 人生を、失望と不満というベールを通して見ています。これには特定の理由があるのか、あるいは習慣的な不満の姿勢があって、それが人生のすべてを染め上げ、物事をうまくいかなくしているのかもしれません。いずれにせよ、おそらくかなり空しい感じでしょう。

② **コミュニケーション** 人との関係は、楽ではありません。あまりに自分が空っぽなので、何も言ったり与えたりできないと感じているか、あるいは他の人たちへの希望や期待が満たされず、がっかりしているのでしょう。

③ **仕事** 仕事、もしくは仕事がないことが、今のあなたにとっての不満になっています。望んでいたことがうまくいかなかったのか、あるいは、たんに満足感がないのでしょう。

④ **内面の自己** 自分は空しい、満たされてないと感じています。それは、何かに失望した結果なのか、あるいは、思い当たる理由のない、内面的な虚無感なのかもしれません。気づきによって、それは別のものに変わることができます。

⑤ **性エネルギー** 性エネルギーに、満たされていない感じや失望感があります。性的なパートナーから欲しいものの、期待したものが得られていないのか、あるいは、パートナーがいないという結果なのかもしれません。

⑥ **身体** 身体は何かを欲しています。あるレベルで、自分自身に十分な滋養を与えていません。

⑦ **主な関係性** 親密な関係性において、満たされていません。相手がいないのか、あるいはパートナーが自分の希望や期待を満たしてくれていないのでしょう。もし後者ならば、誰にもあなたの期待を満たす義務はないということを覚えておいて、自分を満たすために何をする必要があるか、見てみてください。

カップ

301　第2章　小アルカナ

⑧ **新しい見方** 失望や不満を感じてもいいんだと、思ってみたことはありますか。

⑨ **マインド** 空しさや満たされていないことについて考えています。

⑩ **ピーク・エクスペリエンス** あなたにできる最高のことは、今の状況にあなたは失望し、満足していないのだと認めることです。それを見ないようにしたり、他のもので埋めようとしたりするのではなく。

⑪ **スピリチュアル・メッセージ** 存在は、内側で感じている空しさや切望を見ないようにしたり、それを認めるように勇気づけています。自分が何を切望しているのかを見つけなくてはと気をもまないように。というのも、あなたにはおそらく分からないでしょうから。それよりも、浅薄なもので覆い隠そうとしたりするのではなく、その感覚とともにいることを許してください。そうすれば、ハートがあなたの行くべきところへと導いてくれるでしょう。

⑫ **瞑想** 今のあなたにとっての瞑想は、内面の不満や空しさにくり返し注意を戻し続け、その感覚にとどまることです。そのうちに、この感覚が受容性と繊細さへと変わっていくことを発見するでしょう。

⑬ **概観** 今のあなたの生の主な課題である、この空ろで満たされない感じが、あなたの未来を方向づけています。あなたが何を手に入れそこなっているのか、すでに気づいているのでなければ、それにもっと意識的になることが助けになるでしょう。

302

カップの6 - 楽しみ（プレジャー）

（蠍座にある太陽）

●意味とシンボル

六つのオレンジ色の蓮が、感情のエネルギーを銅の色をしたカップに注いでいます。カップは満たされていますが、あふれてはいません。このカードは、純粋な快楽、ただ楽しいから何かをするという権利を象徴しています。それは、身体の快楽か、感情の快楽かもしれませんが、何であれ気持ちのいいことを表しています。快楽は、単純に楽しいからという理由でしたいことを自分に許すところからやってきます。それは、私たちの多くが思考重視の目的志向の教育を長年受ける間に失ってしまった、生まれながらの権利なのです。私たちには、楽しむ権利の、ただ快楽のために何かをするということに、後ろめたさを感じるようになってしまいました。私たちには、ただ好きなことをする権利があるのです。

けれどもカップがあふれていないという事実は、このエネルギーには限界があるということです。このカードはまた、快楽を求めること、あるいは物事を心地よく保っておく必要が、生のより深い次元からの表面的な逃避にもなりかねないということを表してもいます。

本質
◆ 楽しむこと、快楽を取り入れること
◆ 物事を快適にしておくこと

Pleasure

● カレントライフ・リーディングのバリエーション……このカードが次の位置に現れたら

① 物の見方 あなたの今の主な関心は、快楽にあります。楽しい時を過ごしているならばすばらしいですが、本当にそうなのか、あるいは深く感じることを避けているのか、チェックしてみましょう。

② コミュニケーション 人との関わりを楽しんでいて、これはすばらしいことです。けれども、不自然なやり方で、物事を心地よく、表面的に保つ傾向もあるか、チェックしてみてください。

③ 仕事 これがあなたの仕事ならば、とてもラッキーです。純粋な快楽ですから、もしそれで報酬を得ているなら、うまくやっています。そうでなければ、今は休暇中なのかもしれません。

④ 内面の自己 まさしく自分を楽しんでいます。あるいは、主に快楽のエネルギーを通して自分とつながっているのかもしれません。すばらしいことですが、あなたの存在には、快楽を通して体験できることよりさらに深いものがあることに気づいていないでしょう。

⑤ 性エネルギー 性的なパートナーとのつながりを楽しんでいるか、たんに異性といることを楽しんでいるのでしょう。

⑥ 身体 身体と、肉体のエネルギーを楽しんでいて、間違いなくいい感じがしているでしょう。

⑦ 主な関係性 親密な相手と、とても楽しんでいますが、おそらくその相手と深く関わることにはあまり興味がないのでしょう。この友好的な態度が、親密さに対する逃避や恐怖を覆い隠すものでなければ、問題はありません。

304

⑧ **新しい見方** 今起こっていることをただ楽しむか、自分の好きなことをするという権利を自分に与えてみてはどうでしょうか

⑨ **マインド** 快楽について考えています。おそらくもっと楽しみたいのでしょう。

⑩ **ピーク・エクスペリエンス** この状況でできる最高のことは、ただ楽しむことです。単純に楽しむこと以外、何も求められてはいません。深刻になったり、理解しようとしたり、分かろうとする必要はありません。

⑪ **スピリチュアル・メッセージ** 存在は、ただ楽しむこと、純粋な楽しみのためにしたいことをするという許可を自分に与えるよう、勇気づけています。あなたは一度も快楽を優先するような人生を生きたことがないのかもしれません。マインドのどこかで、何か悪いことをしているとか、時間の無駄だと感じることがあっても、今はそれを学ぶ時です。

⑫ **瞑想** あなたの今の瞑想は、ただ楽しむことです。ということはおそらく、あなたはそれがあまり上手ではないのでしょう。惨めになったり、深刻になったりするたびに、成長は、問題を解決しようとすることからではなく、もっと快楽を許すことによって起こるということを思い出してみましょう。あなたは楽しむことが許されているのです。

⑬ **概観** 生は順調で、あなたは今進んでいる方向性を楽しんでいます。この状態はしばらく続くかもしれませんが、それが終わったとき、快楽の奥に、探究すべき大いなる深みがあるということを思い出してください。

カップ

305　第2章　小アルカナ

カップの7 - 放蕩(ディボーチ)

●意味とシンボル(蠍座にある金星)

楽しみも程度を越えるとふけりすぎになりますが、それがここで象徴されているものです。感情の水は、ちょうど動きのない水がそうなるように、緑色でぬるぬるしています。蓮の花の代わりにオニユリの花がありますが、この不健康で有害なエネルギーの重みでうなだれています。それはネガティブな感情にまみれている状態ですが、そうした感情はほとんど必然的に今ではなく、過去と関係しているものです。これは、自分自身のドラマとそれに関するフィーリングに我を忘れてしまい、外側の現実に対するオープンさも、気づきもないときのエネルギーです。あるいはまた、私たちが感じたくない物事から逃げるためにエネルギーを使う方法、つまり暴飲暴食、ショッピングやセックス、ドラッグなどを表しています。あらゆる形でのふけりすぎはすべて、感情エネルギーを停滞させ、この瞬間のリアルな感情やエネルギーを避ける方法にもなりえます。

このカードは様々な形の耽溺を表していますが、そこには耽溺する許可を自分に与える必要がある時も含まれます。

本質

◆耽溺、ふけりすぎ、過度の

Debauch

● カレントライフ・リーディングのバリエーション……このカードが次の位置に現れたら

① **物の見方** 何かに溺れるという態度が、人生の見方を染めています。こうした見方で明晰に物を見ようとしても、ほとんど不可能です。汚れたガラスごしに物を見ようとしているようなものですから。

② **コミュニケーション** しゃべりすぎているのか、あるいはむしろ、今はとても感情的で、自分なりの人づき合いの仕方に溺れているのでしょう。

③ **仕事** 仕事中毒なのか、そうでなければ、何であれ自分のしていることに対してすごく感情的になっています。どちらにしても、これはあまり健康的でも、気づきに満ちた状態でもないことに、ただ気づいていません。

④ **内面の自己** 今、内なる存在に大きな感情エネルギーがあって、おそらく自分を哀れんで、かわいそうだと思うような体験をしていることでしょう。もしそうした状態を外へ表現したり、明晰でいるということがなければ、あなたのエネルギーが澱んでしまうかもしれないということに気づいていましょう。

⑤ **性エネルギー** 本当に感じていることから逃れるためにセックスに溺れているのか、あるいは、性エネルギーが感情に妨げられているのかもしれません。どちらにしてもこのエネルギーは、きれいに自由には流れてはいません。

⑥ **身体** やりすぎが肉体のエネルギーに影響しています。暴飲暴食、ドラッグ、あるいは大げさな感情のドラマにふけっているのかもしれません。それが何であれ、そのためにエネルギーは停滞し、身体に不健康な影響を及ぼしています。

⑦ **主な関係性** 親密な関係に対し、たくさんのネガティブな感情があります。あまりに感情に我を見失っているので、本当に何が起こっているのかを見るのは難しいでしょう。あなたが感じていることの多くは、おそらく相手とは何の関係もないと認めることが、この感情の泥沼から頭をもたげる助けになるかもしれません。

⑧ **新しい見方** もう少し自分の感情や、あるいは何であれ溺れてみたいことに溺れてもいいんだと、思ってみたことがありますか。

⑨ **マインド** 耽溺について考えています。そうしたいと思っているか、あるいはそうしたことを悔いているのかもしれません。

⑩ **ピーク・エクスペリエンス** 現状でできる最高のことは、感情に深く入っていくにまかせるということです。理性的でないように。どんな感情だろうと、それに十分溺れる時です。

⑪ **スピリチュアル・メッセージ** 感情の層があって、それを体験する必要があります。感じることを通してのみ起こりえますが、私たちはみな、感じたくないものを抑圧しようとします。自分に必要なだけスペースをあげて、どんなものであれ、その中にしっかり入っていってください。必ずしも人に行動で示さなくても、たぶん自分のプライベートなスペースで表現すれば十分でしょう。

⑫ **瞑想** 感情に溺れることが、今のあなたの最高の瞑想です。できれば毎日時間を取って、泣いたり、枕を叩いたり、叫んだりして、そこにある感情を何でも表現してください。この瞑想によって、大きな変容が起こりえます。変容は思考を通してではなく、感じることを通してのみ起こりえます。

⑬ **概観** 耽溺が、あなたの人生の大きな課題になっています。それは未来についての感情か、あるいは外側の出来事に溺れすぎているのかもしれません。それが何なのかに気づきの焦点を合わせることで、そうした雲の層を突き抜け、青空を見出す助けとなることでしょう。

308

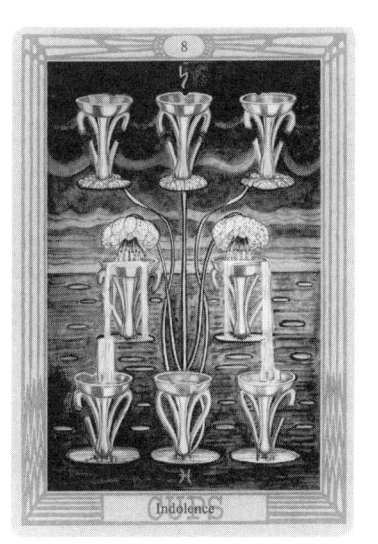

カップの8 - 怠惰(インドレンス)

本質
◆ 感情的に枯渇すること、疲労困憊
◆ 怠惰、無気力、無為

● 意味とシンボル（魚座にある土星）

二つの蓮の花は愛を注ぎ続けていますが、欠けたり割れたりしている浅いカップを満たすにはほど遠い状態で、カップはほとんど空のままです。水はもはや海のようには見えず、腐った泥のプールのようです。空と水の茶色は、活力のない重苦しさを表し、この感情の状態が死に近づいていることを示しています。もはや何の動きも、躍動感も、何も残されていません。もはや自分にさえ与えるものがない、へとへとで疲れ切った感じです。この状態は『放蕩』の自然な帰結として見ることができるでしょう。耽溺しすぎたり、与えすぎたり、やりすぎたり、まさしく枯れ果てるまでやりつくして、疲れきってしまったのです。

あるいはこれを『放蕩』の反対として見ることもできるでしょう。たんに動いたり、何かを感じたりしたくないという、疲れからというよりは怠惰からの無気力な状態です。これはまた、私たちが入っていく必要のある怠惰や無為の時を表すこともあります。

● カレントライフ・リーディングのバリエーション……このカードが次の位置に現れたら

① 物の見方　今のあなたは朝、ベッドから起きるのが難しいに違いありません。疲れ果てているのか、あるいは、たんに不精で、何もしたくないと感じているのかもしれません。

② コミュニケーション　今は人と関わるエネルギーがありません。言う必要があることがあっても、わざわざ言う気がないのか、あるいは反社会的な時期なのでしょう。

③ 仕事　仕事に対するエネルギーがほとんどありません。過去にやりすぎて燃え尽きてしまったのかもしれないし、たんに怠惰で興味がないだけかもしれません。

④ 内面の自己　内面に、無気力な感じ、疲れきった感じがあります。たぶん自分を十分ケアしたりしてこなかったのかもしれません。何であれ、内面の欲求にもっと耳を傾ける必要があります。あなたは自分にちゃんと注意を払っていません。

⑤ 性エネルギー　今のあなたには、性的なエネルギーがありません。もしくは、性的なパートナーに対してエネルギーがないのかもしれません。

⑥ 身体　肉体のエネルギーはとても枯渇し消耗しています。この状態を認め、実際的な方法で身体をケアすることがとても大切です。あなたは空っぽの状態です。

⑦ 主な関係性　親密な関係性に対して、あまりエネルギーがありません。自分の感情の限界を超えて与えすぎて、もう与えるものがないのかもしれません。あるいは、たんに今、相手に対して、あるいは誰に対してもエネルギーがないだけなのかもしれません。

310

⑧ **新しい見方** 疲れていて、休息が必要かもしれない、あるいは、たんに今は何もしたくないか、何もする必要はないのかもしれないと、思ったことはありますか。

⑨ **マインド** 疲れ切っていると思っています。あるいはむしろ、怠けて何もしたくないと思っているのでしょう。

⑩ **ピーク・エクスペリエンス** 今の状況でできる最高のことは、何もしないことです。それが何であれ、放っておきなさい。おそらく今まで十分すぎるほどやってきたでしょうから。

⑪ **スピリチュアル・メッセージ** 存在はあなたに、行為することをやめ、あなたが怠惰だと思っているであろう無理強いしないスペースに入っていくよう勇気づけています。気楽にぶらぶらして、自分に休息を与えてください。肉体的にそうする必要があると思っても、思わなくても、です。

⑫ **瞑想** 生には無為を通じてのみ得られることがたくさんあります。今のあなたにとっての瞑想は、ゆったりと構えて、何もしないでいることです。おそらくそれは、あまり居心地のいいものではないでしょうが…。

⑬ **概観** おそらく今は、どこかに行きたいとか、何かをしたいという感じがあまりないでしょう。あまりにも疲れ果てて、どうでもいいと感じているのか、あるいは、ただたんに不精なのでしょう。あなたに必要なのは、休息して自分の面倒をみることか、あるいはお尻を蹴飛ばしてカツを入れることか、どちらなのか、チェックしてみましょう。

カップの9 - 幸福（ハピネス）

●意味とシンボル（魚座にある木星）

左右対称に並べられた九つのカップが、カードいっぱいに描かれ、一つ一つのカップは、それぞれ、デリケートな蓮の花によって満たされ、あふれています。すべては調和に満ち、流れています。私たちは本当に幸せです。これは、欲望が満たされた瞬間にもっともよく起こる感情であって、こうした満足感から、人生のすべては充実し、完璧だと感じられるのです。

これは喜ばしい状態ではありますが、理解する必要もあるのです。私たちはみな、望んでいたことが実現したときにやってくる、完璧な幸福の瞬間を知っています。そしてその高揚感はまもなく消え失せ、また別の欲望に取って代わるということも…。これこそが、欲望の本質なのですから。それによって受け取るのは、カップのエースに表される、自分の内にある愛の源とつながることからやってくる喜びではなく、外側のものに依存した、一時的な幸福感なのです。

このカードは、こうした充足や幸福という一時的な状態を象徴しています。しかしほとんどの場合、こうした充足を与えてくれるように自分以外のものや人に何かを期待し、望んでいる状態を表します。つまり、期待があ

本　質

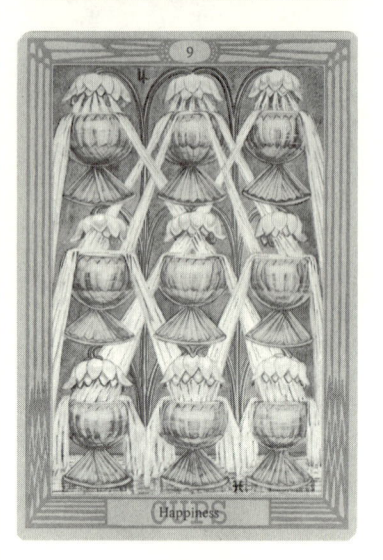

◆ 期待、希望
◆ 欲望が満たされたことからくる一時的な幸福感

Happiness

312

る状態です。これは、私たちが自分の期待や願望に夢中になるあまり、本当に起こっていることにオープンになれない状態でもありえます。

● カレントライフ・リーディングのバリエーション……このカードが次の位置に現れたら

① 物の見方　夢が実現したばかりなのかもしれません。あるいは、外側に何かを期待し、望んでいることが、あなたの人生への姿勢全体に影響を及ぼしているのでしょう。あなたにはどちらなのか、分かるでしょう。

② コミュニケーション　あなたのコミュニケーションはあけっぴろげで、すべては完璧だとまくしたてているとでしょう。あるいは、他の人にたくさんの期待があるのかもしれません。

③ 仕事　たぶん仕事の状況で望んでいたことが実現し、大喜びしているのか、あるいは、そうした達成を期待して、そちらへと働きかけているのでしょう。

④ 内面の自己　ある夢がかなったせいで、幸福な状態にいるのかもしれません。けれどもおそらくは、自分はどうあるべきか、幸せになるために、人生から何を得るべきか、という自分自身の期待に気を取られているのでしょう。

⑤ 性エネルギー　期待がかなって、相手との関係で満たされていると感じているのかもしれませんが、おそらくは、人生のこの領域において、何かを望み、期待している状態なのでしょう。

⑥ 身体　たぶん、あなたは今、身体が欲しているものを手に入れて、その結果、肉体の心地よさを感じているのかもしれません。もしくは、まだそういった望みが身体や、思考パターンにあって、それが身体に影響しているのでしょう。

カップ

313　第2章　小アルカナ

⑦ 主な関係性　関係性に望んでいたものが、ちょうど手に入って、とても幸せに感じているのかもしれません。けれどもおそらくは、親密な関係性において、自分自身やパートナーに対する期待でいっぱいになっているのでしょう。

⑧ 新しい見方　自分が幸せになるために手に入れたいと思っているものを、自分に与えることもできるのだと、考えてみたことがありますか。

⑨ マインド　自分が幸せになるために期待し、望んでいるものについて考えています。

⑩ ピーク・エクスペリエンス　今、幸福感が見いだせないならば、この状況においてあなたができる最高のことは、他の人々からそれを手に入れるという希望や期待に気づきをもたらすことです。そしてこれらの希望や期待が、あなたが自分のためにそれを見出す邪魔をしているかもしれないということを理解しましょう。

⑪ スピリチュアル・メッセージ　存在は今、あなたが人生や他の人々に本当に望み、期待しているものは何なのかを見るよう勧めています。何があなたに満足感を与えるのでしょうか。それは現実的なことでしょうか、それとも、そのせいで、実際にそこにあるものを見たり、受け取ったりできなくなっているのでしょうか。

⑫ 瞑想　あなたの成長は、人生において満足感や幸せを感じるために、あなたが何を期待し、何を望んでいるのか、見つめることにあります。おそらくこうした期待に向き合わざるをえない状況にいるのでしょう。それを満たす義務は、誰にも、何にもないということに気づいてください。それはあなたの問題なのです。

⑬ 概観　今、人生にとても満足しているのかもしれません。あるいは、自分の希望や期待を見つめることが、あなたの人生の方向性をコントロールする主な課題なのでしょう。

314

カップの10 - 飽満(サタイエティ)

本質

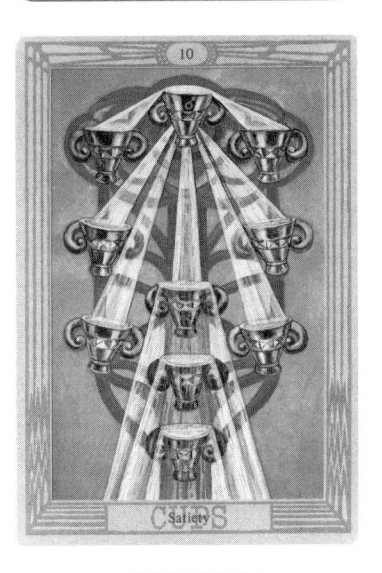

◆ 退屈、飽き飽き、うんざり、十分

● 意味とシンボル（魚座にある火星）

十個のカップは、学びの象徴であるカバラの「生命の樹」を形づくっています。巨大な蓮の花は、もはや愛のエネルギーの直接的な源ではなく、遠くにぼんやりかすんでいます。カップは満たされていますが、前のカードのようにあふれていません。背景の赤色は円熟や充満を表しています。

このカードは、感情を満足させる源をもう必要としていないスペースを表しています。私たちは十分手にしていて、同じものはもう欲しくありません。飽き飽きしている感じです。手にする必要のあるものはもう手に入れた、という感じです。それは、これまで体験してきたことへの批判ではなく、たんに欲しいものはすべて手にしたという感じです。手にする必要のあるものはもう手に入れた、あるいは学ぶ必要のあることはもう学んだので、これ以上は退屈になってしまうでしょう。

あるいは、すでに退屈で、十分以上に満たされていると感じているのかもしれません。それはまた、うんざりした状態、物事をみずみずしく見る無垢さがない状態を表すこともあります。

315 第2章 小アルカナ

● カレントライフ・リーディングのバリエーション……このカードが次の位置に現れたら

① **物の見方** 人生に少し退屈しています。それは特定の状況によるものか、あるいは、「あそこにも行ったし、あれもやったし」といった、日々の生活からワクワク感を奪うような見方、人生全般にちょっとうんざりした態度があるのでしょう。

② **コミュニケーション** あなたは人づき合いに退屈しています。周りの人が退屈なのか、それよりもおそらく、自分の関わり方に退屈しているのでしょう。

③ **仕事** あなたの仕事は、もはやチャレンジも、刺激もなくなっています。実際、もう十分やったのです。

④ **内面の自己** 少し自分にうんざりしています。たぶん自分のマインドのゲームに飽き飽きしているのか、何かよく分からない内面の退屈に気づいているのでしょう。

⑤ **性エネルギー** 性的なパートナーとのつながりの何かに、あるいはそうした相手がいないことに、退屈を感じているのかもしれません。あるいはたぶん、パートナーや、異性全般との自分の関わり方の何かが、もう十分長いことやってきたと感じられているのでしょう。

⑥ **身体** 身体の何か、あるいは身体を使って何かをすること（あるいはしないこと）にうんざりしています。あるいは肉体のエネルギーが十分活発ではなく、だるさを感じているのかもしれません。

⑦ **主な関係性** たぶんなれ合いの関係なのかもしれませんが、親密な相手との間に今までどんなことがあったとしても、もうほとんど十分だという地点にいます。基本的に、退屈しています。

316

⑧ **新しい見方** それが何であれ、もう十分で、退屈なのかも、と思ってみたことはありますか。

⑨ **マインド** 「そこにも行ったし、あれもやったし…」という思考のテープが回り始めています。あなたは人生に、あるいは人生の何かに少し退屈しています。

⑩ **ピーク・エクスペリエンス** 今の状況でできる最高のことは、必要なところまでやったということを受け入れることです。学ぶべきことは学び、手に入れるべきものは手に入れたので、これ以上やろうとしたら退屈することでしょう。

⑪ **スピリチュアル・メッセージ** 実際まったく悪いことはありませんが、あなたは人生にもはや興奮も挑戦も感じられないように見える地点に達しています。これに対し、ただそれを感じるにまかせること以外、すべきことは何もありません。ときには退屈は、より深い存在の状態へと変容することがあります。あるいは、これによって、あなたの優先するものを変えるよう、自分に強いる必要があるのかもしれません。

⑫ **瞑想** あなたの成長は、もうすでに十分だと感じているとしても、何であれ起こっていることを十分に体験しつくすことにあります。これは、変化のカードではなく、退屈にまかせ、その受容の状態があなたをどこに導くのか見てみるというカードなのですから。

⑬ **概観** 充足感と退屈との境界線は実に微妙です。今、あなたはその境界線上にいて、それがあなたの未来の方向性に影響しています。

317　第2章　小アルカナ

カップ

DISKS
ディスク

ディスクは地のシンボルであり、
人生の肉体的、物質的側面を表す

ディスクのナイト

本　質
◆ 実際的な自信
◆ 準備できていることからくる内なる強さ

●意味とシンボル

『ディスクのナイト』は、地のエネルギーの、成熟して確立した陽の側面を表しています。作物を植え、育てるという戦士の準備をすでに終え、ヘルメットを外し、夕日を楽しみながら、畑の穀物が実り、彼はそれを刈り取るための鎌を手にしています。必要な下準備はすべて終わっているのが分かっていて、くつろぎ、自信があるのです。

手足の短いがっしりとした体格と、黒ずんだ重い鎧すがたが、地に足の着いた現実的な感じを強めています。

このカードは、内と外の両面で、準備と構築、成長と学びという仕事を終えた状態を象徴しています。今や何が起ころうと対処していける自信があり、くつろぐことができるのです。内と外の成熟からやってくる、くつろいだ内なる強さのスペースです。これは実際的、物質的に世間を楽々と渡っていけるエネルギーであり、また十分自信があるゆえに、内面に何が浮上してきても、緊張しないで、それにまかせ、ともにあることができるのです。

ネガティブな意味では、大地に縛られた、重たい、唯物主義的な状態を表すこともあります。

320

● カレントライフ・リーディングのバリエーション……このカードが次の位置に現れたら

① **物の見方** すべては手の内にある、何が起ころうとも対処できないことはないという感じからくる、実際的で物質的な自信をもって生を見ています。

② **コミュニケーション** 人との関わりにおいて、くつろいで、実際的です。あまりたくさん話をしてないかもしれませんが、それは社交的であろうとすることで、自分を証明する必要がないからです。

③ **仕事** 仕事において、実際的で、有能です。準備が終わって、労働の収穫を楽しめる段階にたどり着いたと感じているのかもしれません。

④ **内面の自己** これは、内面で何を体験しようが、避けたり守ったりしないで、それを受け入れることのできる、内面的な成熟の感覚なのでしょう。あるいは、自分を主に肉体として、唯物論者として見ているということでしょう。

⑤ **性エネルギー** 自分の性エネルギーの陽の側にくつろぎ、自信を持っています。

⑥ **身体** 身体はすばらしい状態で、肉体のエネルギーに自信を持っています。

⑦ **主な関係性** 親密な関わりにおいて、たくさんの感情や思考に煩わされず、ただ在ることを心地よく感じるスペースにいます。おそらく直接的な関わりよりも、誰かと一緒に何かをするということに比重があるでしょう。

⑧ **新しい見方** 今、何が起こっても対処できると分かっているので、ちょっとくつろいでもいいと思ったことがありますか。

⑨ **マインド** 実際的な問題について考えています。あるいはそうした問題に楽に対処できる自信を持つことについて考えているのかもしれません。

⑩ **ピーク・エクスペリエンス** 現状でできる最高のことは、あなたがすでに達成した実際的な成熟に敬意を払うことです。必要なことはやったし、何が起ころうとも、自分には十分対処できる能力があるという自信にくつろぐことです。

⑪ **スピリチュアル・メッセージ** 存在は、あなたという存在の、成熟した陽の側面を主張するよう勇気づけています。それは戦ったり、防御したりする必要なしに、内面や外面の生に対処して行く方法を知っているあなたの一部です。リラックスして、自分自身と、自分の実際的な能力に自信を持つ時です。このために、自分の身体にもっと気づきをもたらすようなエクササイズが助けになることでしょう。

⑫ **瞑想** あなたの成長は、何が起こってもくつろいで面倒を見ることのできる能力を信頼し、自信を持つことを学ぶことにあります。これはおそらく、あなたにとってあまり得意なことではないのでしょう。もしためらいがちで優柔不断な自分に気づいたら、足全体を感じて気づきを大地とのつながりに戻し、それについてあまり考え過ぎないで、シンプルに実際的に、目の前の物事に対処するようにしてください。あなたにはこれができるはずです。でなければ、このカードを引かなかったでしょう。

⑬ **概観** あなたは、何がやってこようとも対処できると知っていて、自信を持ち、くつろいで人生を歩んでいます。

322

ディスクのクイーン

本　質

◆ 今ここにいること、くつろいだ受容的な現実性
◆ 自身の存在に休息すること

● 意味とシンボル

『ディスクのクイーン』は、地の、成熟した陰の質を表しています。それは自分自身の実りの豊かさにくつろいでいるシンボルです。彼女は自分のいるオアシスから、眼下の荒れた谷をふり返り、その地をどのように川が流れ、実り豊かにし始めているか、見るともなしに見降ろしています。この実り豊かさのために、自分は何もする必要はないということが、彼女には分かっています。

「春が来て、草はひとりでに生える」という禅の詩歌の示しているのと同じ、自然な信頼があります。巨大なパイナップルの玉座には、爬虫類のガウンと雄鹿の角のかぶり物は、動物界との結びつきと彼女自身の本能的な質を示しています。腕に抱えている地球儀は、大地との結びつきを表しており、この世界に居心地よく存在しているという印です。クリスタルのついた杖は、くつろいで地に足が着いている彼女自身の存在からやってくる、明晰さの象徴です。ヤギは地に足が着いて現実的な山羊座の象徴です。

このカードは、多くの場合、ただ自分自身でいることを学ぶという長くて骨の折れる旅を経て初めて達成できる、くつろいだ、受容的な存在の質を象徴しています。長い旅ののち、今、成熟した自分にくつろぎ、そこに何があろうとただ静かに在るというスペースにいます。つまり、周りで何が起こっていても、彼女はくつろいだ受

● カレントライフ・リーディングのバリエーション……このカードが次の位置に現れたら

① 物の見方　人生が何をもたらそうとも、今にいて、くつろぎ、地に足が着いていて、本能によって、どう生きればいいのかを知っています。

② コミュニケーション　人々との関わりにおいて、地に足が着き、受容的で、今にいます。多くのことをしてはいないかもしれませんが、必要なことに、生産的に対処することができます。他の人々に対し、地に足の着き、滋養を与えるような質をもたらしているでしょう。

③ 仕事　何をしていようとも、実際的で、今にいます。多くのことをしてはいないかもしれませんが、必要なことに、生産的に対処することができます。他の人々に対し、地に足の着き、滋養を与えるような質をもたらしているでしょう。

④ 内面の自己　自身の存在にくつろいでいる、静かな内面の質があります。自分の面倒の見方を知っています。

⑤ 性エネルギー　性エネルギーにくつろぎ、今ここにいます。おそらく、性的なパートナーがいれば、その人といるときもそうでしょう。

⑥ 身体　身体に内なる滋養の質があります。あなたは身体の声を聞く方法も肉体的な欲求のケアの仕方も知っています。

⑦ 主な関係性　親密な関係性において、静かで、地に足が着き、受容的に、自分自身でいることができています。

324

たぶんたくさんの時を関わらなくてはと思うことなく、ただ居心地よく一緒に過ごしているのでしょう。こうした大地のような質は、あなたにとっても相手にとっても癒しとなりえます。

⑧ **新しい見方** 起こっていることにただくつろぎ、今ここにいて、自分の本能にチューニングを合わせることもできると、考えてみたことがありますか。

⑨ **マインド** 自分にくつろぎ、今ここにいることを考えています。あるいはもうそうしていると思っているのかもしれません。

⑩ **ピーク・エクスペリエンス** 今できる最高のことは、あるがままの現状において、ただ今ここにいることです。このシンプルで、地に足の着いた、受容的な見地から、何が起こる必要があるのか、感じ取ることでしょう。

⑪ **スピリチュアル・メッセージ** 存在は、くつろいで、オープンでいるという質を育てることを勇気づけています。何をする必要もないし、どこかへ行く必要もありません。自然の中で座り、何もせずにただ在るという時間ができるだけ持ってみてください。もし今のライフスタイルにはそうした時間がないのだとしたら、長めの休暇が必要かもしれません。

⑫ **瞑想** あなたは周りのことや、自分の考えや感情に自分を見失わないで、いかにくつろぎ、地に足を着け、今ここにいるかを学ぶ必要があります。身体につながることなら何でも、この助けになるでしょう。あるいは自然につながることなら何でも。ガーデニングは好きですか。

⑬ **概観** あなたの生には、起こることとともにただ在るという質があります。ほとんど「木を切り、水を運ぶ」という禅の質があるとも言えるでしょう。あなたの未来の方向性を導いているのは、ただ当たり前でいる、今にいるという質です。

ディスクのプリンス

本　質

◆ 事を起こすための実際的な決意
◆ 目的志向、未来志向

Prince of Disks

● 意味とシンボル

『ディスクのプリンス』はそれほど安定していない陽の、外に向かう地の質を表しています。彼は、荒々しく決然とした雄牛に引かれる、パワフルな戦車に座っています。雄牛は、目的にたどり着こうとするゆるぎない決意を、そこに至るための彼のパワーと強さを表しています。裸でいることと、鍛え抜かれた肉体は、自分のパワーを信頼しているので、自分の望みを守ったり隠したりする必要がないことを表しています。望むものを築き上げたり、達成しようとする彼の動きを阻む障害物が、戦車に積まれた彼の背後の玉石によって表わされています。彼を囲んでいる自然物が描かれたタペストリーは、彼があまりにも自分の行方にとらわれているがために、あるがままの現実にちゃんと向き合っていないということを示しています。

このカードは、ある方向に断固として動いていく質を象徴しています。それは事を起こしたり、実際的な目的を達成することに関わるエネルギーであり、また、こうしたことが起こるために、将来を見つめるという質でもあります。

ネガティブな意味では、あまりにもどこかへ行くことにとらわれているので、今いる場所とつながっていない

● カレントライフ・リーディングのバリエーション……このカードが次の位置に現れたら状態を表すこともあります。

① **物の見方** あなたは、今いるところよりも、行こうとしているところに関心があります。何か特定のものに向かっているのか、それともいつもの癖なのでしょうか。

② **コミュニケーション** 人とどう関わりたいかという目標や、人といて何が起こってほしいかという期待があります。そのために、会話を自分が望む方向に持っていこうとしがちになっているでしょう。

③ **仕事** 仕事がどうなってほしいかという強い観念があって、実際に、おそらく無理やりにでもその方向へと動いているでしょう。

④ **内面の自己** 今いるところにいるよりも、自分がどこへ行こうとしているのか、どうなりたいのかを計画することに、多くの時を費やしています。

⑤ **性エネルギー** 将来、ある異性との間に特定の事を起こすことに集中しています。

⑥ **身体** 肉体のエネルギーに、無理強いの感じがあります。くつろいで、あるがままの身体にしっかりといる代わりに、どうなりたいかに関心があるためです。定期的にエクササイズをしたり、ダイエットをするにはいい状態とも言えます。

⑦ **主な関係性** 関係性が今どういう状態なのかよりも、どうなっていくのかを気にかけています。あるいは、現在の自分のエネルギーとともにあるというよりは、関係性ができるように、未来を見つめているのでしょう。

ディスク

327 第2章 小アルカナ

⑧ **新しい見方** これからどこへ行きたいのか、何が起こってほしいのかを、見てみてはどうでしょう。

⑨ **マインド** 未来か、到達したい目標について、考えています。

⑩ **ピーク・エクスペリエンス** 今の状況でできる最高のことは、自分がどこへ向かっているのか、何が欲しいのかを見つめることです。目的なしに座って待っている時ではありません。

⑪ **スピリチュアル・メッセージ** 存在は、将来、何が欲しいのかを見つめ、断固としてその方向へ向かうように勇気づけています。たぶんあなたは、あまりにも長い間ぶらぶらしていたのでしょう。今は、現実的にあなたの潜在能力を育て、自分がどこへ行きたいのか計画する時です。

⑫ **瞑想** 今のあなたにとっての瞑想は、自分の実際的な焦点を、自分の向かっている方向に合わせ続けることです。そして、これが本当に行きたいところなのか、確認してみたらいいでしょう。

⑬ **概観** あなたは今、行きたいところや起こってほしいことにしっかりと集中し、人生を突き進んでいます。

ディスクのプリンセス

本質

◆ 忍耐、待つこと、生み出すこと、妊娠、延期

●意味とシンボル

『ディスクのプリンセス』は、地の、確立し、育ちつつある陰の質を表しています。彼女は妊娠した若い女性で、豊かな動物的本性を表す、堂々とした毛皮のケープを身にまとい、たたずんでいます。彼女の頭にもシカの角がありますが、それはもっと小さく、天に向かっているのではなく、周りの物を指しています。手にしたディスクに描かれた陰陽のサインは宇宙の究極的な創造のパワーだけではなく、彼女の内なるバランスをも表しています。もう一方の手にある、大地に向けられたワンドの先にはクリスタルがついていますが、それは現実の中へと根づき、足を着けることへと気づきの光を向けていくことを表しています。背後にある強調された木々の根が、このテーマを確認しています。同様に、妊娠においても、植えられた種が育つ時間が必要です。子どもは時が満ちなければ、生まれてはきません。

このカードは、ふさわしいときに物事が起こるのを待つというエネルギーを象徴しています。それはよく忍耐と呼ばれますが、内面、外面を問わず、物事はそれぞれのペースで育つ、そして時が来れば事は起こると知って

●カレントライフ・リーディングのバリエーション……このカードが次の位置に現れたら

① 物の見方　生に対して、何かが起こるのを待っているという態度を取っています。これが現実に即したものなのか、本当に種は蒔かれ、地中で育っているのか、あるいは、先に進むための必要な一歩を避けているのか、チェックしてみたらいいでしょう。

② コミュニケーション　オープンに根気よく人と関わっています。たぶん違った関わり方をしたいけれど、今はまだその時ではないと感じているのでしょう。そのせいで、人に対してちょっと臆病になっているかもしれません。

③ 仕事　仕事や、行為のエネルギーにおいて、表面下で何かが育っている時です。それなりのタイミングとやり方で事が育ち、落ち着いていくのを待っています。これが現実的なことか、あるいは何かを先送りしているのか、チェックしてみたらいいでしょう。

④ 内面の自己　内なる存在に、何かが育ってきているという感じがあります。あなたは、自分自身の新しい側面が、独自のやり方とタイミングで育っていくのをじっと見守っています。

⑤ 性エネルギー　性エネルギーにおいて、待ちのスペースにいます。パートナーがいればその人との間で、いなければ、あなたの中の性的なパターンに関して、何か新しいものが育っているのでしょう。

⑥ 身体　肉体のエネルギーにおいて、何かが育つのを待っているという感じがあります。(あなたは妊娠してないですよね)。肉体レベルで何かが再生しているのか、あるいは深い条件づけのプロセスがエネルギー・ボディを通して明らかになってきているのかもしれません。どちらにしても、おそらくあなたは静かな感じで、肉体的に無理をしたくはないでしょう。

いることからやってくる忍耐です。ネガティブな意味においては、起こる必要のあることを遅らせたり延期したりする状態を表すこともあります。

330

⑦ **主な関係性** 親密な関係性は、懐胎期間にあります。おそらくよく分からないにしても、親密な感じがあるでしょう。今、もし親密なパートナーがいなければ、あなたはオープンでいて、そんなふうに何かが起こることをじっと待っているのでしょう。

⑧ **新しい見方** できることはすべてやっただろうから、今必要なのは、じっと待って、何が育つか見ることだと、思ってみたことはありますか。

⑨ **マインド** 忍耐強く何かが育つのを待とうと思っています。ということは、今までそうしてこなかったのかもしれません。

⑩ **ピーク・エクスペリエンス** 今の状況でできる最高のことは、物事がそれなりのやり方とタイミングで育つのを待つことです。忍耐を持ちましょう。時に先んじて無理に形にしようとしても、得るものはありません。

⑪ **スピリチュアル・メッセージ** 存在は、待つというアートをあなたに教えています。それは無気力で怠けた状態ではなく、生は必要なものをふさわしいやり方で与えると信頼している人の、意味深長な忍耐です。せっかちになったり、先走りそうになったりしたら、いつでも自然とつながるように。そうすれば、あらゆることはふさわしい時にのみ起こると分かるでしょう。

⑫ **瞑想** 根気よく待つとはどういうことかを学ぶのが、今の瞑想です。もしせっかちな性急になっている自分に気づいたら、深呼吸が役に立つか見てみて、自分の気づきを足元に戻し、今いる現実へしっかりと根づかせるようにしてください。

⑬ **概観** あたかも、人生そのもの、あるいはその中の何かが動き始めるのを待っているような感じです。これに何も悪いことはありませんが、もう少し働きかけが必要なのかを見るために、アドバイスの場所をチェックしてみましょう。

ディスク

331　第2章　小アルカナ

ディスクのエース

本質
- 純粋な存在、センタリング、中心に定まる（ビーイング／プレゼンス）
- 存在感、現実に根づく

●意味とシンボル

一枚の金のディスクが、木と葉と松かさの、込み入った豊かなデザインに囲まれていますが、これは純粋な存在、純粋な自己のスペースに根づいた状態からやってくる、自然な大地の質と豊かさを描き出しています。翼の形のデザインは、こうした状態で可能になる、高められた意識を示しています。木は、根を地中深く降ろした分だけ、高く伸びることができますが、人間の意識も同じです。私たちは存在の現実に根を下ろした時にのみ、空に向かって翼を広げることができるようになります。自分の生きている状況や地上の現実にしっかりと根づいていなければ、私たちはあるがままとつながってはいません。ディスクの上と周りに刻まれたものは、クロウリーがこの状態と結びつけた魔法のシンボルです。

このカードは、往々にしてハラ（丹田）にしっかりとセンタリングしていることからやってくる、純粋に在るというスペースと中心が定まった状態を表しています。このスペースから、人は存在の現実に根づき、その結果として、往々にしてある種の存在感やカリスマを持つのです。

● カレントライフ・リーディングのバリエーション……このカードが次の位置に現れたら

① **物の見方** あなたは人生に対し、地に足の着いた、現実的な見方をしていて、あるがままの現実にセンタリングしているようです。

② **コミュニケーション** 人との関わり方は、とても率直で、現実に根づいています。あなたには存在感があります。

③ **仕事** 仕事において、地に足が着き、根づいたスペースにいます。起こっていることにしっかりといることができるので、何をしていようとも、あなたはパワフルな力となっています。

④ **内面の自己** 自分自身の中心と深くつながっていることからくる、内面的な豊かさがあります。これは自分の中に在るという、深く、美しいスペースです。

⑤ **性エネルギー** あなたは性エネルギーにセンタリングしていて、そのために、強烈に性的な存在になることができています。今、異性との現実がどんなものであれ、あなたはそこにしっかりといます。

⑥ **身体** あなたは身体にセンタリングしていて、エネルギーがハラに集中しています。その感覚が心地よいものであろうとなかろうと、あなたは物質次元にしっかりといます。

⑦ **主な関係性** 親密な関係性において、何が起こっていても、現実に根づき、しっかりと今にいます。あなたはおしゃべりや感情に頼らない、強い存在感があります。

⑧ **新しい見方** ただ今ここにいて、何が起こるのか体験してみてはどうですか。

⑨ **マインド** 自分が現実に根づいていると思っています。あるいはたぶんそうありたいと思っているのでしょう。

⑩ **ピーク・エクスペリエンス** この状況でできる最高のことは、自分の中心にとどまり、実際に起こっていることとつながったままでいることです。つまり、自分の意見や感覚にこだわるのよりも、ただあるがままとともにあるように。

⑪ **スピリチュアル・メッセージ** 存在は、あなたの存在の中心、ハラにもっと入っていくよう勧めています。そのスペースから、自分を取り巻く現実を新しい、より深い見方で見ることになるでしょう。武道ならば、どんなものでも役に立つでしょう。

⑫ **瞑想** 自分自身にセンタリングし、根づき、今の現実にしっかりといることがあなたの瞑想です。ということはおそらく、あなたにはそれがあまり得意ではないのでしょう。ハラを鍛えたり、ハラに意識を置くと、とてもいいでしょう。あるいは、身体とつながることなら何でも役に立ちます。

⑬ **概観** あなたは、自分の人生の現実を見つめ、それとともにいます。ありのままの現実を見ていて、ありのままの現実を見ることについてどう考え、どう感じているかということは関係ありません。この「在ること（ビーイング）」のスペースは、そうした状態よりもどう深いのです。

ディスクの2 - 変化(チェンジ)

本　質

◆変化、移行

Change

●意味とシンボル（山羊座にある木星）

大きなヘビが、自分の尻尾をくわえ、8の字、あるいは無限大のシンボルを描いています。これは、変化という永遠で不変の状態を意味しています。生において唯一変わらないのは、変化だけです。蛇の頭にある王冠は、この現実に抵抗するのではなく、それを生きることからやってくる、高次の意識を表しています。二つのディスクは陰陽のサインで、世界での男性性、女性性のエネルギーの自然な動きとバランスを表しています。この二つは正反対の方向に回っているように描かれていますが、それは、変化が内面・外面の両方でありうることを表しています。中に描かれている色のついた小さな三角形は、地水火風を表す古代の錬金術のシンボルで、変化という基本的な本性を表しています。

このカードは変化のあらゆる側面を象徴しています。私たちはあまり変化を好みません。それは慣れ親しんだものから私たちを引き離し、居心地よさや定着した在り方を揺さぶるからです。このカードは、変化は必然で、その時には気に入らないとしても、それはポジティブな力だということを思い出させてくれます。

335　第2章　小アルカナ

● カレントライフ・リーディングのバリエーション……このカードが次の位置に現れたら

① 物の見方　変化という姿勢が、あなたの人生に対する見方に影響を与えています。変化がすでに起こっているのか、あるいは変化を求めているのでしょう。

② コミュニケーション　人との関わり方に、何らかの変化が起こっています。

③ 仕事　仕事のエリアにある変化をくぐり抜けています。仕事が変わってきているか、あるいは、あなたの仕事のやり方が変わってきているのでしょう。

④ 内面の自己　内なる存在と自分を見る見方に、ある変化が起こっています。

⑤ 性エネルギー　性エネルギーに変化が起こっていて、それが性的なパートナーとの関係か、あるいは異性全般との関わり方に、形となって現れているのでしょう。

⑥ 身体　肉体のエネルギーに何か変化があります。もしそれに気づいてなければ、意識を向けてみてください。ネガティブなものなら、それはなくなるでしょうし、ポジティブな変化なら、気づきがそれを促進するでしょうから。

⑦ 主な関係性　親密な関係性において、変化をくぐり抜けています。パートナーとの関わり方が変わってきているのか、あるいは相手の中に変化が起きているのでしょう。

⑧ 新しい見方　変化の時期だと、思ってみたことはありますか。

336

⑨ **マインド** 変化について考えています。それは今起こっていることか、あるいは、起こってほしいと思っていることかもしれません。

⑩ **ピーク・エクスペリエンス** 今できる最高のことは、変化が必要だということを認め、変化を起こすか、それが起こるにまかせるよう意識的な努力をすることです。

⑪ **スピリチュアル・メッセージ** 存在は、あなたが大きな変化の時期に入ってきていると告げています。未知のものに対する抵抗、不安、恐れが生じるかもしれませんが、それは必然であり、タイムリーでポジティブなものだと信頼していいのです。

⑫ **瞑想** 変化が、今のあなたの瞑想です。ということは、あなたにとってはいやなことなのでしょう。この移行期を通過できるよう、変化は避けられない、本質的なものだということに、絶えず気づきを保つことが助けとなるでしょう。

⑬ **概観** 今、たくさんの変化をくぐり抜けていて、それがあなたの人生の方向性に深い影響を与えています。

ディスクの3・ワーク

本　質

◆創造的である、行為、事を起こす

Works

● 意味とシンボル（山羊座にある火星）

三つの赤い車輪は、精神、エネルギー、ハートの側面を表しています。この物質界でのあらゆる行為や仕事が創造的なものとなるためには、これら三つの側面が持ち込まれなくてはなりません。現実においてこの三つの部分が調和し、まとまるとき、カードの背景のデザインに表されている目に見えないクリアな形に道を譲ります。身体、精神、ハートが一つにならない行為は、断片的で非創造的なエネルギーの使い方ですが、この三つのすべてが投入されれば、どんな行為も創造的になります。ハートを注ぎ込めば、家の掃除や料理も創造的な行為になります。もし機械的にやるならば、絵を描いたり、陶芸をつくったりするのも創造的ではありません。

このカードは、事を起こすためのあらゆる創造的な行為を表します。

ネガティブな意味では、物事がそれなりの道を通っていくにまかせるのが不安で、何かしないではいられない状態を表すこともあります。それは、自分が「やろう」としなければうまくいかないという思い込みなのです。

338

● カレントライフ・リーディングのバリエーション……このカードが次の位置に現れたら

① **物の見方** 生に対して、創造的な見方をしています。とても建設的なのか、あるいは、自分で事を起こさなければ、事は起こらないだろうと信じているのかもしれません。

② **コミュニケーション** 人といるとき、つねに何かをしなくては、事を起こさなくてはという感じがあります。つまり、いつも「オン」の状態なのです。それは創造的に関わっているという純粋な喜びかもしれないし、あるいはただくつろいで、本当に起こっていることと一緒にいられるほど、自分を十分信頼していないのかもしれません。

③ **仕事** 今、仕事に関して、事を起こそうとするポジティブで創造的なエネルギーがあります。

④ **内面の自己** ポジティブで創造的なやり方で、あなたの存在のある側面に、内なる気づきをもたらしているのでしょう。あるいは行為し、事を起こす能力を通して自分と関わっていて、ただくつろいで今いるところにいるというスペースが欠けているのかもしれません。

⑤ **性エネルギー** あなたは性エネルギーを創造的に使っています。何か事を起こそうとしているのか、あるいはこの根本的なエネルギーが創造性へと流れているのでしょう。

⑥ **身体** 身体に創造的な行為のエネルギーがあって、物事を成し遂げるにはすばらしいし、おそらくあなたは創造的に何かをしていることでしょう。けれどもときにはそれが、ただじっとして、あるがままとあることを難しくしているかもしれません。

⑦ **主な関係性** 関係性をうまくいかせようと、ポジティブで、創造的でいます。これはすばらしいことでしょう

ディスク

339　第2章　小アルカナ

⑧ **新しい見方** 起こっていることに、創造的に関わってもいけるど、思ってみたことはありますか。つまり、あなたのために、事がうまく運ぶようにするということです。

⑨ **マインド** 何かをすることを考えています。たぶんエネルギーを創造的に使いたいのでしょう。

⑩ **ピーク・エクスペリエンス** 今できる最高のことは、あなたにとって事がうまく運ぶよう、今の状況を最大限に創造的に使うということです。うわの空だったり、状況に対してネガティブであったら、そうはできません。

⑪ **スピリチュアル・メッセージ** 存在は、創造的にエネルギーの使う方法を探っていくよう勇気づけています。何かのクラスに参加したり、クリエイティブな趣味を始めることも含まれるでしょうが、もっと大切なのは、人生に対する取り組み方です。あなたが関わっているあらゆる活動や状況に身体、精神、ハートを注ぎ込んでみて、そこからやってくる深い満足感を発見してみてください。

⑫ **瞑想** 今のあなたの瞑想は、積極的に創造していくように、ということです。おそらくあなたが関わっている特定の状況という素材を使ってでしょう。ネガティブだったり、非建設的だったり、不精だったりする時にはそれに気づいて、あなたの成長は、このエネルギーを創造的なモードへと転換することにかかっていると実感してください。

⑬ **概観** 人生に何が起こっていても、あなたはそれをポジティブに創造的に使っていて、おそらくある特定の方向へと向かっているのでしょう。休息し、まかせ、信頼することを忘れないように。それがバランスを取ってくれるでしょう。

340

ディスクの4・パワー

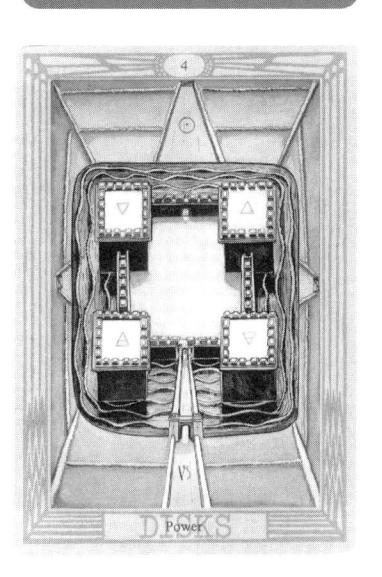

●意味とシンボル（山羊座にある太陽）

四つの大きな正方形のディスクが、堀に囲まれた要塞の四隅の塔として描かれています。それぞれの塔の上には、根本元素である地水火風を表す錬金術のシンボルがあります。すべてが閉ざされた形で保持され、安全な状態にありますが、これは、きっちりとした限界を設けること、境界をつくり、持てるものを抱え込むことから生まれるパワーを象徴しています。それはある種の強さを与えますが、その強さは、外界に対する防御の堅さに依存しています。カードのオレンジ色はパワー・チャクラつまりパワーのエネルギー・センターと関係しています。

全体的に荒涼とした、不毛な感じがありますが、それはそうした保持の仕方をすることで私たちが支払っている代価を表しています。

このカードはたいてい、執着したり、何かを保持したり、しがみついたりすること、そしてそこから来るかたくなさや防御を表しています。

また、必要な限界や境界を設定するという意味になることもあります。

本質
◆ 執着、限界、保持する
◆ 境界をつくる

Power

● カレントライフ・リーディングのバリエーション……このカードが次の位置に現れたら

① **物の見方** あなたの主な関心は、自分の持ちものだと思っているものを保ちたい、安全にしておきたいということです。

② **コミュニケーション** 人との関わりに力強さがありますが、おそらく自分の意見にこだわったり、自分の縄張りを守ったりして、少々頑固で、かたくなでしょう。

③ **仕事** 仕事の領域で何かに執着していて、そのせいで、あなたはかたくなな、頑固な人になっています。もしこれがあなたにとって明らかではなかったら、自分が何にしがみついているのか、チェックしてみるべきでしょう。

④ **内面の自己** 内なる存在にかたくなさがあります。それは外の物への執着から来ているのか、あるいは、自分の中に限界や境界線をつくりたいと思っていることからきているのでしょう。

⑤ **性エネルギー** 性エネルギーが抑え込まれていますが、それはおそらく性的なパートナーへの執着によるものでしょう。

⑥ **身体** 肉体のエネルギーを内に保っていることから、身体には強さとパワーがありますが、結果として、硬さや緊張を感じていることでしょう。

⑦ **主な関係性** あなたは今、パートナーと執着に関する課題をくぐり抜けています。そのせいで自分が閉じて、制限されていると感じるか、気づいてください。

342

⑧ **新しい見方** 自分が何かに執着したり、制限されていると思ったことはありますか。

⑨ **マインド** 限界や執着という課題について考えています。

⑩ **ピーク・エクスペリエンス** 現状でできる最高のことは、自分がつくり出している、あるいはつくる必要のある境界を体験することです。ときには、境界線を引くことも必要です。

⑪ **スピリチュアル・メッセージ** 存在は、限界の中で生きるという意味を体験するよう勇気づけています。それはあなたがつくり出す必要のある境界かもしれないし、あるいは、今ある執着が人生をどう制限しているか、気づく必要があるということかもしれません。

⑫ **瞑想** 限界や執着に対処することが今のあなたの大きな成長の領域です。おそらくは気に入らないでしょうが、気づきを持ってその体験へしっかりと入っていくことが、あなたにとって貴重な学びになるでしょう。

⑬ **概観** 何らかの執着があなたの生に限界をつくり出し、それが今、あなたの向かおうとしている方向性全体に影響を与えています。

ディスク

ディスクの5 - 心配（ウォーリー）

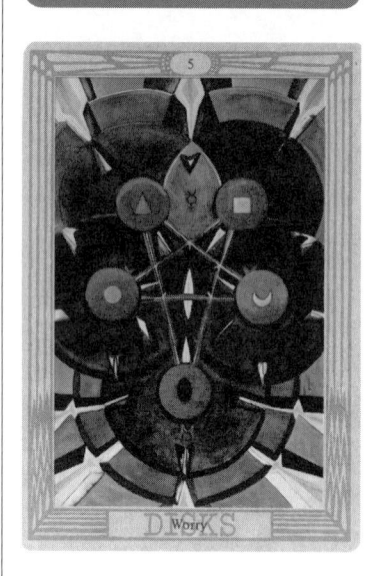

●意味とシンボル（牡牛座にある水星）

このカードには、古くさい機械の歯車のような、五つの連動したディスクが描かれています。ディスクは星形を形づくり、ベルトで結ばれ、頂点は下を向いていますが、それは、バランスの欠如と、結果的にこうした状態における居心地の悪さや明晰さの欠如を示しています。ディスクは重く、暗く、金属的で、機械の背後にある黄色の光をブロックしていますが、それは、意識の光が抑え込まれ、隠されていることを示しています。ディスクの中央にあるのは、ヒンドゥ思想の中で、生のすべてのものに波動的影響を持つ微妙な元素である五つのタパス（三角、四角、円、月、食）です。個々の歯車は、他の歯車の動きにつられて動いていますが、それは、こういった存在の状態の持つ質を表しています。いったん私たちが今の現実から離れ、未来に起こるかもしれない物事を心配したり、過去に起こったことを悔やみ始めれば、マインドの歯車はどんどん回り始めます。一つの心配から次また次へと導かれ、これが続けば、現実からまったく切り離された不安な状態へと行き着いてしまいます。

このカードは、気をもんだり、心配したり、考え込んだり、不安になったりする状態を象徴しています。

本質
◆心配、不安、考え込む
◆熟考

Worry

● カレントライフ・リーディングのバリエーション……このカードが次の位置に現れたら

アドバイスの場所では、何かを考慮する必要を示すこともあります。

① 物の見方　心配が、人生への姿勢全体を染めています。これには特定の理由があるかもしれないし、あなたには気に病む癖があって、純粋に姿勢の問題なのかもしれません。

② コミュニケーション　今、人との関わりについて悩んでいます。あなたが見ている特定の何かがあるのか、あるいは、人といる時に漠然とした不安があるのかもしれません。

③ 仕事　仕事、あるいは、自分のしていることで悩んでいます。

④ 内面の自己　内面的な心配がたくさんあります。自分のことを心配しているのか、あるいは独りでいるとき、過去や未来に対する心配に我を忘れているのかもしれません。いずれにせよ、おそらくかなり不快でしょう。

⑤ 性エネルギー　性エネルギーの領域に不安があります。性的なパートナーとの関係で悩んでいるのか、あるいは自分のセクシュアリティーや性的な条件づけを気にかけているのかもしれません。

⑥ 身体　身体に起こっていることで悩んでいるのか、あるいは、不安が身体に影響を与えているのでしょう。いずれにせよ、ここで起こっていることに注意を向けていてください。

⑦ 主な関係性　親密な関係について、あるいは親密な関係がないことについて、くよくよ考えています。こうした思い悩みが、あなたを今ここから遠ざけ、実際に起こっていることを体験する機会を逃していると気づくことでしょう。

⑧ **新しい見方** しっかりと考えるべきことがあると、思ってみたことがありますか。

⑨ **マインド** 心配について考えています。ということは、心配してはいるけれども、少なくともそれに気づいているということでしょう。

⑩ **ピーク・エクスペリエンス** 現状で起こっていることを、注意深く、よく考えてみる必要があります。あなたの思慮深さを必要としています。

⑪ **スピリチュアル・メッセージ** 存在は今、じっくりしっかりと人生を見つめるよう勇気づけています。たぶんあなたは楽な道を選びがちで、あまりにも長く、ある物事に本当に目を向けないままで、人生を漂っていたのでしょう。

⑫ **瞑想** 心配という状態に、意識を向ける必要があります。あなたが避けていることで、よく考えるべきことがあるのかもしれません。けれどももしすでに心配しているならば、巻き込まれすぎて、マインドの歯車をさらに速く回してしまうのではなく、思考から距離を置くことを瞑想にしてください。

⑬ **概観** 心配が、今のあなたの人生を支配しています。それは、漠然とした不安の状態か、あるいは未来の方向性について悩んでいるのかもしれません。

346

ディスクの6 - 成功(サクセス)

本質
- ◆ 成功への望みに関わる行動、勝利あるいは正しくあること
- ◆ 自分自身にこれでいいという権利を与えること

Success

●意味とシンボル(牡牛座にある月)

六つのディスクがカードの中央にある太陽の純粋な光を囲んで、六芒星の形に仲よくアレンジされています。個々のディスクに描かれた、異なる惑星のシンボルは、成功のため、欲しいものを手に入れるために必要とされる、さまざまな要素を表しています。カードの外側の力強い暗い形のものはすべて、内側の光の方へ向かっています。このカードには力強さが感じられますが、それは、勝つこと、成功することへの欲望に含まれる断固とした意志を表しています。

このカードは、自分の望みを達成している、自分のしていることで成功している状態の象徴でもあります。けれどもたいていは、成功したい、勝ちたい、正しくありたいという望みに基づいた行為やあり方のモードを表しています。これはまた、人生で正しいことをする必要を表現する「~すべき」「~あるべき」という質も含んでいます。この状態では、私たちは望むことをしてはいないし、自分のハートや真実に耳を傾けてはいません。そうではなく、成功するため、あるいは欲しいものを手に入れるにはこれがふさわしい行動だと信じるよう教えられてきたことをしているのです。私たちは自分を安全にし続け、もし自分のハートに耳を傾けたら間違ってしまう

347　第2章　小アルカナ

という恐れを避けようとしています。このプログラミングはたいてい無意識のマインドに深く埋もれていて、どれほどひんぱんに何が正しいのかを見極めようとしているのかに気づくようになって初めて、自分が何を、なぜしているのかを理解し始めることができるのです。

●カレントライフ・リーディングのバリエーション……このカードが次の位置に現れたら

① 物の見方　人生を勝ち負けという見方で見ています。あるいは、何をすべきかという考えに沿って生きようとしています。どちらにしても、自分がどういう状態で、本当のところ何がしたいのかを見る余地はあまりありません。

② コミュニケーション　これが「正しい」、期待されている行動のモードなんだとあなたが思っていることに従って人と関わる傾向があります。そのせいで少し独善的になっているか、あるいは間違ったことをすることが怖くて少し臆病になっているでしょう。

③ 仕事　仕事で成功しているか、成功したいと思っています。あまりにも成功指向になっていないか、つねに正しいことをする必要があるということに、高い代償を支払っていないか、チェックしてみましょう。

④ 内面の自己　欲しいものを手に入れたり、成功するために、自分はどうあるべきかというたくさんの観念があります。あなたは自分に批判的になっているかもしれません。

⑤ 性エネルギー　異性との関わりにおいて、何が正しくて何が間違っているのかというたくさんの観念があります。そうした考えはすべて、自分が欲しいものを得るためにはどうあるべきかという習い覚えた信じ込みに基づいていることに気づいてください。

⑥ 身体　成功し、物事をちゃんとやらねばという思いが、あなたの肉体のエネルギーに影響しているのか、ある

⑦ **主な関係性** あなたが自分の正当性を確信しているせいで、親密な関係性が戦場のようになっているのかもしれません。あるいは、正しいことをしようとするのに忙しくて、自分が何を感じているのか、本当には分かっていないのかもしれません。

⑧ **新しい見方** 自分は正しい、たぶん成功したのだと認める許可を、自分に与えてみてはどうでしょうか。

⑨ **マインド** 成功しなくては、正しくなくてはと思っています。

⑩ **ピーク・エクスペリエンス** 現状でできる最高のことは、あなたが感じること、していることは正しいのだという、自分自身の権利を主張することです。あなたは自分の目指していることを、成功することが許されているのです。

⑪ **スピリチュアル・メッセージ** 存在は、成功しなくては、正しくなくては、正しいことをしなくては、と思っている、あなた自身に気づきなさいと勇気づけています。これはたいてい、無意識のマインドの深くに存在する条件づけや道徳観念の層からきていて、私たちが知りもしないまま、私たちの行動を支配しています。これに気づくことで、自分が感じる真実を見つける最初の一歩を踏み出すことができます。

⑫ **瞑想** あなたの大きな成長は、ありのままの自分でいいのだという権利を自分に与えることにあります。自分のすべき、すべきでないという観念を脇にどけ、たぶん何らかの意味で成功している自分を受け入れることです。

⑬ **概観** うまくやったり、成功したり、何であれ自分が正しいと思っていることをするのが、あなたの人生の焦点になっています。これらがあなたの人生の方向性にとても強い影響を与えていると知って、本当に自分がしたいことをしているのか、チェックしてみましょう。すべきだと思っていることではなく、本当に自分がしたいことをしているのか、チェックしてみましょう。

ディスク

349　第2章　小アルカナ

ディスクの7-失敗(フェリアー)

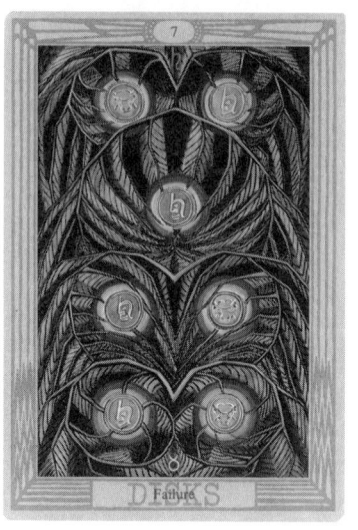

●意味とシンボル(牡牛座にある土星)

七つのディスクが不自然な色の込み入った茂みでお互いに孤立し、周囲から閉ざされています。それぞれのディスクには、牡牛座の牡牛か、土星を表すヘルメットを被った人物が描かれています。失敗することを恐れれば、できることは実際に制限されるでしょう。あるいは、恐怖に支配されると、私たちの気づきや意識も制限されてしまいます。恐怖は人を孤立させます。それは、周りで起こっている現実から私たちを切り離し、ハートと信頼から連れ去ってしまうのです。

とはいえ、恐れは原初的な感情であり、避けられません。最も大きな問題は、それを避けようとすること、それが存在しないかのようなふりをすることです。私たちは、恐怖を恐れているのです。自分が恐れているということ、ありとあらゆる理由をつくり上げます。自分が恐れているものへと入っていくことができる、そうすると、恐れは興奮と冒険の感覚へと質を変えるのです。

◆本質
恐怖

Failure

350

●カレントライフ・リーディングのバリエーション……このカードが次の位置に現れたら は孤立し、それに制限され、限定されてしまいます。

① 物の見方　恐れに満ち、孤立したスペースから世界を見ています。これはたんに態度にすぎないので、変えることができると気づいてください。

② コミュニケーション　今、あなたは人づき合いを恐れていて、そのために、分離し、孤立していると感じています。表現することが怖いのか、あるいはたんに、人といるときに自分自身でいるのが怖いという体験かもしれません。

③ 仕事　恐れが、仕事であなたがしたいことをし、仕事において自分自身でいる能力を、大きく制限しています。

④ 内面の自己　内面に、恐れや不安があります。あなたには、それが何か分からないかもしれません。

⑤ 性エネルギー　性エネルギーに恐れがあります。それを理解する必要はありませんが、ただそれがそこにあるということ、そして安全なスペースでそのエネルギーを表現すれば、それが肉体の問題の原因にならずにすむということを知ってください。

⑥ 身体　身体に、恐れがあります。あるいは、性的なパートナーとの関わりにおいて、恐怖の層に対処しているのかもしれません。セックス、あるいは異性全般が怖いのかもしれません。

⑦ 主な関係性　親密な関係性に関する恐れがあります。それがあなたをパートナーから引き離しているか、ある

いは親密な関係性を持つことを難しくしています。

⑧ **新しい見方** 自分が恐れていて、その恐れを感じる必要があると思ったことがありますか。

⑨ **マインド** 恐怖について考えています。ということは、恐怖を感じるにまかせ、それを通過してはいないのでしょう。

⑩ **ピーク・エクスペリエンス** この状況でできる最高のことは恐れを感じ、受け入れ、それに入っていくにまかせることです。恐怖は往々にして、新しいものへのドアになります。それを避けていては、行くべきところへは行けません。

⑪ **スピリチュアル・メッセージ** 存在は、恐れを認め、体験しなさいと勇気づけています。それを避けないで、あなたのハラにあるそのスペースへと繰り返し戻って、そこに呼吸をしましょう。恐怖で縮こまるのではなく、その中へ広がっていくというコツをつかんだら、状態は変わり始めるでしょう。

⑫ **瞑想** 恐怖が、今のあなたの瞑想です。それを避けないで、あなたのハラにあるそのスペースへと繰り返し戻って、そこに呼吸をしましょう。恐怖で縮こまるのではなく、その中へ広がっていくというコツをつかんだら、状態は変わり始めるでしょう。

⑬ **概観** 恐れが、今のあなたの人生をコントロールしています。その恐れには、特定の理由があるかもしれないし、ないかもしれませんが、確かにそれによって、あなたはこの人生において自分のいる場所から切り離され、自分がどこへ行きたいのか分からないと感じているでしょう。

352

ディスクの8 - 用心（プリューデンス）

本質
◆ 慎重、注意深くあること、守ること

●意味とシンボル（乙女座にある太陽）

力強い木が、肥沃な大地にしっかりと根を張って、とても自然に花開いた内面や外面の豊かさのシンボルであَる、八つの完璧な花をつけています。一つ一つの花は大きくカールした葉に守られていて、その豊かさを守り、気をつける必要があることを表しています。物事にはそれぞれの時期があり、育ち始めは多くの場合、ひ弱なものです。これをどう使うのかに関しては慎重さが必要であり、その繊細さを敬い、気遣ってあげる必要があります。このシンボルの強さは行為することや、控えめであるところからやってくるものではありません。

このカードは、何をしているにせよ、慎重さや用心深さを使うという質、あるいはそれらを使う必要性を象徴しています。無理強いしたり、急いだりする時ではありません。滋養を与え、注意深くある時です。

それはまた、必要でない用心や防御を表していることもあります。

● カレントライフ・リーディングのバリエーション……このカードが次の位置に現れたら

① 物の見方　あなたは用心深く、世界を見ています。この注意しなくてはという考えは、現実に基づいているかもしれないし、いないかもしれません。

② コミュニケーション　どのように人と関わるか、注意深く慎重です。それには理由があるかもしれませんが、古い防御の習慣から、自分を制限しているかもしれません。

③ 仕事　仕事において、とても注意深く動いています。これは必要なことなのか、あるいは過剰な慎重さからきているのか、チェックするのはあなた次第です。

④ 内面の自己　自分を守ろうとしている感じや、どれほど内側を見たいのか分からないという感じがあります。たぶん見たり感じたりしたくないことがあるのでしょう。

⑤ 性エネルギー　自分の性エネルギーに対して、あるいは異性とのつながりに対して身を守っています。それは必要なことかもしれないし、あるいは自分をさらけ出して、繊細になるのを避けるために、身を隠しているのかもしれません。

⑥ 身体　自分の身体を守り、自分のエネルギーとともに慎重に動く必要があると感じています。

⑦ 主な関係性　親密な関係にあるパートナーに対して、あるいは一般的に親密な関係において、自分を守ろうとしています。あるいは必要のない防衛をしているのかもしれません。そうする必要があるのかどうか、自分でチェックしてみましょう。

354

⑧ **新しい見方** 今は注意深く、慎重に動いていく必要があると、考えてみたことはありますか。

⑨ **マインド** 慎重であること、用心深くあることについて考えてみています。

⑩ **ピーク・エクスペリエンス** 現在の人生の状況において、慎重に、自分を守る必要があります。自分を危険にさらすような大きな決断や行動のときではありません。

⑪ **スピリチュアル・メッセージ** あなたにはなじみのないことかもしれませんが、存在は、慎重に、そして自分を守って動くようにと勇気づけています。たぶんあなたはせっかちに無謀に事を押し進める傾向があって、それがあなたの人生にネガティブな影響を及ぼしているのか、及ぼそうとしているのでしょう。あるいは、内面的にはあなたの人生で繊細なものが育ちつつあって、急いだり、さらけ出したりすると、台無しになってしまうということかもしれません。

⑫ **瞑想** おそらくある方向に進みたくて、いらいらしているのでしょう。けれどもあなたの瞑想は、生が押しつけている限られたペースで進む必要がある、あるいはそのように自分を律する必要があるということです。確かに、注意深く動くという意味を学ぶときです。

⑬ **概観** あなたは人生を、注意深く、慎重に歩んでいます。アドバイスのカードをチェックして、それが必要なことかどうか、確かめてみましょう。

ディスク

355　第2章　小アルカナ

ディスクの9 - 利益(ゲイン)

● 意味とシンボル（乙女座にある金星）

九つのディスクが三つずつ三つのグループに配置されています。カードの中央にある三つの円は、愛（ピンク）による知恵（青）と創造性（緑）の統一を表し、人生においてポジティブな利益を得るために必要なことです。存在のこれらの三つの側面が一つになるとき、何が起ころうと、ポジティブで利益のある体験になるのです。噂によれば、アーティストであありクロウリーの共同創造者だったフリーダ・ハリスはこのカードを制作した際、彼女とクロウリー、そして彼の友人イスラエル・レガーディの三通りの関係をここに描いたと言われています。占星術のさまざまな惑星のシンボルとして、彼らの顔が二つずつディスクの星のさまざまな惑星のシンボルとして、彼らの顔が二つずつディスクにはたくさんの困難があり、またそれは彼女が望んだあり方ではなかったでしょうが、それでもなお彼女はそれを創造的に、愛とともに使うことで、みんながこの状況から利益を得、学んでいることを認めていたのです。

このカードは、何が起こっていようと、私たちが気に入ろうと気に入るまいと、それはそうあるべきであり、利益なのです。一見したところ、あるレベルでは、それはそう見えないことだという状態を象徴しています。たとえば、転んで足を折ったときに、その事故についてこのカードを引いたとしましょう。一見したところそう見えなくても、そうです。

本質

◆ 利益、ポジティブ、祝福、有益な、何であろうと起こることは正しい

Gain

● カレントライフ・リーディングのバリエーション……このカードが次の位置に現れたら

① 物の見方　生に対して、とてもポジティブな見方をしています。何が起こっても、明るい面を見ることができます。

② コミュニケーション　人とのつき合いに何かが起こっていて、ポジティブで、これでいいという感じです。必ずしもいいこと、あなたの気に入るようなことが起こっているとは限りませんが、有益なことだと認識しています。

③ 仕事　仕事で何が起こっていようと、ポジティブな利益、起こる必要のあることとして認識しています。

④ 内面の自己　好むと好まざるにかかわらず、内なるプロセスを、何か必然でポジティブなものとして体験しています。

⑤ 性エネルギー　異性一般との間、あるいは、性的なパートナーとの間で何が起こっていようと、あなたはそれが有益で、起こる必要のあることとして体験しています。

⑥ 身体　たとえどこかが悪いと感じられるとしても、肉体のエネルギーに起こっていることは有益で、必要なことです。

⑦ 主な関係性　親密な関係性に調和があろうと衝突があろうと、あなたはそれを今起こるべきこととして体験し

そのメッセージは、まさに起こる必要があったということなのです。たぶん人生において何らかの休息やスローダウンが必要だったのでしょう。

ディスク

357　第2章　小アルカナ

ています。

⑧ **新しい見方** 現状がどうであろうと、それはまさに起こるべきだと、考えたことがありますか。

⑨ **マインド** 物事は、あるべきようにあると考えています。

⑩ **ピーク・エクスペリエンス** 今の状況にどんなことが起こっているにせよ、まさに起こるべきことだと受け入れよう、強いメッセージを受け取っています。たんに気に入らないからといって、それを疑わないことです。

⑪ **スピリチュアル・メッセージ** 流れの中にくつろいで、生があなたを連れていくにまかせ、すべては起こるべくして起こるということを受け入れなさいと、存在はあなたを勇気づけています。これはむしろ、何であれ起こることを創造的でハートフルな形で使うことが、すべてを学びの機会へと変える、それゆえそれは祝福になるという理解なのです。

⑫ **瞑想** あなたの瞑想は、人生において、おそらくあなたが気に入らない、あるいは同意できないことが、実際には、まさに起こる必要があると受け入れることです。

⑬ **概観** 今、とてもポジティブなスペースにいます。何が起こっても、それはまさに必要なことなんだという理解をもって、人生を歩んでいます。

ディスクの10・富 (ウェルス)

本質

◆ 今ここに在って、物事が一度に一歩おのずと明らかになるにまかせる
◆ 瞬間ごとに、一日ごとに生きる

● 意味とシンボル（乙女座にある水星）

ディスクの10は、カバラの「生命の樹」の形に並べられたコインによって表され、こうした存在の在り方や行為が、生の有機的な全体と結びついていることを示しています。背景には無限のコインの山が見えますが、前面のこの十枚だけが金色の光で際立っています。コインには、さまざまなアストロロジーとヘブライ語のサインが刻まれています。

生命の樹の下にあるカドゥセウス（ヘルメスの杖で、医学と治癒のシンボル）は、どんなことが起こりうるかという観念に我を忘れないで、残りのコインに目を奪われないで、ただ瞬間ごとの物質的な現実に、トータルに根づいていることからやってくる、癒しと豊かさを示しています。それは、存在の有機的な全体性にシンプルな信頼を持つときにやってくる、今ここに在るという質です。あるがままの存在にくつろぎ、人生を一度に一歩ずつ歩むとき、私たちはそうした質を体験することができます。それは欲望や蓄えとは何の関係もありません。むしろそこには「木を切り、水を運ぶ」という禅の道が示している、平凡でシンプルな感じがあります。現実がただそうだという理由から、あるがままを信頼し、生がふさわしい時にふさわしい形で、おのずと明らかになるにまかせるのです。

●カレントライフ・リーディングのバリエーション……このカードが次の位置に現れたらずと明らかになるにまかせるということです。この質は、生のあらゆる次元に、真の豊かさをもたらします。

① 物の見方　あなたは満足し、一歩ずつ物事が明らかになるにまかせています。

② コミュニケーション　とてもしっかりした、シンプルなやり方で物事に対処し、地に足が着いた現実的なコミュニケーションをしています。

③ 仕事　仕事で何が起こっているにせよ、一歩一歩事がおのずから形になっていくにまかせています。今あなたは、野心ではなく信頼をもって仕事をし、自分の関わっているプロジェクトにしっかりと臨んでいます。

④ 内面の自己　内側で何が起こっていようとも、瞬間ごとに、今に在ることを可能にする、シンプルで現実的な内面との結びつきがあります。

⑤ 性エネルギー　性エネルギーとの信頼に満ちたつながりがあり、瞬間ごとに自分とともに、あるいはパートナーといることができています。

⑥ 身体　身体にしっかりといるという感じがあって、そのためにそのメッセージを受け取り、身体が言っていることを信頼できています。

⑦ 主な関係性　親密な関係性に何が起こっているにせよ、そこにいて、事がおのずから明らかになるにまかせているというシンプルな質があります。明日何が起こるかわからないかもしれませんが、今日はトータルに今ここにいます。

360

⑧ 新しい見方　物事を一歩一歩、一日ごとにとらえてはどうですか。

⑨ マインド　物事が一歩一歩明らかになっていくにまかせ、あるがままを信頼することについて考えています。

⑩ ピーク・エクスペリエンス　現状においてできる最高のことは、一日ごとにそれをとらえ、物事がおのずから明らかになるにまかせることです。自分で答えや方向性を見出そうとせずに、ただ起こっていることとともにあることです。

⑪ スピリチュアル・メッセージ　世間にあって、禅の道を行く用意ができています。そのためには、存在を教師とし、それが自分の行くべきところへと導いてくれるだろうという信頼が必要となります。

⑫ 瞑想　たぶんあせりがあって、結論や結果を急いで得ようとしているのでしょう。今のあなたの成長は、瞬間ごとの豊かさへとくつろぐことです。そのためには、一度に一歩、起こっている物事とともにただ在ることにかかっていると、くり返し思い出すようにしましょう。

⑬ 概観　起こっていることに対するシンプルな信頼があり、それゆえあなたの人生は一歩ずつ、一日ごとにおのずから明らかになっています。それがあなたの選択かもしれないし、そうでないかもしれませんが、自分がしていることのすばらしさを認めたらいいでしょう。

361　第2章　小アルカナ

大アルカナ

#	名称	英名	説明	頁
0.愚者		The Fool	◆自由、自発性、瞬間にいるスペースを取る ◆危険を冒す勇気を持つ　◆散漫	94
1.魔術師		The Magus	◆行為やコミュニケーション　◆意図のある活動 ◆事を起こすために手に入る物を使うこと	98
2.女教皇		The Priestess	◆直感、精妙なエネルギー、純化された陰のエネルギーやパワー ◆サイキックやテレパシーのパワー　◆スペースアウト、過敏	102
3.女帝		The Empress	◆慈悲、スペースを与える　◆マザーリング(母のように世話をする) ◆共感、同情、気遣い	106
4.皇帝		The Emperor	◆責任　◆権威、父性	110
5.教皇		The Hierophant	◆理解　◆知恵　◆体験的な学び　◆知識	114
6.恋人たち		The Lovers	◆あらゆる次元と形の愛　◆愛に満ちた関わり	118
7.戦車		The Chariot	◆あらゆる次元におけるパワー　◆物事を起こし、欲望を達成する能力 ◆コントロール	122
8.調停		Adjustment	◆見守る、観照する　◆瞑想的な気づきの状態　◆距離を置く	126
9.隠者		The Hermit	◆独りあること　◆内省　◆我が道を行く　◆孤独	130
10.運命の輪		Fortune	◆流れとともに行く　◆生にくつろぐこと　◆カルマ、運命	134
11.熱望		Lust	◆生命力、活力　◆生き生きすること　◆トータルなエネルギー ◆生きることへの情熱　◆セックス	138
12.吊るされた人		The Hanged Man	◆困難や苦しみによる変容　◆不快なプロセス ◆古くさい条件づけのパターンに直面すること	142
13.死		Death	◆何かの終わり、死　◆ギャップ(空白)や空虚　◆レット・ゴー(手放す)	146
14.アート		Art	◆統合、総合　◆錬金術的な変化　◆物事を1つにすること ◆精製する、料理する、消化すること	150
15.悪魔		The Devil	◆基本的な現実　◆如性(あるがまま) ◆あるがままを受け入れる　◆制限に対処する	154
16.塔		The Tower	◆大きな変容　◆古いものの崩壊　◆物事が崩れ落ちる、カオス(混沌) ◆より深い真実への道をつくるために、古い自我のパターンが壊れること	158
17.星		The Star	◆信頼　◆自己信頼　◆存在を信頼すること	162
18.月		The Moon	◆無意識のマインド　◆未知あるいは不可知のもの　◆神秘的あるいは隠れたもの	166
19.太陽		The Sun	◆関係性の中で全体となることを学ぶ　◆関係することのプログラム ◆契約に基づく関係性のパターンと制限	170
20.永劫		The Aeon	◆高次の理解からくる新しい見通し、そこからやってくる新しい始まりや方法 ◆概観をつかむこと、広大な見方　◆再誕生	174
21.宇宙		The Universe	◆ある状況の有機的な完結や自然な開花　◆避けられない結果 ◆全体へと溶け去ること	178

小アルカナ

ワンド ——火のシンボルで、エネルギー・生命力の使い方を表す

ナイト	Knight of Wands	◆明確な外への方向性を持った動き ◆焦点の合ったダイナミックな動き	188
クィーン	Queen of Wands	◆受け取るエネルギー、内側に向けられたエネルギー ◆エネルギーの内なる気づき ◆自己の気づきのためにエネルギーを用いる	191
プリンス	Prince of Wands	◆熱狂や熱中 ◆強烈さや切迫感 ◆新鮮なアプローチ	194
プリンセス	Princess of Wands	◆エネルギーとともに流れる ◆何であれ起こっていることにイエスと言う ◆流れる	197
エース	Ace of Wands	◆純粋な、なまの、強いエネルギー ◆創造的な生命力や意志	200
2-支配	Dominion	◆新しい方向性、ダイナミックな新しい方法	203
3-美徳	Virtue	◆誠実、真正、自然、普通、リアル	206
4-完結	Completion	◆完結する、解決、終わる	209
5-闘争	Strife	◆問題、葛藤、困難、ブロックされたエネルギー、行き詰まり	212
6-勝利	Victory	◆ポジティブ、いい、複雑でない、問題ない、オーケー	215
7-勇敢	Valour	◆勇気、力強くある、努力する	218
8-迅速	Swiftness	◆ゲシュタルトの変化、新しい観点、コツを見つける	221
9-強さ	Strength	◆自立、個であること、自分のエネルギーに立つところからくる強さ	224
10-圧迫	Oppression	◆圧迫されたり、抑圧されたエネルギー ◆抑えたり、窮屈な感じの状態 ◆抑制、憂うつ	227

スウォード ——風のシンボルで、さまざまなマインドの状態とその使い方を表す

ナイト	Knight of Swords	◆集中、焦点の合った思考、マインドの固い意志、一点集中	232
クィーン	Queen of Swords	◆偏見のない、明晰、客観的思考、マスク・カッター（仮面を剥ぐ人）	235
プリンス	Prince of Swords	◆制限のある観念や思考形態を切り捨てること ◆批判的、いらだち	238
プリンセス	Princess of Swords	◆実際的、現実的な考えを覆って雲を払いのけること ◆ムード・ファイター（気分のむらと戦う人） ◆マインドのワイパー ◆雲がかかった、不安なマインド	241
エース	Ace of Swords	◆決断する、思考の純粋な明晰さ、洞察のひらめき	244
2-平和	Peace	◆マインドの安らぎ、運命にまかせること、平和を保つこと	247
3-悲しみ	Sorrow	◆痛み、欲求不満、怒り、ネガティブなもの	250
4-休戦	Truce	◆あるがままを受け入れること、現実を許すこと、あるがまま	253
5-敗北	Defeat	◆敗北、失敗、希望がない	256
6-科学	Science	◆客観的な明晰さ、分析、科学的な研究、非個人的な思考	259
7-無益	Futility	◆無益、無意味、時間の無駄	262
8-妨害	Interference	◆混乱、分からない、優柔不断、相反する考え	265
9-残酷	Cruelty	◆自己不信、自己批判、罪悪感、精神的な不安感 ◆自省	268
10-崩壊	Ruin	◆レット・ゴー（手放す）、あきらめるとき、執着を断つこと	271

小アルカナ

カップ —— 水のシンボルであり、存在における感情やフィーリングの側面を表す

ナイト	Knight of Cups	◆与えること、感情の表現や分かち合い ◆ハートを何かに注ぐこと	276
クィーン	Queen of Cups	◆ハートのオープンさ、受容性、傷つきやすさ ◆依存、犠牲者	279
プリンス	Prince of Cups	◆感情的な願望、願い ◆希望、夢、空想	282
プリンセス	Princess of Cups	◆感情的な自由、感情に執着しないこと、フレンドリー（友愛）、自由のある愛	285
エース	Ace of Cups	◆純粋な愛のエネルギー、自己愛、自分自身と、自分の感じていることにイエスを言うこと ◆自分を証明しようとすること	288
2-愛	Love	◆恋する、恋に落ちること ◆ロマンチックな愛 ◆感情的な欲求と愛に関する、条件づけのプログラム	291
3-豊かさ	Abundance	◆遊び心、深刻でない、軽やかなハート、あふれるような豊かさ、お祝い ◆表面的、軽薄	294
4-贅沢	Luxury	◆安心感の課題、物事を快適に安全に保つこと	297
5-失望	Disappointment	◆満たされなかった期待、不満足、不満 ◆ハートの切望	300
6-楽しみ	Pleasure	◆楽しむこと、快楽を取り入れること ◆物事を快適にしておくこと	303
7-放蕩	Debauch	◆耽溺、ふけりすぎ、過度の	306
8-怠惰	Indolence	◆感情的に枯渇すること、疲労困憊 ◆怠惰、無気力、無為	309
9-幸福	Happiness	◆期待、希望 ◆欲望が満たされたことからくる一時的な幸福感	312
10-飽満	Satiety	◆退屈、飽き飽き、うんざり、十分	315

ディスク —— 地のシンボルであり、生の肉体的・物質的側面を表す

ナイト	Knight of Disks	◆実際的な自信 ◆準備できていることからくる内なる強さ	320
クィーン	Queen of Disks	◆今ここにいること、くつろいだ受容的な現実性 ◆自身の存在に休息すること	323
プリンス	Prince of Disks	◆事を起こすための実際的な決意 ◆目的志向、未来志向	326
プリンセス	Princess of Disks	◆忍耐、待つこと、生み出すこと、妊娠、延期	329
エース	Ace of Disks	◆純粋な存在、センタリング、中心に定まる ◆存在感、現実に根づく	332
2-変化	Change	◆変化、移行	335
3-ワーク	Works	◆創造的である、行為、事を起こす	338
4-パワー	Power	◆執着、限界、保持する ◆境界をつくる	341
5-心配	Worry	◆心配、不安、考え込む ◆熟考	344
6-成功	Success	◆成功への望みに関わる行動、勝利あるいは正しくあること ◆自分自身にこれでいいという権利を与えること	347
7-失敗	Failure	◆恐怖	350
8-用心	Prudence	◆慎重、注意深くあること、守ること	353
9-利益	Gain	◆利益、ポジティブ、祝福、有益な、何であろうと起こることは正しい	356
10-富	Wealth	◆今ここに在って、物事が一度に一歩おのずと明らかになるにまかせる ◆瞬間ごとに、一日ごとに生きる	359

◆著者紹介
マンガラ・ビルソン
　１９４８年１１月２１日イギリスで生まれる。自己探求の途上でタロットと数秘に出会い、大学で学んだ心理学よりもはるかに深く内面を見つめるツールと認識、人間意識に働きかけるワークの土台を確立する。
　世界各地で、30年もの間、セッションとワークショップを通じて、内面の気づきを深め、直感とつながる方法を人々に伝える。来日も20回近くに渡り、数多くの人々に気づきと理解の光を分かち合ってきた。2012年10月肉体を離れる。

◆訳者紹介
伊藤 アジータ
　名古屋生まれ。東京外国語大学卒業。1990年以降、頻繁にインドを訪れ、瞑想、セラピーを数多く体験。マンガラの遺志を継ぎ、タロットや数秘を通して、愛と気づきの光を分かち合っている。「わたしを自由にする数秘」（市民出版社）、「オーラソーマ〜奇跡のカラーヒーリング」（ＯＥＪブックス）の訳者でもある。
川崎市在住。
「プレム・ディヤーナ」主宰、ヒーリングスペース「虹の翼」主宰　http://mangalajapan.com/

直感のタロット

2009年10月10日　第1刷発行
2022年9月23日　第5刷発行
著　者／マンガラ・ビルソン
翻　訳／伊藤 アジータ
イラスト／ラーマ（渡辺綾子）
編　集／アティルパ（鹿野良子）
カバーデザイン／岩下タブダール
発行者／パトラ
発　行／市民出版社
　　　　〒167—0042
　　　　東京都杉並区西荻北1—12—1
　　　　電話03—6913—5579
　　　　郵便振替口座：00170—4—763105
　　　　info@shimin.com
　　　　http://www.shimin.com
印　刷／シナノ印刷株式会社
　　　　Printed in Japan
　　　　ISBN978-4-88178-058-9 C2076 ￥2600E
　　　　ⓒShimin publishing Co.Ltd 2022
　　　　乱丁・落丁本はお取り替えいたします。

マンガラ好評既刊

わたしを自由にする数秘

マンガラ・ビルソン／著　　伊藤アジータ／訳

本当の自分に還るパーソナルガイド
＜内なる子どもとつながる新しい数秘＞
──誕生日ですぐわかる目覚めを促す数の世界──

誕生日で知る幼年期のトラウマからの解放と自由。同じ行動パターンを繰り返す理由に気づき、あなた自身を解放する数の真実。無意識のパターンを理解し、その制約からあなたを自由にするガイドブック。（個人周期のチャート付）

内　容
● 条件付けの数─成長の鍵
● 条件付けと個人周期数─ヒーリングの旅
● 個人周期数とキーナンバーとは　他

A5判並製 368頁
定価 2600円＋税
送料／390円

ダンシング 禅ルーン
DANCING ZEN RUNES

著／マ・プレム・レティジア

北欧ケルト・神秘なる知恵の占い

古代の神託、知恵の源泉であるルーン、禅の洞察との新しい出会い。ルーンが示す自己の発見と成長への道標（ヒント）。

◆ケルトの知恵のカード占い◆
● 禅ルーンオリジナルカード27枚＋禅ルーン解説書付き
　　価格／￥3400（＋税）送料／￥510　発売／市民出版社

発売　（株）市民出版社
　　TEL 03-3333-9384　　FAX 03-3334-7289
　　郵便振替口座　　00170-4-763105
　　Email: info@shimin.co.jp　http://www.shimin.com

※お近くの書店にない場合、直接当社宛にご注文下さい。
※定価に消費税と送料を加えて郵便振替でご送金、
　または代金引き換え（＋￥300）かをお選び下さい。
※上記の他にも各種CD、DVD、書籍等ございますのでカタログをお申し込み下さい。（無料）

＜ヒーリング，リラクゼーション音楽CD＞

■価格は全て￥2,622（税別）です。

サットヴァ
◆デューター
全2曲 63分03秒

本来の自分自身への回帰。存在の光の渦が心地よいスリルとリズムにのって際限なく展開される恍惚の波。シンセサイザーをベースにした壮大なる光と解放の音楽。来るところまで来た感のあるデューターサウンド、深い味わいの一枚。

ナーダ ヒマラヤ
◆デューター
全3曲 50分28秒

ヒマラヤに流れる白い雲のように優しく深い響きが聴く人を内側からヒーリングする。チベッタンベル、ボウル、チャイム、山の小川の自然音。音が自分の中に響くのを感じながら、音と一緒にソフトにハミングする瞑想。

レイキ・ヒーリング・サイレンス
◆デューター
全8曲 63分52秒

微細なスペースに分け入る音の微粒子――ピアノ、シンセサイザーに、琴や尺八といった和楽器も取り入れて、デューターの静謐なる癒しの世界は、より深みを加えて登場。透きとおった、えも言われぬ沈黙の世界を築きあげる。

バンブー・フォーレスト
◆デューター
全11曲 60分17秒

琴、尺八など邦楽器を自在に繰りながら描く竹林に鳴る静寂の世界。言葉を超えた領域に深く分け入り、究極の癒しと瞑想の世界を運んでくる。
「尺八は、静寂を生み出すユニークで強力なツールだ―デューター」

ブッダ・ガーデン
◆パリジャット
全10曲 64分12秒

パリジャットの意味は＜夜香るジャスミンの花＞――彼の生み出す音楽は、優しい香り、リスナーを春のような暖かさで包みこみます。秀曲ぞろいのこのアルバムで、高まるメロディーとくつろぎの谷間が、比類なき安らぎのスペースへ導きます。

アートマ・バクティ-魂の祈り
◆マニッシュ・ヴィヤス
全3曲 66分47秒

魂の中核に向かって、インドの時間を超えた調べが波のように寄せては返す。空間を自在に鳴り渡るインドの竹笛・バンスリの響きと、寄り添うように歌われるマントラの祈り。催眠的で、エクスタティックな音の香りが漂う。

チベット遥かなり
◆ギュートー僧院の詠唱（チャント）
全6曲 55分51秒

パワフルでスピリチュアルな、チベット僧たちによるチャンティング。真言の持つエネルギーと、僧たちの厳粛で深みのある音声は、音の領域を超えて、魂の奥深くを揺さぶる。チベット密教の迫力と真髄を感じさせる貴重な1枚。

マッサージのための音楽
◆デューター・カマール・パリジャット・チンマヤ
全6曲 69分

マッサージはもちろん、レイキや各種ボディワーク、ヒーリングなど、どのワークにも使える、くつろぎのための音楽。ヒーリング音楽で活躍するアーティストたちの名曲が奏でる究極のリラックスサウンドが、深い癒しをお届けします。

※ＣＤ等購入ご希望の方は市民出版社 www.shimin.com までお申し込み下さい。
※郵便振替口座：市民出版社 00170-4-763105
※送料／CD1枚 ¥260・2枚 ¥320・3枚以上無料（価格は全て税込です）
※音楽ＣＤカタログ（無料）ご希望の方には送付致しますので御連絡下さい。